Kan Afrikaners toyi-toyi?

Kan Afrikaners toyi-toyi?

Pieter Mulder

Protea Boekhuis
Pretoria
2008

Eerste uitgawe, eerste druk in 2008 deur Protea Boekhuis
Posbus 35110, Menlopark, 0102
Burnettstraat 1067, Hatfield, Pretoria
Minnistraat 8, Clydesdale, Pretoria
protea@intekom.co.za
www.proteaboekhuis.co.za

Redakteur: Jeanette Ferreira
Redigering en proeflees: Annamarie Steenekamp
Register: Kristèl Roets en Amelia de Vaal
Bandontwerp: Etienne van Duyker, Alinea Studio
Foto's deur Pieter Mulder, tensy anders vermeld
Ander foto's en illustrasies is opgeneem met die vriendelike vergunning van
Beeld, *Rapport*, Oorlogsmuseum Bloemfontein, Gallo Images, Rashid Lombard,
Independent Newspapers, Corné Mulder, Pieter Groenewald, Louis du Plessis
en ander kollegas.
Vertalings uit Engelse bronne: Pieter Mulder
Tipografie: Etienne van Duyker, Alinea Studio
Geset in 11 op 14 pt Berkeley Book
Gedruk en gebind deur Paarl Print
© 2008 Pieter Mulder
ISBN 978-1-86919-256-3
Geen gedeelte van hierdie boek mag sonder skriftelike verlof van die
uitgewer gereproduseer of in enige vorm of deur enige elektroniese of
meganiese middel weergegee word nie, hetsy deur fotokopiëring,
skyf- of bandopname, of deur enige ander stelsel vir
inligtingsbewaring of -ontsluiting.

Inhoud

Voorwoord 7

1. Die Chinese rok 9
2. Die wyse Salomo en Gora Ebrahim in Addis Abeba 14
3. Hoe slaap mens netjies? 19
4. 'n Mandelabesoek – kan Afrikaners toyi-toyi? 22
5. Twee staatsbankette en 'n vraag 28
6. Die Zoeloes is onrustig 35
7. Godsdiens en briefies in die parlement 40
8. Onafhanklike of afhanklike vroue in die politiek? 44
9. Die parlementsbus 49
10. Leiers en lyfwagte 55
11. A- en C-span-politici 60
12. Die Nattes het rede om kwaad te wees 65
13. Danie Theron – Boere-*celebrity* 69
14. Vlae, die "totale aanslag", kommunisme en Tuynhuys 76
15. Die Australiërs is 'n besondere volk en veralgemenings is meestal verkeerd! 82
16. Buthelezi en Mandela – hierdie plek vra vir hierdie woorde 87

17. Leiers wat teleurstel 94

18. Die NP kies 'n nuwe leier – nou moet Dominee asseblief help 104

19. Travelgate, oom Hannes en vliegtuigkaartjies 110

20. Die Aborigenes se "ambassade" 115

21. Diere en politici 123

22. Tyd en die parlement se klokkies 127

23. Sommige leiers word ontdek – ander word uitgevind! 133

24. Daniël Rantho – sjerrie en haatspraak 138

25. Koloniale tale in 'n vry Afrika 143

26. Wiskunde-vraestelle en Venda-kleremakers 148

27. Strategie in die parlement en veeltaligheid 153

28. Thabo Mbeki, prins Philip en Cobus Robinson 159

29. Die ouditeur-generaal en 'n lawaai oor 'n haai 171

30. Drie datums, Jacob Zuma en 'n blywende skikking 175

31. As Afrikaanse predikante betoog …
hoef hulle nie te toyi-toyi nie 186

32. Quebec en die Noord-Kaap; pasop vir die koning 194

33. Minderhede, Wounded Knee en Louis Farrakhan 201

34. Plakkate, slagspreuke en die "nuwe" politiek 208

35. ANC-vroue en konsentrasiekampe 215

36. Hoekom was generaal De la Rey nie by Magersfontein nie? 223

37. 'n Afrikanerbrug tussen Afrika en Europa 234

Bibliografie 246

Register 248

Voorwoord

Afrikaners skep die indruk dat hulle moeg is vir die politiek en daarmee klaar is. Ek ondervind egter die teendeel. My vrou en kinders wil nie saam met my winkels of Aardklop toe gaan nie, want hulle kla dat "Pa vashaak by vreemde mense wat met hom politiek wil praat en dan duur die inkopies soveel langer".

Voor 1994, met Afrikanerleiers aan die stuur, was dit vir Afrikaners makliker om politieke gebeure en politici se optrede te verstaan. Sedert 1994, met die ANC aan bewind, heers daar 'n ander politieke kultuur en word politieke sake dikwels totaal anders bedryf deur leiers wat aan Afrikaners onbekend is. Ek het gevind die beste manier om gefrustreerde Afrikaners meer insae te gee, is deur van werklike insidente uit die "nuwe" politiek te vertel, asook stories oor politieke figure, oor verhoudings tussen individue agter die skerm en oor hoe besluite vandag geneem word.

Die breë publiek leer politici ken uit openbare optredes soos toesprake en mediakonferensies. In terme van 'n politikus se persoonlike lewe en tyd, is hierdie optredes slegs die spits van die ysberg en van sy persoonlike lewe. Van die persoonlike verhoudings tussen politici van verskillende partye, gesprekke agter die skerms en die invloed van politiek op 'n politikus se familie, vriende en persoonlike lewe weet die publiek baie min. Ware stories en insidente uit hierdie verhoudings laat die leser teoreties om die openbare skerms kyk na wat daar agter aangaan. Daarom ook stories oor my familie, huwelik en ouers Connie en Suzanne Mulder.

Hoe verduidelik 'n mens die ingewikkeldheid van die "nuwe" politiek aan 'n breë gehoor? 'n Boek bestaande uit lang politieke toesprake of diepte-artikels sal tegnies en droog wees. Dus het ek hierin "harde" politiek vermy en op humor, snaakse gebeure, interessante mense en verhoudings in die politiek gekonsentreer.

Voetnotas met datums en koerantverwysings is ingevoeg ter wille van die leser wat feite wil kontroleer. Om sekere individue te beskerm wat steeds in die openbare lewe is, het ek soms van skuilname gebruik gemaak.

Die stories is oor 'n tydperk van etlike jare geskryf wat die verskillende tydverwysings verklaar. Omdat die stories in geen spesifieke volgorde gerangskik is nie, kan dit los van mekaar gelees word. Wat by die herlees wel vir my duidelik was, is hoe die politieke klimaat in Suid-Afrika sedert 1994 verander het, en hoe dit ook in die trant en inhoud van die verskillende stories uit verskillende tydperke na vore kom.

My dank aan Nicol Stassen en almal by Protea Boekhuis vir hulle hulp. 'n Besondere woord van dank aan Jeanette Ferreira vir die entoesiastiese maar deurgaans professionele wyse waarop sy as redakteur my bygestaan het. Die deeglikheid waarmee Annamarie Steenekamp na alles gekyk en met die regte vrae die teks verbeter het, word opreg waardeer. Op 'n persoonlike vlak 'n woord van dank aan my ouers, broers De Wet en Corné en suster Annalette vir my politieke en ander vorming. Aan my vrou Triena en kinders 'n groot dankwoord vir al die persoonlike opofferings maar ook vir hulle advies en billike kritiek. Dankie ook aan al my kollegas en ondersteuners waarsonder sukses in die politiek nie moontlik is nie.

Pieter Mulder
2008

1
Die Chinese rok

William Molekane[1], 'n ANC-parlementslid, noem aan tafel dat hy besluit het om vir sy vrou 'n lang, Chinese aandrok te koop. Dit is ons groep parlementslede van Suid-Afrika se tweede dag in Beijing. Ons is gaste van die Chinese regering. Ons het deur die loop van die dag sulke rokke gesien. Die rokke is van blink materiaal en versier met mooi Oosterse motiewe – lang rokke met slanke lyne. Weens taalprobleme kan so 'n rokkopery in China moeiliker wees as wat mens dink.

Ná ete vra William my om hom te vergesel op sy sending om die rok te gaan koop. William wil hê ek moet aan die Chinese verkoopdames verduidelik wat hy wil hê. Hy reken my Engels is beter as syne.

"Dit maak nie saak wie se Engels die beste is nie. Jy kan maar Sotho ook met hulle praat," redeneer ek met hom. "Die gewone Chinese verstaan nie Engels nie."

William gee toe dat die onderhandelinge nie in Engels kan geskied nie. Dit sal deur middel van handgebare moet geskied. Hy sê vir my dat hy beïndruk was met 'n suksesvolle handgebaaronderhandeling wat ek vroeër die dag in 'n winkel gevoer het.

In ysige koue sit ons af na die winkel waarin ons hierdie rokke gesien het. Ek weet teen hierdie tyd dat "ni hao" (uitgespreek "niehau") Chinees vir "hallo" is. Die tweede Chinese woord wat ek ken, is "xie xie". Dit word uitgespreek as "shie-shê" en beteken "dankie". Ek vermoed dat ek dié woorde gaan nodig kry.

William weet presies wat hy wil hê. Ek wys die verkoopsdame in watter rok hy belangstel. My gebare werk goed en sy skryf vir ons die prys

---

[1] Skuilnaam.

'n Ontmoeting met meneer Qichin Qian, die Chinese adjunkpremier.

neer. William se somme met die wisselkoers tussen Suid-Afrikaanse rand en Chinese yuan toon dat die rok binne sy begroting is. Hy lyk tevrede. Dit was makliker as wat ek gedink het. Maar William is 'n puntenerige koper. Die verkoopsdame moet die rok aanpas sodat hy kan sien hoe dit aan haar lyk, verduidelik hy aan my. Dié opdrag stel nuwe eise aan my handgebare.

Die dame verdwyn na die aantrekhokkie en kom ná 'n rukkie in die rok uitgestap. William verduidelik dat sy in die rondte moet draai sodat hy van alle kante kan kyk. Hy is tevrede dat dit 'n goeie kopie is. Sy vrou is egter ietwat groter as hierdie fyn Chinese meisietjie, verduidelik hy. Ons moet 'n groter rok kry. William weet watter grootte rok sy vrou dra. Nou laat my handgebare my in die steek. Behalwe dat die verkoopsdame my glad nie verstaan nie, blyk dit dat ons en die Chinese se roknommers glad nie ooreenstem nie. William begryp die kommunikasiedilemma. Hy kom tot my redding deur na 'n Chinese vrou agter in die winkel te wys: Sy is dieselfde grootte as sy vrou; 'n rok wat haar pas, sal ook sy vrou pas.

Hoe beduie mens dit aan die verkoopsdame? Ek neem haar na die groter Chinese vrou agter in die winkel en beduie so goed as ek kan. Skielik word die dametjie se oë helder. Sy verstaan en brabbel 'n klompie Chinese woorde aan die vrou. Saam verdwyn hulle met 'n paar rokke na die aantrekkamertjie.

Die rok sit goed aan die groter vrou. William is baie tevrede terwyl hy stadig om haar stap en die rok van alle kante bekyk. Ek is daarvan oortuig die transaksie is nou afgehandel. Skielik verskyn 'n frons tussen sy oë. Ek kan nie dink wat nou nog verkeerd kan wees nie.

William verduidelik aan my dat die rok mooi pas – maar dat sy vrou bolangs baie beter bedeeld is as ons Chinese model. Dit sal, volgens hom, 'n probleem wees.

Dit kan ek nie met handgebare verduidelik nie. Ek probeer uit die situasie kom deur vir hom te sê dat ek dink daar is genoeg spasie en ekstra materiaal vir iets groters in daardie strategiese plekke om in die rok te pas.

Voordat ek kan keer, steek William al twee sy hande na die model toe uit. Op presies dié plekke neem hy die rok tussen duime en wysvingers en trek die twee punte vorentoe om te kyk of daar spasie is vir meer. In my gedagte sien ek een van Madonna se kostuums, dié met die twee kegels.

Ons Chinese model se oë dop om van skok. Sy beur gillend en benoud agtertoe terwyl William nog vorentoe trek. Uit die toutrekkery is dit duidelik dat daar meer as genoeg plek in die rok is vir alles waaroor William se vrou maar kan beskik. Die bestuurder kom aangehardloop. William verstaan nie waaroor die skielike bohaai gaan nie. Die Chinese vroue praat aanmekaar.

Ek "niehau" en "shie-shê" vir die vale. Wat 'n klag van seksuele teistering in China behels, weet ek nie. Ek weet wel dat hulle jou hier die doodstraf oplê vir die besit van 'n milligram dagga. Gelukkig is dit in die Arabiese lande wat hulle maklik dít wat oortree het, afkap, en nie in China nie! Ek sien al die koerantopskrifte in Suid-Afrika: "Twee parlementslede aangekla van seksuele teistering in China." 'n ANC- en VF Plus-lid wat saam uit was om die misdaad te pleeg! 'n Lekker koerantstorie. Daar was juis onlangs 'n klag teen 'n Suid-Afrikaanse ambassadeur in die Ooste wat nie sy hande van sy sekretaresses kon afhou nie.

Die bestuurder verstaan gelukkig 'n bietjie Engels. Engelse kommunikasievaardighede is toe na dese wel belangrik. Die twee Chinese vroue

Oorkant Tiananmen-plein met die voormalige kommunistiese leier Mao Zedong se foto in die agtergrond. As gevolg van al die subtiele hervormings weg van die ou kommunistiese standpunte is "Rooi China" nie meer so "rooi" nie.

vertel nog met groot, verwytende oë hulle storie in Chinees aan hom. Dit ly geen twyfel nie dat hulle, met heftige gebare na ons kant, ons al twee aankla. Intussen probeer ek dink hoe ek die situasie aan die bestuurder gaan verduidelik. Dit is duidelik kultuurverskille wat tot 'n misverstand gelei het. Afrika en Asië se verskille. Daar is 'n lang verduideliking en 'n kort verduideliking hiervan. Die lang verduideliking, oefen ek in my gedagte, is die jaarlikse Zoeloe-rietdans in Afrika waartydens jong meisies trots met kaal bolywe stap en niemand daaraan aanstoot neem nie. Ek dink ook aan die Venda-slangdans wat ek al gesien het en die Swazi-meisies wat met onbedekte bolyf voor die koning verbystap sodat hy nog 'n vrou kan kies. Die kort verduideliking is die waarheid. William het geensins seksuele teistering in gedagte gehad nie. Hy wou net kyk of die rok sy vrou sal pas, aangesien sy beter bedeeld is as die Chinese vroutjie. Sekerlik is dit ook kultuurverskille wat tot die misverstand gelei het.

Ek is nog altyd daarvan oortuig dat Afrikaners 'n belangrike rol in

Suid-Afrika speel as brugbouers tussen Afrika en die Weste omdat hulle Afrika sowel as die Weste ken. In my toesprake verwys ek dikwels hierna. Ek het egter nog nooit in 'n toespraak gesê dat Afrikaners brugbouers tussen Afrika en die Ooste kan wees nie. Vandag beter ek daardie brug ook bou, besef ek.

Ek begin met die kort verduideliking, wat die maklikste asook die waarheid is. Dit lyk vir my dit werk, want die bestuurder tolk my verduideliking aan die Chinese dames. Hulle gesigte verander. Toe William se geldnote te voorskyn kom, is almal skielik weer vriendelik! "Geld wat stom is, maak reg wat krom is" kry skielik betekenis. Tot in China is dit waar.

William betaal kontant en ons bedank die verkoopsdame, die vrywillige model en die bestuurder. Dié drie staan glimlaggend in 'n ry, groet vriendelik en buig in ons rigting. Al glimlaggend, wuiwend en buigend in hulle rigting beweeg ons agteruit buitentoe met William se Chinese rok.

Terug in Suid-Afrika in die parlement, het William aan my kom verslag doen dat sy vrou die rok met groot sukses by 'n amptelike funksie gedra het en dat dit baie mooi aan haar lyk.

2
Die wyse Salomo en Gora Ebrahim in Addis Abeba

Ons agt Suid-Afrikaanse parlementslede sit amper plat op die grond om die etenstafel. As gaste van die Chinese regering eet ons in 'n aparte eetkamer in die hotel. Dit is 'n pragtige vertrek met rooi-en-goue Chinese drake en ander figure teen die plafon. Ons hotel is binne loopafstand van die beroemde Tiananmen-plein in die Chinese hoofstad Beijing.

Op die spyskaart is die eienaardigste geregte. Ek herken net *wonton*, wat sover ek weet gekruide vleiskluitjies in sop is. Haaivinsop is reeds bedien; baie duur en dit is net vir spesiale geleenthede. Dit lyk soos jellie.

Ek sit langs Gora Ebrahim van die PAC. Hy probeer my oorreed om "dubbelgekookte ospenis" te bestel. Ek dag dis 'n grap. Hy wys na die gereg op die spyskaart en verduidelik dat dit 'n bekende Chinese lekkerny is. Gora ken China goed. Vir baie jare was hy die PAC se verteenwoordiger in China en het hy in Beijing gewoon. Uit respek vir die os kies ek eerder 'n visgereg.

Ek en Gora argumenteer gereeld oor Suid-Afrika, oor die Afrikaner en

Die skrywer saam met Mewa Ramgobin, SAKP-parlementslid, en doktor Pallo Jordan van die ANC in die sneeu op die berugte Tiananmen-plein in die Chinese hoofstad Beijing waar die studenteprotes was. As dit lyk of jy wil vertoef of op die plein wil gaan sit, jaag die wagte jou dadelik aan. Blykbaar is hulle bang dit is die begin van 'n volgende studenteprotes!

Voor die Groot Saal van die Volk, die Chinese parlement, in Beijing.

oor die toekoms. Ek geniet dit om met hom te redeneer. Hy is intelligent en wyd belese. Oppervlakkige argumente oor Afrika en die geskiedenis, waarmee jy 'n Afrikanerdebat maklik wen, werk nie teen Gora nie. Jou argumente moet feitelik korrek en deurdink wees. Gora was vir veertig jaar die PAC se sekretaris vir buitelandse sake. Hy het die PAC by die Verenigde Nasies in New York verteenwoordig en al die meeste lande ter wêreld besoek. Ek val terug op my Verenigde Nasies- en minderheidsregte-argumente. Dit werk. Ons deel 'n bekommernis oor die ANC se misbruik van mag. Later kon ek hierdie argumente met groot sukses gebruik toe ons elkeen 'n geleentheid kry om in die Groot Saal van die Volk – die Chinese parlement – ons onderskeie partye se standpunt aan 'n Chinese afvaardiging te stel. Ek neem aan dit was die eerste keer in die geskiedenis dat die Afrikaner se politieke sienings daar gestel is. Uit die positiewe reaksie van die Chinese minister en sy afvaardiging was dit duidelik dat hulle my reg verstaan het.

Werk boikotte en sanksies? Dit is die vraag wat vanaand om die etenstafel bespreek word. Elkeen het 'n besliste mening. Ons is almal lede van die parlement se portefeuljekomitee vir buitelandse sake. Die doel van ons besoek aan China is om in 'n verslag te adviseer of Suid-Afrika sy diplomatieke bande met Taiwan moet verbreek ter wille van China.

Gora is 'n baie goeie storieverteller. Soos alle goeie storievertellers, oordryf hy vir effek. Dit gee egter smaak aan die storie. Sy bydrae tot die debat is 'n storie uit sy verlede. In die sestiger- en sewentigerjare het hy politieke leiers in Afrika besoek. Dit was een van sy take as die PAC se sekretaris vir buitelandse sake. Die doel van die besoeke was om die leiers te oorreed om boikotte en sanksies teen Suid-Afrika in te stel.

Ná baie moeite kry hy 'n afspraak met Haile Selassie, die keiser van Ethiopië. Selassie kan sy familielyn terugvoer tot by die Koningin van Skeba wat die Israelse koning Salomo besoek het. In die lig hiervan het hy beweer dat hy 'n regstreekse afstammeling van Salomo was. Daarom staan hy in Ethiopië bekend as Negusa Negast. Dit beteken "Koning van alle Konings". Ek het lankal geleer om nie 'n man met 700 vroue, soos Salomo, te onderskat nie!

Gora vertel met handgebare en fyn beskrywings hoe hy by die koninklike paleis in Addis Abeba aanmeld. Hy kan nie dadelik die keiser spreek nie. 'n Paleisamptenaar gee hom eers 'n lesing oor wat hy in die keiser se teenwoordigheid mag en nie mag doen nie. 'n Deel van die lesing gaan oor die keiser se geskiedenis, sy prestasies en amptelike titels. Selassie se amptelike titel is Sy Koninklike Majesteit, keiser Haile Selassie I, Koning van Konings en Heer van Here (Afrikaans vir "Lord of Lords"), Oorwinnende Leeu van die Stam van Juda. Ná die lesing word Gora teruggestuur na sy hotel. Daar moet hy wag totdat die keiser hom ontbied wanneer dit die keiser pas.

Ná drie dae se wag kom die boodskap: Gora moet by die paleis aanmeld. Daar word hy geneem na die troonsaal, waar hy keiser Haile Selassie sal sien. Hy staan vir 'n ruk en wag voor die toe deure. Skielik verskyn twee Ethiopiërs en neem weerskante van hom stelling in. Hulle is lede van Selassie se personeel. Die swaar deure word oopgemaak. Voor Gora is 'n baie lang saal. Ver aan die oorkant staan 'n groot troon. Dit verdwerg die klein mannetjie wat daarop sit. (Ek dink Gora oordryf vir effek toe hy vertel dit voel soos 'n halwe kilometer vanaf die deur tot by die troon.) Op bevel van die twee Ethiopiërs begin hulle stadig in die rigting van die troon stap. Ná tien treë steek hulle vas en buig diep. Elke tien treë word dit herhaal. Dit neem 'n ewigheid om tot voor die troon te kom. Toe hulle uiteindelik voor die troon tot stilstand kom, val die twee Ethiopiërs plat op die maag, kop ondertoe. Gora besluit om te bly staan, anders kan hy mos nie sy saak stel nie.

Hy verduidelik van Suid-Afrika, van swart en wit en dat Suid-Afrika op alle terreine geboikot moet word. Selassie luister simpatiek en maak toe 'n keiserlike handgebaar. Van agter 'n gordyn verskyn 'n sekretaris met pen en papier in die hand. Die keiser dikteer 'n keiserlike bevel wat deur die sekretaris neergeskryf word. Gora verstaan nie die taal nie en kry nie 'n afskrif nie. Tog lyk dit of sy boodskap geslaag het. Die twee Ethiopiërs langs hom staan op en begin die terugtog na die ingang. Hierdie keer loop hulle drie agteruit en buig steeds elke tien treë na die troon.

Gora keer terug na sy hotel.

Die drie dae se gewag het gemaak dat hy amper laat is vir sy volgende afspraak. Hy pak in en vertrek die volgende dag na die lughawe om 'n referaat by 'n kongres in Egipte te lewer. Gelukkig is daar 'n regstreekse vlug van Addis Abeba na Kaïro. By die lughawe staan hy in die tou by die paspoortkontrolepunt. Toe hy sy paspoort aan die amptenaar oorhandig, verskyn 'n frons tussen dié se oë. Hy draai die paspoort om, kyk daarna teen die lig en hou dit onderstebo. Gora kan nie agterkom wat verkeerd is nie. Dit is beslis nie 'n vervalste paspoort nie.

Die amptenaar neem hom eenkant. Hy maak dit vir Gora duidelik dat hy hom nie op die vliegtuig gaan toelaat nie. Gora verduidelik die dringendheid van sy plek op hierdie vlug weens die toespraak wat hy in Egipte moet lewer. Hy wil weet wat met sy paspoort verkeerd is. Die amptenaar haal 'n amptelike dokument uit. Dit is die keiserlike bevel wat Haile Selassie gister gedikteer het. Die amptenaar verduidelik dat hy pas die dokument ontvang het. Dit is aan alle staatsdepartemente uitgestuur. Dit is 'n opdrag dat Suid-Afrika geboikot moet word en dat geen Suid-Afrikaanse paspoorte meer by die lughawe aanvaar sal word nie.

Gora sê trots dat dit hy was wat die vorige dag die keiser gespreek het en dat die bevel nie op hom van toepassing is nie. Die amptenaar is nie tevrede nie. Gora vra hom om die paleis te skakel om sy verklaring te bevestig. Die amptenaar kyk skepties na hom en verduidelik dat niemand die keiser se opdragte bevraagteken nie en dat dit ook nie verander kan word nie. Terwyl die debat aan die gang is, vertrek die vliegtuig.

Op die indrukwekkende Groot Muur van China. Danksy slim ekonomiese hervormings, wat "sosialisme met Chinese eienskappe" genoem word, is die ou kommunistiese Rooi China op pad na 'n oper en meer vryemark-gerigte ekonomiese stelsel.

Druipstert moet Gora na die hotel terugkeer. Hy skakel die organiseerders in Egipte en sê hoekom hy nie by die kongres sal kan optree nie.

Die volgende dag huur hy 'n motor waarmee hy na die grens tussen Ethiopië en Kenia ry. Hy slaag daarin om oor die grens te kom. Met 'n vliegtuig vanaf Nairobi kom hy 'n paar dae later in Egipte aan.

Werk sanksies en boikotte? Ek dink onwillekeurig aan die wyse koning Salomo – na bewering Selassie se oeroupa – wat in Spreuke geskryf het: "Wie 'n gat vir 'n ander grawe, val self daarin."[2]

---

[2] Spreuke 26:27.

3

Hoe slaap mens netjies?

Daar is baie maniere om onopsigtelik maar netjies te slaap.

Ons is nege Suid-Afrikaanse parlementslede in Sydney, Australië, besig met 'n onderhoud met een van hulle senior ministers. Ons sit in 'n halfmaan voor die minister se lessenaar. Omdat Miriam Masidiso[3] die enigste vrou in die geselskap is, sit sy in die middel van die halfmaan, reg voor die minister.

Miriam het die oggend aan die ontbyttafel by my gekla dat sy glad nie die vorige aand kon slaap nie. Sy het gedink dit is die vreemde bed. Ek het haar herinner aan die tydsverskil van agt uur tussen Suid-Afrika en Sydney, en ons liggaamsritme. "Terwyl ons al ontbyt eet, gaan die Suid-Afrikaners nou eers bed toe. Gisteraand toe ons probeer slaap het, was dit maar kort ná middagete volgens ons ritme."

In die loop van die dag kon ek nie help om ver terug te dink wanneer ek na Miriam kyk nie. As kind kon ek my verkyk aan die twee ouderlinge in ons gemeente wat onopsigtelik in die ouderlingsbanke geslaap het. Hulle het werklik die tegniek vervolmaak om skelm maar netjies te slaap. Oom Gert, die diepleesspesialis, het altyd sy oop Bybel op sy skoot geplaas. Met sy hande weerskante van die Bybel en sy ken op sy bors, was dit moeilik om te bepaal of hy diep lees of diep slaap. Die enigste manier waarop jy hom kon uitvang, was om te kyk of hy omblaai wanneer Dominee omblaai. Oom Charles het op sy beurt die diepdinkmetode verkies. Hy het altyd sy elmboog op die kant van die bank laat rus, met sy voorarm boontoe. Met sy ken gemaklik op sy hand gestut, het hy dan gelyk soos Rodin se beeldjie van die denker. Dit was

---

[3] Skuilnaam.

moeilik om te bepaal of hy aandagtig luister en diep dink en of hy net diep slaap.

Miriam lyk nie of sy diep lees of diep dink nie – om nie eens te praat van netjies slaap nie. Om die waarheid te sê, sy slaap slordig met haar kop skuins agtertoe en haar hande slap langs die kante van die stoel. Ter versagting moet ek toegee dat ek self hoofpyn het van die konsentrasie om my oë oop te hou. Die minister praat lank en eentonig. Eintlik vertel hy ons hoe oulik en bekwaam hy is. Ons wil dit nie weet nie. Ons wil net weet hoe hy sekere probleme hanteer. Wie kan intelligent met 'n minister gesels en vrae vra as jy min geslaap het en jou lyf glo dit is vieruur in die oggend? Al wat mens ongemakliker maak as Miriam se slapery reg voor die Australiese minister, is sy reaksies. Terwyl hy praat, kyk hy na die persone links en regs van haar – maar hy haak skoon vas in die middel van 'n sin wanneer hy na Miriam kyk en sien hy kry geen reaksie van haar nie.

Miriam het al 'n paar keer heftig met my verskil tydens ons portefeuljekomiteevergaderings. Sy is 'n lojale en intelligente lid van haar party. Sy veg en dra die partybeleid uit soos sy glo reg is. Tog kom ek en sy op 'n persoonlike vlak baie goed oor die weg. Buitelanders en "exiles" verstaan nie dat daar deur die jare sulke goeie verhoudings op persoonlike vlak tussen soveel wit en swart mense in Suid-Afrika bestaan nie. Die exiles was vir twintig of dertig jaar van hulle stryd in die buiteland. Uit baie van hulle se weergawe van gebeure in Suid-Afrika kan jy agterkom of hulle in Brittanje, Tanzanië of Rusland in exile was. Vanuit daardie lande het hulle – deur die bril van daardie lande se eensydige media – gebeure in Suid-Afrika dopgehou en probeer verstaan. Nou is hulle koppe vol Britse, Tanzaniese of Russiese beskouings van Suid-Afrika. Miriam het egter die gebeure in Suid-Afrika persoonlik meegemaak. Sy weet wat albei kante reg en verkeerd gedoen het. Sy vertel graag van die goeie verhouding wat sy met sekere Afrikaners gehad het.

Daardie aand aan tafel verduidelik ek aan Miriam dat ek ná so 'n lang vlug met gepaardgaande tydsverskille 'n slaappil neem. Op haar versoek gee ek vir haar een van my slaappille.

Die volgende oggend is ek nog in my pajamas toe daar 'n klop aan my hotelkamer se deur is. Ek maak versigtig oop. Dit is Miriam, netjies aangetrek en vrolik. Sy kom sommer in. Net om te kom dankie sê vir die pil. Sy het baie goed geslaap en voel baie beter as gister. "Dokter, maar ek het ook 'n pyn hier," en sy wys na haar bobeen. Sy vat die onderkant van haar rok vas om dit te lig en my te wys.

Ek keer, uit die veld geslaan en effens verbouereerd. Wat 'n heerlik verwarrende koerantstorie as 'n joernalis nou die kamer sou binnekom! flits dit deur my gedagtes. Skielik gaan daar vir my 'n lig op en is die misverstand duidelik. Doktor Mulder het die vorige aand vir haar 'n pil gegee wat goed gewerk het. Daar is nog nêrens op die toer of in die portefeuljekomitee gesê dat my doktorsgraad niks met die mediese beroep te doen het nie. Sy aanvaar ek is 'n mediese dokter wat ook ander fisieke probleme kan oplos. Ek verduidelik. Miriam lag lekker, bedank my nog 'n keer en kondig ongestoord aan dat sy solank ontbyt gaan eet.

Terwyl ek skeer en aantrek, dink ek aan die woorde van meneer Mandela toe hy in 'n toespraak[4] gesê het dat daar goeie mans en vroue in alle groepe en sektore van die Suid-Afrikaanse samelewing is en as hulle net by mekaar kan uitkom, die resultaat samewerking tot almal se voordeel sal wees. Ek glo ook daarin.

Miriam is so 'n goeie een – of sy netjies kan slaap of nie.

---

[4] 'n Toespraak van meneer Nelson Mandela op 10 Mei 2004 in die parlement met die tienjaarherdenking van sy inhuldiging. "Mandela said a guiding principle ... 'has been that there are good men and women to be found in all groups and from all sectors of society, and that in an open and free society those South Africans will come together to jointly and co-operatively realise the common good'."

4
'n Mandelabesoek – kan Afrikaners toyi-toyi?

Meneer Mandela kom met uitgestrekte arms die vertrek binne.

"A, Peter," sê hy op sy joviale manier. Hy groet my en my broer Corné hartlik en maak 'n grap omdat die "Mulderbroers altyd saam is". Hy het 'n geblomde grys-, blou-en-wit Mandelahemp aan wat tot bo toegeknoop is. In die middel bo dra hy 'n rooi vigs-strikkie en twee penne steek uit sy bosak.

Ek het in 'n skrywe 'n geleentheid gevra om sekere sake wat ons bekommer, met hom te bespreek. Hy was gouer beskikbaar as wat ek verwag het. En natuurlik is hy stiptelik betyds. Soos 'n goeie boere-oom vra hy uit na my familie en generaal Viljoen se welstand. Ek kan nie anders as om aan 'n onlangse gesprek met Thabo Mbeki te dink nie. Mbeki se persoonlikheid is totaal anders: koud en klinies korrek.

Toe Mandela en sy vrou Winnie geskei is, het Emmah Mabale wat al jare by ons werk, gespot dat sy 'n goeie presidentsvrou in Winnie se plek sal wees. As ek net die ontmoeting met Mandela vir haar kan reël, sal sy self die res doen, het sy telkens gespog. Vanoggend toe ek by die huis weg is, het ek vir Emmah gesê dat ek na Mandela toe gaan en gevra of ek nog die ontmoeting moet reël. Haar dapperheid en bravade was skielik weg en sy het vir die vale gekeer.

Terwyl ons tee drink en nog informeel gesels, vertel ek Mandela van Emmah wat een van sy bewonderaars is. Die gedeelte oor Emmah as moontlike nuwe presidentsvrou laat ek weg.

Hy vra papier en skryf 'n persoonlike nota aan haar: *Dear Emmah, I have heard nice things about you from Peter, & perhaps one day I might have the honour of meeting you. Meantime I send you my best wishes. Pula! Kgotso!! Sincerely N Mandela 17.9.02.* Dié nota is geraam en hang vandag nog in Emmah se huis.

Meneer Mandela se nota aan Emmah.

> Emmah Mabale
>
> Dear Emmah,
>
> I have heard nice things about you from Peter, & perhaps one day I might have the honour of meeting you. Meantime I send you my best wishes. Pula! Kgotso!!
>
> Sincerely.
>
> Mandela
> 17.9.02

Oor die eerste drie sake wat ek met hom bespreek, gee hy advies en verwys ons na mense wat kan help. Hy onderneem om vooraf met die betrokkenes te skakel. Die laaste saak gaan oor Afrikaans en hoe dit afgeskaal word. Ek haal 'n gedeelte aan wat Mandela op Robbeneiland, kort ná die Soweto-opstande van 1976 geskryf het: "Afrikaans is die taal van 'n aansienlike deel van ons land se swartes ... dit is ook die moedertaal van 95% van die Kleurlingbevolking. ... Selfs al praat net Afrikaners die taal, sou dit steeds onwys wees om daarmee weg te doen. Dit is die inherente reg van elke groep mense om sy taal sonder beperking te gebruik. ... Die afskaffing van Afrikaans sal nie net uit pas wees met die progressiewe ontwikkelings in die verligte wêreld nie, maar sal ook 'n uitnodiging wees vir eindelose onvrede."[5]

Hy verstaan onmiddellik my argument, maar vra spesifieke voorbeelde. Gelukkig het ek 'n paar byderhand. Die SABC het onderneem om alle tale so gelyk as moontlik te hanteer. In spitstyd lyk die verspreiding soos volg: SABC3 saai slegs in Engels uit. SABC1 is 43% Engels. SABC2, wat Afrikaans en Sotho moet wees, het net 39% Afrikaans, maar ook 43% Engels. Die bietjie tyd wat oorbly, word vir die ander tale gebruik.[6]

Ek verduidelik dat Afrikaners sal verstaan as Afrikaans afgeskaal

---

[5] Nelson Mandela, in Maharaj se *Reflections in Prison*, asook in *Rapport*, 27 Mei 2001, p. 16: "Elke groep het 'n reg op sy taal."
[6] Volgens navorsing deur professor Koos du Toit se TABEMA is die moedertaalstatistieke van TV-kykers soos volg: 38% praat 'n Nguni-taal, 30% Sotho, 19% Afrikaans en slegs 13% Engels. SABC3 saai egter 100% in Engels uit; SABC1 is 43% Engels en SABC2, wat Afrikaans en Sotho behoort te wees, saai slegs 39% in Afrikaans uit en 43% in Engels.

word om plek vir ander Afrika-tale te maak, maar dat dit nie sin maak dat Afrikaans afgeskaal word om meer in Engels uit te saai nie.

Mandela gee gelyk dat die SABC verkeerd is. "Amper elke dag is daar by die parlement se hekke 'n betoging oor iets wat mense pla. Waarom het ek nog nooit Afrikaners daar sien betoog oor 'n saak soos hierdie nie? Praat jy nie maar net namens 'n klein klompie ongelukkiges nie?"

Met dié vraag het hy my in die moeilikheid. Afrikaners het nog nooit by die parlement se hekke oor die afskaal van Afrikaans, hetsy in die openbare lewe of op televisie, betoog nie. Mandela se vriendelikheid en nederigheid moet jou nooit laat dink hy is nie kliphard en polities skerp nie, herinner ek myself.

Op Robbeneiland het hy ANC-lede aangemoedig om Afrikaans te leer sodat hulle 'n studie van die Afrikaner se geskiedenis en letterkunde kon maak. Hy het in daardie tyd geskryf: "Om die sterk punte en swakhede van jou teenstander te ken, is een van die elementêre reëls van 'n geveg. Foute van die verlede in die bevrydingsbeweging – die veragting vir die Afrikaner, oorgerustheid en die verwagting van 'n maklike oorwinning – was alles die gevolg van ons onkunde oor hierdie groep en het tot ons ontnugtering gelei."[7]

Eenkeer by 'n funksie het hy vertel hoe hy in die tronk elke oggend na Monitor op RSG geluister het ten einde die Afrikaner se denke en politiek beter te verstaan. Ek begin verduidelik dat dit nie deel van ons kultuur is om te betoog en te toyi-toyi nie. "Daarom was daar nog nie so 'n betoging by die parlement se hek nie," voeg ek by.

Eintlik is my argument net halfwaar. In die twintiger- en veertigerjare van die vorige eeu het Afrikaners verskeie suksesvolle protesoptogte gehou.[8] Daarna het hulle vir veertig jaar bederf geraak met 'n Afrikanerregering, waartydens dit nie nodig was om so te protesteer nie. Toe was die Afrikaners die *system* en die ANC in die *struggle*. Nou is die ANC die

---

[7] *Rapport*, 27 Mei 2001, p. 16. "Elke groep het 'n reg op sy taal." Kyk ook "Nelson Mandela" in Maharaj se *Reflections in Prison*.

[8] Twee voorbeelde: 1. Baie Afrikaners was regstreeks betrokke by die twintigerjare se mynwerkerstaking en protesoptogte. 2. Op Saterdag 22 Junie 1940 het duisende Afrikanervroue, die meeste van hulle in Voortrekkerdrag, na die Uniegebou gemarsjeer om 'n petisie vir vrede aan generaal Smuts te oorhandig.

"system" en moet Afrikaners druk uitoefen vir hulle regte. Afrikaners kan nie betoog en "struggle" nie en die ANC sukkel met die "system"!

"As Afrikaners nie betoog en toyi-toyi nie, wat doen hulle dan as hulle ongelukkig is oor 'n saak?" is Mandela se opvolgvraag.

Ek raak al hoe verder in die moeilikheid. "Afrikaners is demokrate. Hulle stem vir of teen 'n saak as hulle ongelukkig daaroor is," probeer ek beredder.

Mandela laat hom nie van stryk bring nie: "Ek het onlangs syfers gesien wat toon dat tot 40% van alle Afrikaners óf nie as kiesers geregistreer is nie, óf geregistreer is, maar nie stem nie."

Hoe verduidelik ek aan hom die verlamming en onbetrokkenheid wat ná 1994 by baie Afrikaners ingetree het? As meer Afrikaners maar wou registreer en stem, sou ek nou met meer gewig kon praat.

Mandela onderneem nogtans om met die betrokkenes by die SABC te praat. Ek verwag egter nie werklike resultate nie. Afrikaners sal oortuig moet word om meer betrokke te raak by verkiesings en met optogte en ander metodes meer sigbaar te raak, voordat die ANC ernstig van hulle gaan kennis neem.

Buite wag die media in groot getalle. Ek is veral verbaas om te sien dat baie van die buitelandse mediaverteenwoordigers in die gesprek belangstel. Mandela praat eerste. Hy verwelkom die gesprek en deel 'n paar komplimente uit aan die VF vir die rol wat die party in die politiek speel. Hy praat glad en gemaklik. Dit lyk of hy kan sê wat hy wil, die media eet uit sy hand.

Ek verduidelik dat ek die gesprek aangevra het. Daarna noem ek kortliks van die sake waarop ons ooreengekom het. Dit sluit die Zimbabwe-situasie en die posisie van Afrikaners en Afrikaans in Suid-Afrika in. Die media vra verskeie vrae. Alles verloop vriendelik en gemoedelik. Met die laaste vraag sien Mandela 'n politieke geleentheid. Hy bly 'n keiharde politikus – al skep hy die indruk van 'n goedige oupa. Jy moet die hele tyd op jou hoede wees.

Voor die media berispe hy my omdat ek, volgens hom, 'n onlangse negatiewe insident waarby Afrikaners betrokke was, nie in die openbaar veroordeel het nie. Dit terwyl ek verlede jaar die ANC oor 'n soortgelyke insident gekritiseer het. Daardeur skep hy die indruk dat ek dubbele standaarde handhaaf. Gelukkig is sy feite verkeerd. Benewens my media-

Meneer Mandela en die skrywer beantwoord vrae van die media.

verklaring oor die insident, het ek toevallig die vorige oggend 'n lang onderhoud daaroor op die radioprogram Monitor gevoer. Ek noem dit en sluit af deur te sê ek kan sien hy luister nie meer soos in die ou dae na Monitor nie. Hy reageer met 'n grappie en 'n vriendelike groet.

'n Paar maande later probeer ek een Sondagmiddag ná ete 'n middagslapie inkry. Skielik lui die telefoon. Dit is Mandela. Hy vra om met my dogter te praat. Ek stuur 'n kind om haar te roep. Sy kan die telefoon sommer in die woonkamer optel en praat. "Sê vir haar meneer Mandela wil met haar praat."

In 'n politieke huis leer kinders om van vroeg af allerlei snaakse telefoonoproepe te hanteer. Godsdiensfanatici wat die einde van die aarde voorspel, of ongebalanseerdes met 'n boodskap reg uit die hemel, bel van tyd tot tyd. My broer Corné gebruik dit om met my kinders gek te skeer deur 'n stem na te maak. Toe my dogter optel, begin Mandela praat. Haar eerste reaksie is om te sê sy gaan haar nie weer laat uitvang nie. Ek verduidelik vinnig vanaf die kamer se telefoon dat dit wel meneer Mandela is.

Mandela sê hy skakel om haar geluk te wens; in vandag se Afrikaanse koerant het hy die berig gelees oor haar aanwysing as Dux-student van haar universiteit.

Terwyl hy met my dogter praat, dink ek aan al die fasette van sy persoonlikheid. Mandela, die nederige president wat met 'n nota aan 'n onbekende Emmah haar permanent vir hom wen. Mandela, die joviale en aangename mens wat grappies maak en opreg na die familie uitvra. Mandela, die strateeg wat moeite doen om die Afrikaner se denke en politiek te leer ken en dit aanwend om sy doelwitte te bereik. Die slim argumenteerder wat nie huiwer om jou regstreeks te konfronteer nie en Afrikaneronbetrokkenheid tot sy voordeel gebruik. Die geharde politikus wat punte by die media probeer aanteken wanneer die geleentheid hom voordoen. Mandela, die mens-mens wat my dogter uit die bloute bel en gelukwens.

Hoe sou Afrikaners gereageer en onderhandel het as Mandela 'n aggressiewe en gegriefde Mugabe was wat onbillike eise tydens die onderhandelinge gestel het? Die antwoord sal bespiegeling bly.

5

Twee staatsbankette en 'n vraag

Honderde mense maal rond. Die saal is reeds tjokvol. Dit is 'n heerlike wintersdag in Pretoria[9]. Ons gaan die saal binne vir president Mbeki se middagete ter ere van president George W. Bush, tans op 'n blitsbesoek aan Afrika en Suid-Afrika. Al die ministers, al die Suid-Afrikaanse topsakemanne en al die leiers van die opposisiepartye in die parlement is genooi en het opgedaag.

Ek sit aan die tafel saam met verskeie Suid-Afrikaanse ministers en twee breedsprakige Amerikaanse sakemanne wat Bush vergesel. Dit word skielik stil in die saal toe die twee presidente aangekondig word en die saal inkom. Mbeki lyk klein teen Bush. President Bush is langer as wat ek gedink het.

Die toesprake bestaan uit die gewone hoflikhede en clichés. Bush praat glad en maklik oor die probleme van Afrika en hoe die VSA Afrika gaan help. Nog geld gaan hiér geskenk word, meer dollars gaan dáár aangewend word – en dan gaan alles regkom! Ek dink aan die eertydse Amerikaanse president Jimmy Carter, wat uit moedeloosheid oor korrupsie in Afrika gesê het: "Ek is moeg om arm mense in ryk lande te belas, net om dan die geld te stuur vir die voordeel van enkele ryk mense in arm lande."

Bush noem 'n paar kitsoplossings vir Afrika se probleme. Ek glo hy wil werklik help. Hy bedoel dit waarskynlik goed met Afrika. Maar kan hy en die Europeërs werklik begrip hê vir Afrika en ons probleme? Kan iemand van Amerika of Europa, wat nie hier woon nie, dit regtig begryp? Verskeie Suid-Afrikaanse maatskappye het

---

[9] 9 Julie 2003.

tans groot sukses in Afrika waar bekende Europese maatskappye misluk het.[10]

Maar 'n Afrikaner wat daarop aanspraak maak dat hy alles op hierdie kontinent verstaan, is ook nie eerlik nie. Ek worstel nog gereeld tydens besoeke aan Afrika-state – of in die parlement – met die manier waarop 'n saak "op die Afrika-manier" aangepak word.

Professor Attie van Niekerk, wat jare lank 'n sendeling in Afrika was, het met sy boeke oor Afrika my laat beter voel oor die goed wat ek nie verstaan nie. Hy skryf: "Telkens dink ek: nou verstaan ek iets. Dan gebeur die onverwagte, en dan verstaan ek niks. Maar ons moet aanhou probeer."[11]

As Afrikaners het ons onsself na die vasteland Afrika vernoem. In Maart 1707 het die landdros van Stellenbosch, Johannes Starrenburg, 'n klomp jongmanne wat moeilikheid gemaak het by die meule verjaag. Starrenburg is in Europa gebore. Hendrik Biebouw, een van die jongmanne, is in Afrika gebore, en het aan die landdros geskreeu: "... ek wil nie loop nie, ek is 'n Afrikaner."[12] Hoewel daar baie interpretasies van hierdie gebeure is, is dit die eerste rekord van 'n Europeër in Afrika wat na homself as 'n Afrikaner verwys het. Moontlik wou Biebouw daarmee die verskil tussen hom en die landdros van Europa uitwys. Volgens oorlewering is Biebouw later verban en het hy die res van sy lewe, teen sy sin, in Australië geslyt.

Is jy tot Afrika verbind?

J.M. Coetzee, die Suid-Afrikaanse Nobelpryswenner, skryf in 2000: "Ek is nie meer 'n Europeër nie, maar is ook nog nie van Afrika nie."[13]

Was Jan van Riebeeck tot Afrika verbind? Hy het die Calvinisties-Protestantse godsdiens hierheen gebring. Hy het die Europees-Westerse kultuur hierheen gebring. Maar hy was nooit van plan om Afrika sy permanente tuiste te maak nie. Ná tien jaar is Jan van Riebeeck weg na Batavia. Hy is ver van Afrika dood. Daarteenoor het die Vryburgers hulle tot Afrika verbind toe hulle op 21 Februarie 1657 vir hulleself in Afrika begin boer het.

---

[10] Vergelyk storie 37, "'n Afrikanerbrug tussen Afrika en Europa", p. 234.
[11] Attie van Niekerk, *Saam in Afrika*, p. 1.
[12] Hermann Giliomee, *Die Afrikaners*, p 19.
[13] *Leadership*, February 2000, p. 57, "No longer European, not yet African."

Corné Mulder in gesprek met meneer Salim Ahmed Salim, sekretaris-generaal van die OAE in Addis Abeba in Ethiopië. Die gesprek het onder andere gegaan oor die groot rol wat Afrikaners in die opbou van Suid-Afrika gespeel het en dat hulle daardie rol ook in Afrika kan speel.

In al my gesprekke met Afrika-leiers is dit die een belangrike saak wat hulle in hulle gesprekke met jou aanlê. Hulle toets op 'n subtiele manier of jy met goed en bloed aan Afrika verbind is. Vriendelike taal en mooi praatjies oor hoe lief jy vir Afrika is, sal hulle nie bluf nie. In Afrika speel gesindheid en werklike dade 'n belangrike rol.

'n Maand ná president Bush in Pretoria onthaal is, is ek weer by 'n staatsbanket in Pretoria.[14] Ons gaan hierdie keer die saal binne vir president Mbeki se staatsbanket ter ere van die besoekende president Mwai Kibaki van Kenia, en sy vrou Lucy. Dit is die eerste keer dat ek Kibaki van naby sien. Ons luister weer na die twee presidente se toesprake en eet daarna almal saam. (Tydens president Museveni van Uganda se besoek aan Suid-Afrika het hy my beslis meer beïndruk as president Kibaki van Kenia.)

Dieselfde ministers, Suid-Afrikaanse topsakemanne en leiers van die opposisiepartye in die parlement is weer genooi, soos met president

---

[14] President Kibaki van Kenia het Suid-Afrika amptelik besoek van 4 tot 7 Augustus 2003.

Corné Mulder saam met meneer Mewa Ramgobin, SAKP-parlementslid en meneer Mgidi, ANC-parlementslid voor 'n reusagtige muurskildery by die hoofkantoor van die Organisasie vir Afrika-eenheid (OAE) in Addis Abeba. Die muurskildery gedenk die stigters van die OAE in 1963.

Bush se besoek. Ek sit aan die tafel saam met verskeie Suid-Afrikaanse ministers en twee van die ryk nuwe swartbemagtigingsakemanne van Suid-Afrika. Hulle praat eers sokker. Daarna oor die blapse van Europese besoekers wat maak of hulle Afrika verstaan. Een minister komplimenteer my oor die Vryheidsfront as 'n politieke party wat werklik van Afrika is. Hy vra of ek opgelet het ek is die enigste wit politikus of sakeman vanaand by die funksie. Volgens hom het Tony Leon as DP-leier en Marthinus van Schalkwyk as NNP-leier 'n maand gelede Bush se funksie entoesiasties bygewoon, maar nie vanaand se funksie ter ere van 'n swart Afrika-president nie. Ek het tot op daardie tydstip nie met 'n rassebril na die teenwoordiges gekyk nie. Nou sien ek skielik hoe anders hierdie gehoor lyk in vergelyking met dié 'n maand gelede. Tony en Marthinus het seker geldige verskonings – my tafelgenote ervaar dit egter as 'n afjak en 'n teken dat hulle nie werklik aan Afrika verbonde is nie.

"As hulle moeite vir Bush kon doen, waarom nie ook vir Kibaki nie?" is die vraag. Hulle verwys na die VF se projek wat Afrikanerboere in Mosambiek probeer vestig het. Die doel was om hulle 'n geleentheid te gee om te boer, maar ook om Mosambiek sy landbou te help ontwikkel. Volgens my tafelgenote het daardie projek diep indruk in Suid-Afrika en Afrika gemaak. "Dit het bevestig dat julle Afrikaners werklik vir Afrika omgee en aan Afrika verbind is." Die res van die gesprek gaan oor wanneer mens regtig van Afrika is en wanneer nie. Die feit dat jy wit of swart is, is nie meer die eenvoudige toets nie, is ons konsensus. Hulle kla oor die baie swart akademici en sakemanne wie se eerste lojaliteit nie meer by Afrika lê nie. En ek dink aan president Mbeki wat by 'n konferensie van Afrika-akademici 'n swart akademikus gekritiseer het omdat sy visitekaartjie ook 'n tweede adres in Parys, Frankryk vertoon. "Om 'n ware Afrikaan te wees, beteken om nie 'n tweede adres te hê nie," was Mbeki se slotsom.

Maar in Afrikanerkringe is dit 'n ou debat. In 1912 skryf generaal Hertzog in 'n brief: "... dat hierdie land op elke gebied regeer behoort te word deur mense wat ware Suid-Afrikaners is en nie deur blote somerswawels nie."[15] Met "somerswawels" verwys hy na Engelse wat in Suid-Afrika wil regeer, maar soos trekvoëls net tydelik hier is omdat hulle lojaliteit eintlik in Brittanje lê. In 1914 vra generaal Hertzog: "Wie is die Afrikaner?" Hy beantwoord self sy vraag: "Afrikaans- sowel as Engelssprekendes wat in hierdie land gewortel is." Daaruit vloei sy "Suid-Afrika eerste"-toespraak by De Wildt.[16]

Toe die Westerse koloniale lande hulle oorhaastig aan Afrika onttrek het, het Afrikaners met 'n Vryburgergees verkies om te bly. Hulle het in Afrika wortelgeskiet. Dit was iets nuuts en opwindend. Die uitdaging: Om ons identiteit te vind in ons verhouding met Afrika.[17]

Hoe meer ek in die buiteland gekom het, hoe meer het ek besef my hart is in Afrika. Wat 'n verlange na hierdie pragtige maar "droewe land" was dit nie! Ek kan dit nie altyd verklaar nie. Is dit my geskiedenis, is dit Afrika se uitdagings of is dit net die natuur wat my bind?

Ek stap graag in die somer – veral met sonsondergang. Ek en my gesin het tydens my nadoktorale studie vir 'n jaar in die VSA gewoon. Met

---

[15] Brief van generaal J.B.M. Hertzog gedateer 12 November 1912, aangehaal in C.M. van den Heever se boek oor J.B.M. Hertzog, p. 304.
[16] Dirk en Johanna de Villiers se boek, *Paul Sauer*, p. 24.
[17] Attie van Niekerk, *Saam in Afrika*, p. 5.

'n Spotprent ná die skrywer in die parlement verduidelik het waarom hy 'n Afrikaner én 'n Afrikaan is. (Erkenning: Fred Mouton, *Die Burger*, 16 Februarie 2007)

behulp van 'n beursskema het ek etlike maande in Brittanje gewoon. China, Australië en elke kontinent het ek besoek. Wonderlike lande, maar nie een het 'n skemertyd wat met ons s'n kan meeding nie; ons blou lug, ons rooi sonsondergange en wolkpatrone. En wat kan wees soos om in die Karoo na die sterre te kyk en oor die wonder van God te peins?

Maar Afrika is nie net natuur nie. Afrika het van die wonderlikste mense uit baie kulture. Maar Afrika het ook van die swakste regerings en armste mense in die wêreld. Ek haat die misdaad, die permanente oorlog en die geweld. Ek verafsku korrupsie en swak administrasie. Ek is uiters gefrustreerd om te sien hoe Afrika-regerings foute maak. Foute wat Afrika verder in armoede en ellende dompel. My hart is vas aan Afrika – maar ek wil myself wees in Afrika. Is dit te veel gevra?

As Afrika in die noorde plek het vir Arabiere met hulle godsdiens en "vreemde" kultuur, is daar ook plek vir my in die suide met my taal en kultuur. Al noem sommige onverdraagsames my dan 'n Euro-Afrikaan.[18]

Ná J.M. Coetzee se nou reeds bekende stelling in 2000, oor Europa en Afrika, het hy Australiese burgerskap aanvaar. Sy toespraak by ontvangs van sy burgerskap, waarin hy die lof van Australië besing, word in volbladadvertensies gebruik om nuwe immigrante na Australië te lok.[19]

Is jy 'n Jan van Riebeeck wat tydelik hier is, die voordele van Afrika geniet en dan verder gaan? Is jy 'n Vryburger wat aan Afrika verbonde voel en Afrika se probleme wil oplos? Of is jy dalk 'n Biebouw, wat teen sy sin in Australië sit terwyl sy hart steeds in Afrika is?

Dit is nie vir my om oor ander se besluite te oordeel in hierdie onseker tye nie. Elkeen moet self oordeel en self besluit.

---

[18] P.W.A. Mulder, toespraak in die parlement, 18 Junie 2002.
[19] In *Beeld*, 3 Augustus 2006: "Coetzee besing doer onder."

6

Die Zoeloes is onrustig

Die Zoeloes in die Inkatha Vryheidsparty is onrustig. Ek sien die wit van kwaai oë. Ek sien driftige handgebare wat ernstig beswaar maak. Koos van der Merwe, IVP-lid, is duidelik in die middel van die probleem. Hy beweeg heen en weer en lyk baie bekommerd.

In die parlement is die Vryheidsfront se sitplekke reg langs minister Buthelezi se Inkatha Vryheidsparty se sitplekke. Vanaf my sitplek kan ek duidelik sien hoe die IVP-argument heftiger word en die temperature styg. Ek kan egter nie agterkom waaroor dit gaan nie.

Dit is 9 Mei 1994. Die parlement kom vir die eerste keer in Kaapstad bymekaar ná 27 April 1994 se algemene verkiesing.

Meneer Mandela kom die raadsaal binnegestap. In die verbystap gee hy 'n handdruk aan 'n paar voorbankers. Hy steek vas en draai uit om generaal Constand Viljoen, leier van die Vryheidsfront, ook 'n handdruk te gee. Meneer Mandela stap verder na sy sitplek. As leier van die regerende party sit hy in die eerste bank, voor, aan die regterkant van die speaker. Dit is ook die enigste bank met 'n embleem op die voorkant. In sy sitplek draai meneer Mandela om en groet sy hoofsweep. 'n Party se hoofsweep sit altyd agter die partyleier.

Daar is stilte toe die ampswag by die raadsaal se ingang hoofregter Corbett aankondig. Daar is ook stilte in die IVP-banke. Koos van der Merwe lyk egter steeds bekommerd.

Protokol en parlementêre tradisies speel 'n belangrike rol in die parlement. Die hoofregter stap agter die ampswag die raadsaal binne. Die ampswag dra die ampstaf. Die ampstaf simboliseer die gesag van die speaker en van die parlement. By die eerste vergadering van 'n nuwe parlement tree die hoofregter as voorsitter op totdat 'n nuwe speaker verkies is.

Die skrywer en sy vrou Triena, Corné Mulder en sy vrou Alma met die opening van die parlement. In die nuwe politiek het dit 'n ander karakter gekry met allerlei tablo's en kore.

Ek het altyd gewonder waarom dié ampsbenaming "speaker" is. Die speaker is dan juis die enigste persoon in die parlement wat nie "speak" nie! "En waar kom die woord 'sweep' vandaan?" het 'n besoeker aan die parlement my eenmaal gevra. Ek kon hom verseker dat dit niks met osse en 'n wa te doen het nie. Omdat ek self oor al die name en tradisies nuuskierig was, het ek spesiaal daaroor opgelees.

Die Britse parlement was die model vir die Suid-Afrikaanse en baie ander parlemente in die wêreld. Woorde soos "speaker", "sweep", "voorbankers" en "agterbankers" kom almal uit die Britse parlementêre geskiedenis.

By die Engelse adel se jakkalsjag is daar altyd 'n "whipper" teenwoordig wat die jaghonde bymekaarmaak en dissiplineer. In die ou dae, wanneer die Britse koning belasting wou verhoog of geld vir oorlog nodig gehad het, moes hy die parlement bymekaar roep. Met die jakkalsjag se "whipper" in gedagte het die koning dan gevra dat die hele land se parlementslede saamge-"whip" word vir 'n sitting en volgens oorlewering is dit waar parlementêre "whip" of "sweep" vandaan kom. Politieke partye wys vandag steeds swepe aan wat namens daardie party debatte help reël, dissipline handhaaf en met die speaker skakel.

In die Britse geskiedenis het die parlementêre sitting begin met die koning se bogenoemde versoek, waarna die parlementslede dit bespreek het. Vir ordelike debatvoering het hulle 'n voorsitter gekies. Die voorsitter, wat nie aan die bespreking deelgeneem het nie, moes dan hulle besluit aan die koning oordra. Só het hy die titel "speaker" gekry, want "he speaks on behalf of the house".

Baie dinge gaan verander, dink ek terwyl ek na die groot aantal ANC-parlementslede voor my sit en kyk. Van die ANC-voorbankers het ek tydens die onderhandelinge leer ken. Ek dink ek weet wat hulle beplan en wat hulle gaan doen. Die vraag is: Hoe dink die agterbankers? Wanneer die huidige wittebrood van versoening en toegewings verby is, sal hulle die beleid en die toekoms bepaal.

Toe ek in die parlement gekom het, is ons deur die voorbankers verwelkom en toegespreek. Daar is aan ons verduidelik dat daar vaste reëls en tradisies is. Die regerende party se lede sit altyd regs van die speaker. Opposisielede sit links van die speaker. Jou jare diens in die parlement

Voor die Britse Parlement in Londen wat as die moeder van alle parlemente beskou word.

Zoeloe-protokolreëls is baie ingewikkeld, veral wanneer die Zoeloe-koning betrokke is. Hier is die skrywer se pa, Connie Mulder, saam met doktor Buthelezi en die Zoeloe-koning Goodwill Zwelithini.

bepaal hoe ver van voor of hoe ver van agter jy sit. Daarom word die senior lede voorbankers genoem. As twee lede ewe veel jare diens het, word jou posisie deur jou ouderdom bepaal. Aan ons is gesê dat agterbankers se belangrikste werk is om pepermente vir die voorbankers aan te gee ... Ons is ook vermaan dat agterbankers die party se beleid verduidelik – nie die party se beleid maak nie ... Beleid-maak is die partyleier en die voorbankers se funksie.

Die verkiesing van die president en 'n nuwe speaker is verby. Die nuwe speaker, doktor Frene Ginwala, bedank almal en verdaag die raad.

Op pad uit die raadsaal keer ek Koos van der Merwe voor. Hy verduidelik aan my wat die kwaai oë en driftige handgebare onder IVP-lede veroorsaak het. As hoofsweep het Koos die parlementêre tradisie, soos ons dit van die Britte geërf het, gebruik om die nuwe IVP-lede se sitplekke te bepaal. Die gevolg was dat van die jong Zoeloe-prinse in die agterbanke geland het. Van die ouer IVP-parlementslede, met geen bloubloedverbintenisse nie, is voor geplaas. Die indoenas en hoofmanne is ook beledig deurdat hulle op minderwaardige sitplekke geëindig het.

Alles sal oorgedoen moet word, verduidelik Koos. Zoeloe-protokol, wat duidelik van die Britte s'n verskil, sal in ag geneem moet word. Hoe dit werk, weet Koos duidelik nog nie. Ek weet wel dat Koos baie vinnig gaan uitvind! Hoewel net troonopvolgers in die Britse koningshuis as prinse bekend staan, verduidelik Koos ook aan my, is daar baie meer prinse volgens Zoeloe-protokol. Blykbaar kan elkeen wat 'n verbintenis met die koninklike bloedlyn het, as prins aangespreek word. Minister Buthelezi se ma, prinses Constance Magogo[20] was direkte familie van koning Dinizulu en die agterkleinkind van koning Mpande. Daarom is Buthelezi ook 'n prins.

Dit is maar net die eerste van baie aanpassings wat in die parlement gemaak sal moet word. Kort voor my pa se dood in 1988 het ek teenoor hom die wens uitgespreek dat ek net 'n bietjie van sy politieke ervaring sou wou oorneem. Geen "boekgeleerdheid" kan daarvoor opmaak nie, was my argument. Sy antwoord was dat ervaring ook tot jou nadeel kan wees. Ek het dit nie verstaan nie. "Dit is veral tot jou nadeel in heeltemal nuwe situasies," het hy verduidelik. "Jy probeer dan die nuwe situasie hanteer volgens jou ervaring en op die ou beproefde manier. Dikwels met katastrofiese gevolge."

---

[20] Haar volle name was Constance Magogo Mantitha Sibilile Ngangezinye ka Dinizulu.

7
Godsdiens en briefies in die parlement[21]

Clayton April is 'n uitgesproke Christen en 'n ouderling of iets soortgelyks in sy gemeente. Wat natuurlik nie beteken hy is nie ook 'n lekker mens vir kuier en gekskeer nie. Inteendeel. Onlangs nog toe 'n dominee wat hy goed ken, uitgevang is oor 'n buite-egtelike verhouding, was Clayton se vinnige opmerking: "Om te reken daardie man was toe al die tyd net bokant die belt bekeer!"

Vandag is egter duidelik nie Clayton se dag vir grappies nie. Met krom skouers staan hy voor my, baie bekommerd. Hy beëindig sy relaas oor die klag teen hom driftig: "Daardie vrou eis sowaar dat ek as lid van die parlement geskors moet word. En dit alles net omdat ek per ongeluk aan haar geraak het! Watse soort godsdiens is dit wat sê dit is sonde?"

Ek wens hom maar sterkte toe met die voorlopige "dissiplinêre verhoor" oor dié voorval wat later vandag in die speaker se kantoor sal plaasvind.

Die saak staan só: In die parlement sit hy en 'n paar van sy vriende baie naby aan mevrou Jassiem. Mevrou Jassiem is getroud, en 'n baie streng Moslem. Ons weet nie wat is haar eerste naam nie en ook nie hoe sy lyk nie. Sy dra permanent 'n swart rok oor haar klere en haar gesigserp of "hijab". Dit beteken dat net haar hande en oë sigbaar is.

Clayton en sy vriende het tydens 'n parlementsitting aan mekaar briefies gestuur in die raadsaal. Die briefies het blykbaar opmerkings bevat oor mevrou Jassiem se klere. Sy het dit agtergekom en een van die briefies onderskep. Niemand weet wat in die briefie gestaan het nie. Clayton het geoordeel dat dit beslis beter is dat mevrou Jassiem nie die

---

[21] "Clayton April" en "mevrou Hassiem" is skuilname.

briefie lees nie. Hy het haar aan die pols gegryp en die briefie uit haar hand geneem. Nou kla sy hom aan by die speaker. Volgens Clayton het sy die klag om godsdienstige redes gelê omdat die Moslemgeloof dit verbied dat 'n man aan 'n getroude vrou raak as hy nie haar man of 'n "mahram" is nie. 'n "Mahram" is 'n man wat nooit met die betrokke vrou kan trou nie – iemand soos haar broer of haar pa. Behalwe haar man, kan net so 'n "mahram" haar in die openbaar vergesel en aan haar raak, het Clayton aan my verduidelik. In Saoedi-Arabië is daar byvoorbeeld baie streng reëls wat bepaal dat vroue nie mag motor bestuur nie en daar is modepolisie wat seker maak dat vroue wat in die openbaar verskyn, van gesig tot enkels bedek is. Almal pas nie hierdie reëls ewe streng toe nie.

In die parlement is tans baie gelowe en ook heelwat uitgesproke ateïste. Dit stel nuwe eise. Om met 'n Christelike gehoor oor jou geloof te praat, is maklik. Wanneer jy deesdae in die parlement daaroor praat, spot sommige lede hardop terwyl ander laggend "Halleluja!" skreeu. Ons – en dit sluit mense soos Clayton in – huiwer nie om oor ons geloof te praat nie. Die Bybel sê vir my: "Elkeen wat hom vir My en my woorde skaam, vir hom sal die Seun van die mens Hom skaam wanneer Hy kom."[22] Ek het by geleentheid nie gehuiwer om op die president te reageer met hierdie woorde uit Jesaja nie: "… dié wat op die Here vertrou, kry nuwe krag. Hulle vlieg met arendsvlerke, hulle hardloop en word nie moeg nie, hulle loop en raak nie afgemat nie."[23]

Te midde van heftige kritiek op godsdiens in een van die portefeuljekomitees, het ek Christus se geskiedenis gebruik om my argument duideliker te maak. Om met die oorbekende storie te slaag, moes ek dit nuut aanbied (met erkenning aan die historikus Paul Johnson): Tweeduisend jaar gelede is 'n kind gebore in 'n klein en onbekende dorpie in 'n agterlike deel van die magtige Romeinse Ryk. Die kind het grootgeword en 'n prediker en 'n godsdienstige hervormer geword. Hy het net vir drie jaar kon preek voordat die Romeinse Koloniale owerheid hom tereggestel het omdat hy 'n oorlas geword het. Hierdie man het nooit 'n boek geskryf nie; nie universiteit toe gegaan nie en in sy hele lewe nie

---

[22] Lukas 9:26
[23] *Hansard,* 8 Februarie 2006, Doktor P.W.A. Mulder, Debat tydens die President se Staatsrede. Jesaja 40:31.

Christelike kerkgangers in Afrika het die afgelope eeu van 9 miljoen tot 390 miljoen gegroei terwyl kerke in Europa steeds leër word. Corné Mulder staan voor die reusagtige Christelike basilika in Yamoussoukro, Ivoorkus, wat deur president Félix Houphouët-Boigny gebou is. Dit is die grootste kerk in Afrika en in die wêreld en is juis gebou om groter as die St. Pieters-basilika in Rome te wees. Die koepeltoring is 11 meter hoër as die St. Pieters-basilika in Rome. Waar St. Pieters se oppervlakte 21 000 vk. m is, is hierdie basilika 30 000 vk. m. Die volledige naam is Basilique de Notre Dame de la Paix de Yamoussoukro.

verder as 200 kilometer van sy geboortedorp af gereis nie. Deur 'n menslike bril gesien, is dit die storie van 'n menslike lewe wat klaaglik misluk het. 'n Onbekende lewe wat vroeg, verskriklik en oneervol beëindig is. Het iemand ooit weer gehoor van hierdie man wat hulle Jesus genoem het? Ja. Vandag gebruik die wêreld se sesduisendmiljoen mense hierdie man se geboorte om die jaartal, elke dag se datum asook die kalender te bepaal. In die meeste lande is daar 'n jaarlikse siklus van herdenkingsdae wat hierdie gekruisigde se "mislukte" lewe herdenk – van Paasfees tot Kersfees. Die Christelike kerke, wat na hierdie Christus vernoem is, het gesamentlik 'n paar duisendmiljoen lede regoor die wêreld. Dit is vandag kwalik moontlik om enige plek in die wêreld te reis, sonder dat jy 'n kerk of 'n kapel, 'n katedraal of 'n tempel, 'n standbeeld of 'n kunswerk sal kry wat hierdie Jesus se lewe in herinnering roep of herdenk.

Die komiteelede het met aandag na my storie geluister en daarna hulle standpunte aansienlik versag. Hierdie keer het dit gewerk.

Die dag se parlementsitting is verby en ek is op pad huis toe. Ek moet by Clayton April se kantoor verbystap. Hy lyk baie beter as vanoggend en kom opgewek aangestap.

"Hoe het dit toe daar by die speaker gegaan?" vra ek. Dit is weer die ou Clayton wat ek ken: ramkat en vol selfvertroue.

"Nee, maklik man, net drie sinne, toe stap ek daar uit," antwoord hy laggend. "Ek het vir die speaker gesê: Die probleem wat ons hier het, is duidelik 'n probleem van baie ernstige godsdiensverskille in 'n land waar ons mekaar moet verdra. In mevrou Jassiem se Moslemgeloof is dit sonde as enigiemand behalwe haar man aan haar raak. Ek weer, is 'n Methodist – ons glo baie sterk aan 'reach out and touch'. Hoe nou gemaak?

"Toe lag die speaker en sê ek moet verskoning vra – en daar gaan ek," spog hy en stap tevrede in die gang af.

Op pad na my motor dink ek aan Suid-Afrika se geweld-, verkragting- en misdaadsyfers. Sewentig persent van die land se mense sê hulle is Christene. Eintlik behoort alle probleme dan mos met net 'n "reach out and touch" opgelos te kan word.

8
Onafhanklike of afhanklike vroue in die politiek?

"Die sewende jaar van jou huwelik is 'n krisisjaar. As jou huwelik hierdie jaar oorleef, sal jy waarskynlik dertien jaar getroude lewe haal – dan kom die volgende krisisjaar," filosofeer my ma. Die teorie kom glo uit die ervaring van vriendinne, van ander huwelike wat misluk het en uit tydskrifartikels.

My ma identifiseer sulke huwelikskrisisjare. Dit is deel van haar sorg en liefde vir haar kinders. "F.W. de Klerk, Roelf Meyer, Van Zyl Slabbert, Nelson Mandela, Barend du Plessis, en so kan jy opnoem, het almal geskei," verduidelik sy.

Sy glo politici se huwelike het meer risiko's as ander. Om sake moeiliker te maak, is twee van haar vier kinders in die politiek. Ek is meer as

Die skrywer, sy ma Suzanne en broer Corné voor die parlementsgebou in Kaapstad ná die twee broers as nuwe parlementslede verkies is. Dit was drie maande ná hul pa se dood. Daar is toe gespot dat as jy van een Mulder in die parlement ontslae raak, dan kom daar twee terug!

35 jaar getroud. Op 'n onlangse besoek aan my ma stel ek haar gerus dat sy regtig nou maar kan ophou bekommer oor my. Daar kan nie nou meer krisisjare wees nie.

As Wiskunde-onderwyseres kán my vrou Triena somme maak. Dit help glad nie dat sy tydens die gesprek skertsend opmerk: "As ek al die dae aftrek wat jy vir die politiek weg was, is ons nou maar omtrent ses jaar getroud! Ons gaan die krisisjaar nou binne."

Ek haal my hoed af vir vroue wat suksesvol is in die politiek: Margaret Thatcher, Golda Meir, Helen Suzman, en moenie Winnie Mandela – ten spyte van haar omstredenheid – weggooi nie. Nie omdat ek noodwendig met hulle saamstem nie, maar omdat ek weet watse eise die politiek stel.

Golda Meir, indertydse eerste minister van Israel, het gesê 'n vrou wat suksesvol wil wees, moet in alles wat sy aanpak baie beter wees as 'n man.[24]

Charlotte Whitton, Kanadese politikus, het hierop verbeter: "Enigiets wat vroue doen, moet hulle twee keer so goed as die mans doen ten einde net helfte so goed gereken te word. Gelukkig is dit nie moeilik nie!"[25]

Om te verduidelik wat 'n sterk persoonlikheid in die openbare lewe is, het ek meer as een keer vir my dogters die storie van Helen Suzman en haar onderrok vertel. As enigste vrou in die parlement was sy besig met 'n vurige toespraak. In die middel van haar toespraak begin haar onderrok afsak. Vroue is baie behendig; hulle druk die elmboë teen die sye en trek dan met een draai- en rukbeweging die onderrok weer op. Helen los die probleem op hierdie manier op. Ná 'n rukkie begin die onderrok weer afsak. Toe die derde poging om dit permanent op te trek, misluk, laat sy met 'n elegante skud van die heupe die onderrok op die grond val waar dit in 'n sirkel om haar voete bly lê. Sy tree netjies uit dié sirkel, buk, tel dit op en druk dit in haar handsak sonder om 'n woord in haar toespraak te mis. Die verstommende vir my was dat daar geen opmerkings of tussenwerpsels van enige van die mans teenwoordig gekom het nie.

---

[24] Martin G. Ralph. *Golda Meir – The Romantic Years*, p. 157, 1988.
[25] "Anything women do they must do twice as well as men to be thought half as good. Luckily this is not difficult" – Charlotte Whitton, burgemeester, Ottawa, Kanada.

Connie Mulder, president Gerald Ford en Suzanne Mulder tydens 'n amptelike besoek aan die VSA.

Maar ek het meer bewondering vir politici se vroue. Hulle kry min erkenning, beweeg nie regtig in die kalklig nie, maar moet dieselfde frustrasie en kritiek as hulle mans verwerk. My ma Suzanne en my vrou Triena is sulke vroue.

"Onthou, die sjokoladedeel van parlementslid wees, duur net die eerste week. Daarna is dit baie opofferings en 'n ontwrigte gesinslewe," het 'n ervare parlementslid se vrou aan ons gesê ná my eerste verkiesing. Ons het gou uitgevind hoe waar dit is. Om normaal gebalanseerde kinders onder sulke omstandighede groot te maak, is 'n uitdaging. Baie kinders uit politieke huise kom nie ongeskonde anderkant uit nie. Omdat ek min by die huis is, is dit my vrou Triena wat vastigheid aan die kinders gee. Hierin slaag sy uitstekend.

Anne-Marie Mischke het 'n diepte-artikel[26] oor die vroue van politici geskryf. "Die politikus se vrou is dalk die mees verwaarloosde vrou in die omtrek," het een gesê.

"Sy het nooit 'n man nie, want hy is altyd elders besig met die politiek; sy het nooit 'n vaste huis nie, want dis nou hier, môre in Kaapstad. Jou kinders het nie 'n huislike lewe nie en jy moet ma en pa vir hulle speel. Jy is altyd in die openbare oog en jy en jou kinders moet – soos

---

[26] *Rapport*, 31 Julie 1994, p. 10.

predikantskinders – julle gedra soos die gemeenskap van julle verwag," het 'n ander bygevoeg.

"Een oomblik word jy verguis deur mense wat nie met jou saamstem nie – en die volgende oomblik word die rooi mat vir jou uitgerol ... By die skool ontgeld jou kinders dit soms onder klasmaats wie se ouers ander politieke oortuigings het," was nog 'n ander se beswaar.

Aanvanklik het my gesin saam met my getrek tussen die parlement in Kaapstad en Noordwes, waar ons woon. Noudat die kinders groter geword het, bly hulle en my vrou by die huis agter. Wanneer ek in die Kaap is en my vrou in Noordwes, moet sy die huisprobleme alleen oplos. As die geiser bars of die motor vreemde geluide maak, kan dit nie wag tot ek weer tuis is nie. Wanneer ek vir 'n naweek huis toe kom, is ons eerste probleem dat ons albei aan die bestuurder se kant van die motor probeer inklim. Soek ek 'n hamer, weet sy waar dit is, want sy het dit laas gebruik!

Uit my studentejare onthou ek 'n opmerking van professor Willem de Klerk oor die huwelik. Hy het geargumenteer dat 'n man 'n "afhanklike maar terselfdertyd ook 'n onafhanklike vrou" wil hê. Ek het nie verstaan presies wat hy daarmee bedoel nie – totdat ek politiek toe is. Sonder 'n "onafhanklike, afhanklike" vrou, sou ek nie my politieke werk kon doen nie.

Die skrywer se kinders vlnr: Connie, Suzanne, Catrien, Gerdi en Heleen.

Die skrywer en sy vrou tydens 'n vakansie by die see.

Kinders pas makliker by so 'n leefwyse aan. Net een voorbeeld: Terwyl ek sit en luister na 'n ernstige debat in die parlement, kom 'n bode met 'n boodskap na my toe. Ek moet dringend my huis in Noordwes skakel. 'n Mens skrik altyd vir so 'n boodskap. Toe ek skakel, antwoord Gerdi, my jongste, wat toe vyf jaar oud was en nog nie kon lees nie. Sy het die boodskap gestuur. In die kleuterskool het sy genoeg syfers geleer om die parlement in die Kaap te kan skakel. Nou het sy 'n ernstige probleem. Sy wil gaan swem. Haar ma het gesê omdat dit so warm is, moet sy 'n hempie oor haar swemklere aantrek om sonbrand te keer. Volgens haar is dit nie "cool" nie. Sy appelleer nou na haar pa in Kaapstad oor die telefoon om by my te hoor of dit werklik nodig is!

Miskien moes ek my ma getroos het met 'n voorbeeld van 'n politieke huwelik wat lank en gelukkig was. Michael Gorbatsjof, die magtige Sowjetleier, word onthou vir sy "glasnost"-beleid wat tot die beëindiging van die koue oorlog gelei het. In 'n onderhoud met *Time*[27] verkies hy om nie hieroor te praat nie. Hy vertel eerder hoe swaar hy ná sy vrou Reza se dood gekry het, hoe lief hy vir haar was en hoe hy geen verdere sin in sy lewe sonder haar gesien het nie.

Wat my ma se sewende krisisjaar betref, behoort ons dit te oorleef, want ek glo werklik die geraamde woorde wat prominent op my lessenaar staan: *Die belangrikste ding wat 'n pa vir sy kinders kan doen, is om hulle ma lief te hê.*

---

[27] *Time*, 10 April 2006, p. 19.

9

Die parlementsbus

Ek sit in die parlementsbus waarmee ek gereeld vanaf Akasiapark na die parlement toe ry. Akasiapark is 'n staatsdiensdorpie naby Goodwood waar parlementslede en staatsamptenare woon tydens die parlementsitting in Kaapstad.[28]

"Waarom klim die meeste passasiers in die parlementsbus buite die parlement se hek af en net enkeles ry deur?" het 'n nuwe kollega gister aan my gevra.

Ek kon die vraagtekens in haar oë sien terwyl ek aan haar verduidelik. Daarna wou sy meer weet van Akasiapark waar ek tydens parlementsittings woon. Van die ministers woon in Seepunt in luukse woonstelle wat oor die see uitkyk. Sy het gedink dit is waar alle parlementslede woon.

Akasiapark was gedurende die Tweede Wêreldoorlog 'n militêre basis en is vandag steeds met hoë drade omhein. Ná die oorlog is dit in 'n parlementêre dorpie verander. Die reghoekige weermagslaapsale is met binnemure in huise omskep. Die gevolg is dat al die huise presies dieselfde lyk. Die huise het nie erwe en omheinings nie. Alles is net een groot oopplan. Omdat die huise so naby mekaar staan, leef jy ten nouste saam met jou bure.

Ek woon in die A-blok en klim by die tweede bushalte op. Die bus ry van daar by Akasiapark se laerskool verby. Tans is ek die enigste inwoner wat ook as kind hier gewoon en skoolgegaan het. Die skool wat toe oorwegend Afrikaans was, is nou Engels. Waar ons eens rugby ge-

---

[28] Daar is drie sulke parlementêre dorpe, naamlik: Akasiapark, Laboriapark en Pelican Park.

Akasiapark, die parlementêre dorpie in Kaapstad, se skoolwapen bestaan uit die Uniegebou bo, Tafelberg onder, met 'n boek en twee swaeltjies in die middel. Dit stel voor hoe die skrywer-hulle as kinders ses maande in die noorde en ses maande in Kaapstad skoolgegaan en soos swaeltjies heen en weer beweeg het.

speel het, speel hulle nou sokker en die rugbypale is met doelhokke vervang.

Ná die derde halte is die bus gewoonlik vol. Mense wat hierna opklim, moet staan.

"Hoeveel mense woon in Akasiapark, en is hulle verteenwoordigend van die bevolking?" het 'n kritiese joernalis onlangs aan my gevra.

Ek kon hom nie antwoord nie. Niemand is presies seker hoeveel mense tans in Akasiapark woon nie.

Wat die bevolkingsamestelling betref, glo ek dat die bus se passasiersamestelling grootliks ooreenstem met Akasiapark s'n. Vanoggend is ek die enigste passasier in die bus wat nie vir regstellende aksie kwalifiseer nie.

Akasiapark se militêre hek is 'n ruk gelede vervang met 'n indrukwekkende nuwe in- en uitgang, bestaande uit groot pilare met 'n dak. Dit is deur die Departement van Openbare Werke ontwerp en is die enigste toegang na die dorpie. 'n Deel van die ingang is 'n spesiale waghuisie waarin die polisie sit om die hek te bewaak en ons teen misdaad te beskerm.

Die bus is nou by die uitgang, maar ry verby. Iemand wat vir die eerste keer met die bus ry, is altyd verbaas hieroor.

Maar hoe anders sal die bus uit Akasiapark kom? Toe die Departement die ingang ontwerp het, het hulle van die bus vergeet. Motors ry maklik in en uit, maar die bus kan nie – die nuwe deurgang is te nou gebou. Die enigste oplossing was 'n draadhek, reg langs die amptelike ingang, wat spesiaal vir die bus gemaak moes word. Dit was nie "nuwe" staatsamptenare van ná 1994 se regeringsverandering wat die ingang ontwerp het nie. Dit is deur die ou Departement van Openbare werke, lank voor 1994, so verkeerd ontwerp.

Links op die foto is die groot nuwe ingang wat die staatsamptenare vir Akasiapark ontwerp het. Omdat die nuwe ingang te smal beplan is, moes hulle 'n tweede ingang, regs op die foto, vir die bus maak.

Nie dat die nuwe staatsamptenare beter is nie. By die hek is werkers juis besig om die diefwering van 'n huis te verstel. Ons het 23 diefstalle in sewe maande in Akasiapark gehad.[29] Daar is by my huis ook ingebreek. Toe is daar besluit om diefwering aan al die huise se vensters te sit. Die diefwering is in die winter aan die buitekant aangesit – met die vensters toe. Toe die somer kom, is ontdek dat die vensters nie ordentlik kan oopmaak nie omdat die diefwering te naby is. Al die diefwering word nou verstel.

Ek het onlangs Duitse gaste gehad wat by my in Akasiapark moes oorslaap. Ná die misdaadprobleme is 'n rol lemmetjiesdraad op die omheining reg rondom Akasiapark aangebring. Toe die Duitsers by die ingang aankom en die lemmetjiesdraad sien, word hulle oë groot. "Slaap ons vanaand daarbinne?" vra hulle versigtig aan my. In hulle wêreld word lemmetjiesdraad met Nazi-konsentrasiekampe en tronke verbind. Hulle volgende vraag moes ek seker verwag het: "Die lemmetjiesdraad kom seker uit die apartheidstyd?" Ek het verduidelik dat dit onlangs opgesit is om misdadigers buite te hou. Ek wou hulle nie moeg maak met

---

[29] Vergelyk die berig in *Rapport*, 5 September 2004, "Misdaad al erger by LP's".

die feit dat die polisie bevind het dat die meeste inbrake nie van buite af beplan is nie.

My kollega van die ANC, meneer Ezra Sigwela, het besoekers van Amerika gehad, maar was te skaam om hulle na Akasiapark te bring, want: "Dit lyk nie soos 'n plek waar 'n parlementslid woon nie."[30]

My Duitse besoekers was net so verbaas oor die tipe huise en het gevra of parlementslede nog al die jare daar woon. Hulle het luukse huise met alle moontlike geriewe verwag, nie eenvoudige baksteen- en asbeshuisies wat van net die nodigste voorsien is nie.

Ná die 1994-verkiesing het die nuwe ANC-parlementslede geëis "om te woon waar die wit parlementslede voor 1994 in die Kaap gewoon het". Toe hulle die huise en gewone staatsdiensmeubels sien, was baie van hulle oortuig hulle is mislei. "Is jy baie seker die vorige parlementslede het hier gewoon?" het meer as een aan my gevra. Daar was selfs 'n paar wat geweier het om "in sulke huise te woon" en wat toe buite Akasiapark 'n huis gaan huur het.

Ek woon nog altyd in Akasiapark en het eers later sommige ANC's se verontwaardiging verstaan. Verskeie van hulle was voor 1994 verteenwoordigers van die ANC in die buiteland. Daar het hulle in gerieflike woonstelle in New York en in Londen se middestad gewoon wat deur die Sweedse en Hollandse regerings betaal is. Akasiapark steek sleg af teen dit waaraan hulle gewoond was!

My Duitse besoekers het gevra of ek nie voorheen beter af was as universiteitsprofessor nie. Ek het nog nie tevore so 'n vergelyking getref nie, maar as ek my finansiële posisie en die lewensomstandighede as riglyn neem, was ek beslis beter af. As professor het ek middagete by die huis geëet en was ek saans meestal tuis. Nou woon ek alleen in die Kaap, ver van my gesin.

Maar jy kan nie net geld en lewensomstandighede op die skaal sit nie – politieke idealisme moet bygereken word. Ek weet die meeste siniese joernaliste skeer gek met 'n begrip soos idealisme. Tog is ek daarvan oortuig dat sonder werklike idealisme – die droom dat jy 'n verskil kan maak – min van ons by die nuwe politiek sou kon uithou.

Ek is vrywillig in die politiek en is glad nie verplig om in Akasiapark

---

[30] *Rapport*, 14 Mei 2000, "LP-dorp in haglike toestand".

te woon nie. Die meeste DA-parlementslede woon buite Akasiapark of in Seepunt.

Onlangs op die bus het 'n ANC-parlementslid 'n interessante opmerking oor die VF Plus teenoor my gemaak: "Weet jy waarom luister ons in die parlement na julle en nie na die DA nie? Omdat julle woon waar ons woon."

In die "nuwe" politiek is dit wat jy doen, baie belangriker as dit wat jy sê. *Your actions speak so loud, I can not hear a word you say*, lui 'n Engelse spreuk.

Die bus is nou op die N1 in die Kaapse spitsverkeer. Gewoonlik kan mens Tafelberg baie mooi van hier af sien. Omdat dit reën, is die berg verberg deur 'n wolkkombers. Die vensters is aangeklam van die hitte binne en die reën buite. Wanneer dit reën, neem dit deur die spitsverkeer tot 'n uur om die 13 kilometer tot by die parlement te kom.

Die vrouens in die bus gesels hard en luidrugtig – hoofsaaklik in Xhosa. Die mans praat in Engels oor gisteraand se sokkerwedstryd. Volgens hulle het die verkeerde span gewen. Die debat gaan oor of dit die skeidsregter se skuld was of nie.

Verskeie ANC-parlementslede draai na my en wens my geluk met die VF Plus se prestasie in die onlangse verkiesing. Volgens hulle het ons die plakkaatoorlog gewen. Hulle het geglo ons gaan nie terugkom nie en is verbaas dat ons trouens meer lede verkies gekry het.

In die bus sit jonk en oud; groot en klein. Die definisie van wie almal as 'n parlementslid se afhanklikes en uitgebreide familie erken word, en daarom in Akasiapark mag woon, is onlangs weer in die parlementêre reglement[31] gewysig. Dit sluit nou in 'n lid se kind, stiefkind, aangenome kind, kleinkind, neef of niggie wat jonger as 27 jaar is en permanent by die lid woon.

Onwillekeurig dink ek aan die grappige Engelse woordspeling: *Success is relative; the more success, the more relatives.*

Toe die bus by die parlement se hek stop, klim 'n polisieman in om

---

[31] Reglement: Fasiliteite vir lede Artikel 10(1),(2) en (3). Artikel 10 definieer 'n afhanklike nou as: 'n lid se kind, stiefkind, aangenome kind, kleinkind, neef of niggie wat jonger as 27 jaar is, permanent by die lid woon en wat van die lid afhanklik is. Daar is wel 'n beperking dat nie vyf van hierdie persone ouer as 18 mag wees nie. Daar is geen beperking op persone onder 18 nie.

te kontroleer wie parlementêre permitte het. Die permit toon dat jy iets met die parlement te doen het en daarom mag ingaan. Terwyl die polisieman inklim, klim die meeste van die passasiers van die bus af. Hulle het niks met die parlement te doen nie, werk of studeer in die stad en woon net by familie of vriende in Akasiapark. Die eenderde van die passasiers wat oorbly, ry deur die veiligheidshek – net betyds vir die komiteevergaderings wat om 9h00 begin.

Hoe reageer mens op groot veranderinge?

In Akasiapark het die meeste dinge ingrypend verander sedert ek as kind daar gewoon het. Dieselfde geld die politiek en die parlement. Om oor veranderinge, waaraan jy niks kan doen nie, te kla en verlam te gaan lê, help niks. Pas aan en maak die beste daarvan.

Later die oggend vervies ek my vir 'n joernalis wat op beterweterige wyse aan my probeer vertel hoe ek in die nuwe Suid-Afrika bereid moet wees om verandering te aanvaar. Ek weet toevallig dat hy steeds in dieselfde beskutte Kaapse omgewing woon en werk waar omtrent niks verander het nie.

Mens se reaksie op ingrypende veranderinge – dit is die eintlike toets.

Langenhoven het gesê as die moeilikheid so groot is soos 'n berg, die wyse bo-oor klim terwyl die dwaas vassteek en voor die probleem bly lê. Klim jy of lê jy?

10
Leiers en lyfwagte

In die donker kan mens net dofweg die buitelyne van die woonstelblok sien. Die rooi kolletjie van 'n laserlig beweeg stadig teen die buitemuur op na die tweede vloer. Dit beweeg na die venster waar 'n man staan en uitkyk. Die kolletjie kom tot stilstand op die man se voorkop, net bokant sy oë.

Op die televisieskerm word ingezoem op sy oë en die rooi kol. Die musiek oor die televisie begin onheilspellend harder word. Toe my seun klein was, het hy gewoonlik op hierdie tydstip gesê: "Pa, druk toe ore, hier kom 'n gebeur!"

Nou sien jy die sluipmoordenaar. Sy vinger verstyf om die geweer se sneller. Die rooi kolletjie wys waar hy gaan skiet. Toe hy die skoot aftrek, buk die man agter die ruit. Die ruit spat aan stukke, maar die skoot is mis.

Ek hou met een oog die spanningsdrama op televisie dop. Ons sit in Akasiapark rondom die televisie en kuier.

President Bill Clinton spreek môre[32] die Suid-Afrikaanse parlement toe. Ons word al vir twee maande in die parlement geïrriteer en gepla deur veiligheidsmense van die VSA. Nors Amerikaners met 'n swaar aksent wat in die parlementsgebou se gange rondloop en in ons kantore rondsnuffel. Ons verduur dit geduldig, want die speaker het gevra vir ons samewerking.

My kollegas het baie slim teorieë oor hoe maklik dit eintlik is om 'n president te vermoor.

Pieter Groenewald, byvoorbeeld, het sopas een van die nuwe laser-

---

[32] 26 Maart 1998.

Minister Lekota, president Bill Clinton, Hillary Clinton en die speaker, Frene Ginwala, voor die parlementsgebou in Kaapstad net voordat Clinton die Suid-Afrikaanse parlement toegespreek het.

sleutelhouers gekry. Hy demonstreer hoe maklik dit is om 'n rooi kol teen 'n persoon aan die oorkant van die straat se voorkop te gooi. Pieter wonder hardop wat sal gebeur as hy môre so 'n rooi laserkol teen Clinton se voorkop sou gooi tydens dié se toespraak in die parlement. Met 'n swart gordel in karate en jare diens by Krygkor se plofstoffabrieke, skrik Pieter vir niks. "Dit sal sommer die VSA se veiligheidsmense se paraatheid ook toets," reken hy.

Volgens een koerant vergesel 1 000 mense Clinton. Dit sluit amptenare en mediamense in. 'n Verskeidenheid militêre vliegtuie is gebruik om al die toerusting hier te kry, onder andere die president se spesiale, beveiligde limousine en al die gepantserde motors wat deel uitmaak van sy stoet. Clinton bring minstens vyftien van sy eie voertuie saam. Dit sluit twee Amerikaanse helikopters in.

Al die mangate is toegesweis: rondom die parlement en by die Waterfront waar Clinton in die Cape Grace-hotel gaan bly.

Tien minute voor Clinton se vliegtuig land, word die aanloopbaan vir oulaas deurgesoek vir plofstof. Skerpskutters neem stelling in op die lughawegebou se dak. Die president kom met Air Force One, 'n spesiaal toegeruste Boeing 747 aan. Alfred Nzo, Minister van Buitelandse Sake, ontvang hom op die lughawe. Nog twee 707's, met die res van die Amerikaanse afvaardiging aan boord, land daarna by 'n ander lugmagbasis.

Die oggend op pad na die parlement toe is dit duidelik dat Kaapstad se verkeer reeds ontwrig is. Verskeie strate is gesluit. Daar is 'n golf blou Suid-Afrikaanse polisie-uniforms in die middestad. Jy moet telkens jou permit wys ten einde te mag verder ry. Helikopters lawaai in die lug. Daar is blykbaar ook skerpskutters op die geboue rondom die parlement. Hier moet mens vandag nie vinnige bewegings maak nie, spot ons onder mekaar.

Die middag sit ons en wag in die parlementêre raadsaal. Die galery is gepak. Volgens 'n amptelike bron is daar sowat 450 CIA-agente wat na die president se veiligheid omsien. Ek neem aan party van hulle sit in die galery. Mens sal nie weet wie is wie nie. As hierdie CIA-manne enigsins is soos in die flieks, dan skiet hulle eers en vra dan vrae. 'n Skielike rooi laserkol op president Clinton se voorkop kan ernstige gevolge hê.

In die voorportaal van die raadsaal het ek van Clinton se lyfwagte gesien – sulke ernstige manne met oorfone. Telkens word 'n linkerhand mond toe gebring om in die mou af te praat, deur die mikrofoon wat daarin versteek is.

Volgens berigte word so 'n lyfwag opgelei om voor die president in te beweeg om só die koeël namens hom te vat. Toe president Reagan geskiet is, was ek in die VSA vir my studie. Van sy manne het letterlik die koeël namens hom gevat.

Ek dink aan die militêre instrukteur wat geskreeu het: "Julle is in hierdie army nie om vir jou land te sterf nie, maar om die opponent te help om vir sy land te sterf!"

Terwyl ons wag, probeer ek agente in die galery identifiseer. Hoe lyk so 'n agent in die regte lewe? Moet hy 'n donkerbril en 'n jas hê? Ek sien nie sulkes nie. Is hulle groot en sterk?

Dit laat my terugdink aan 'n amptelike besoek van my pa aan New York. As Suid-Afrikaanse kabinetsminister word hy met 'n amptelike motor van plek tot plek aangery. Ek sluit by hom aan en 'n ambassadepersoneellid se vrou ry saam met ons na 'n middagfunksie. Haar man is reeds by die funksie. Haar hare is netjies gedoen vir die geleentheid en sy het 'n lang wit broekpak aan. Met die motorbestuurder ingereken, is ons vier passasiers.

Connie Mulder en Ronald Reagan, goewerneur van Kalifornië en later Amerikaanse president.

Toe ons by die funksie uit die motor klim, storm drie jong Amerikaners op ons af. Hulle is duidelik handtekeningjagters, elkeen met 'n boekie in sy hand. In Suid-Afrika gebeur dit ook – ons is net verbaas dat 'n Suid-Afrikaanse kabinetsminister in New York so bekend kan wees. Hulle storm egter verby my pa na die dame in die wit broekpak en vra haar handtekening. Sy is oorbluf, want sy is slegs die vrou van 'n Suid-Afrikaanse staatsamptenaar.

"Waarom wil julle juis my handtekening hê?" vra sy.

Terwyl hulle na my pa se 1,9 meter ('n outydse 6 voet en 2 duim) wys, verduidelik die jeugdiges: Iemand met 'n wit broekpak aan, wat in so 'n swart motor ry met 'n eie motorbestuurder en 'n skakelbeampte (dit is nou ek) en so 'n groot lyfwag (dit is nou my pa), moet 'n *celebrity* wees!

Niemand sal vandag by Clinton kan uitkom om sy handtekening te vra nie. In vanoggend se Kaapse koerante is daar kritiek omdat die Amerikaners die veiligheid oordoen. Daar word selfs bote en 'n duikspan gebruik om Clinton se hotel van die see se kant af te beskerm. Volgens 'n VSA-amptenaar is die doel nie om te beïndruk, soos die koerant beweer nie, maar om te beveilig.

Kan ons die Amerikaners kwalik neem? President Kennedy is vermoor; daar was 'n aanslag op president Reagan se lewe en tans is daar baie dreigemente teen Clinton uit die Moslemwêreld. Die harde werklikheid is dat leiers vandag doodgeskiet word – en dit is nie net Amerikaanse leiers nie. In 1995 is meneer Yitzak Rabin,[33] eerste minister van Israel, vermoor en daar was selfs al 'n aanslag op die Pous se lewe. Ná 'n bom by die Konserwatiewe Party se Kongres in Brittanje, het mevrou Thatcher as eerste minister gesê: "Die terroriste moet slegs een keer gelukkig wees om in hulle doel te slaag; ons moet baie kere gelukkig wees om te oorleef."

Skielik is daar 'n roering by die raadsaal se ingang. Die ampswag kondig die presidente van Suid-Afrika en van Amerika aan. Soos dit die geval is met die meeste bekendes, lyk Clinton nie presies soos op televisie nie. Dit is asof hy ronder en sagter in die gesig is.

Ek kyk na Pieter Groenewald wat 'n ent agter my sit. Ek skud my kop en wys so ernstig as wat ek kan dat dié nie die plek vir rooi laserkolgrappe is nie. Hy lag. Ek weet nie of hy gekskeer of ernstig is nie.

Clinton voltooi sy toespraak sonder enige voorval. Pieter Groenewald was toe ernstig en verantwoordelik.

Op pad huis toe word ek van die pad afgedruk deur die motorstoet van 'n Suid-Afrikaanse minister wat met flitsende blou ligte verbyjaag. Hoe langer in die regering, hoe meer lyfwagte en hoe langer die motorstoet, dink ek ergerlik. Hierdie minister was onlangs net voor my by die televisie-uitsaaisentrum vir 'n onderhoud. Toe ek opdaag, vra die ateljeebestuurder aan my verskoning dat my lyfwagte nie by my in die ateljee sal kan sit nie, want die betrokke minister het blykbaar geëis dat sy lyfwagte ook in die ateljee moet sit. Maar, sê die ateljeebestuurder, hulle het wel vier stoele vir my lyfwagte reggesit sodat hulle my deur die glas van die ateljee kan dophou. Hy is baie verbaas toe ek vir hom sê dat ek nie lyfwagte het nie. (Die vier stoele was blykbaar te min vir daardie minister se hoeveelheid lyfwagte.)

Dit is reg dat presidente en ander leiers beskerm word. Ek het self al doodsdreigemente gekry. Maar ek wonder tog of die Suid-Afrikaanse president of enige van sy ministers ooit werklik die gewone Suid-Afrikaner se daaglikse risiko's en vrese oor misdaad in die land sal kan verstaan solank hulle met so 'n groot aantal lyfwagte veilig orals beweeg.

---

[33] Op 13 November 1995.

11
A- en C-span-politici

"Wat is Pa se indrukke van die Britse politieke leiers?" het ek gevra ná sy eerste besoek, in die jare sestig, aan Brittanje.

"Die A-span of top-Britte kry jy vandag in die sakewêreld, die B-span in die professionele wêreld en die C-span gaan politiek toe," was sy antwoord. "Anders as in die oorlogsjare toe Churchill leier was, is Brittanje se politieke probleme tans nie so ernstig as ons probleme in Suid-Afrika nie. Ons sal altyd ons A-span in die politiek moet hê terwyl die Britte tans regkom met hulle C-span."

Met die *A-Team*, toe 'n gewilde reeks op televisie, en al ons ernstige politieke probleme, het ek meer as een keer aan hierdie siening van my pa gedink. Afrikaners het in die moeilike tye ná die Anglo-Boereoorlog hulle

Saam met Flip Buys, hoof van Solidariteit. Flip is een van die jong A-span-leiers.

A-span in leierskapposisies gehad. Hoe beter dit daarna gegaan het, veral finansieel, hoe moeiliker was dit om die beste persone vir die parlement te kry. Die A-span het al hoe meer na hulle eie belange begin omsien. Hierdie sakeman "sou te veel geld in die politiek verloor" en daardie prokureur "se praktyk was te belangrik om nou op te sê". In die jare sestig moes die NP al hoe meer op die B- en C-kandidate terugval. Op die oog af het dit nie 'n verskil aan die NP en die regering gemaak nie. In die jare sewentig het sommige Nattes nog gespog: "Die NP-kiesers is so lojaal, jy kan 'n besemstok as kandidaat stel en die persoon sal steeds verkies word!"

Toe my pa in die tagtigerjare uit die parlement is en sy frustrasie met die NP se arrogansie en kortsigtigheid uitspreek, het ek hom aan sy A- en C-span-teorie herinner.

"Die hele parlement sit nou vol besemstokke," het ek skertsend bygevoeg.

En in die negentigerjare: was dit ons A-span wat met die ANC onderhandel het? Dié vraag moet ek dikwels op vergaderings beantwoord. By Kemptonpark, waar ek teenwoordig was, het ek meer as een keer my kop geskud vir die NP-onderhandelaars se naïewe besluite. Net een voorbeeld: Terwyl van die belangrikste sake nog glad nie opgelos is nie, kondig die NP op 2 Julie 1993 aan dat hulle 'n verkiesingsdatum, 27 April 1994, bepaal het. As onderhandelingstrategie was dit dom en kortsigtig. Dit het die NP se onderhandelingsposisie baie verswak omdat die ANC hulle daarna op elke uitstaande saak teen die verkiesingsdatum vasgedruk het. Kader Asmal se geliefde seding daardie tyd was: "Niks fokus die brein soos 'n spertyd nie."

Oor waarom die NP die aankondiging juis op daardie dag gedoen het, kan ek net bespiegel. Op daardie dag het F.W. de Klerk met president Clinton samesprekings gevoer en die Washington Persklub toegespreek. In sy toespraak het hy aan die media terugrapporteer oor die beloftes wat hy drie jaar vantevore aan hulle gemaak het. Toe het hy belowe dat hy 'n nuwe grondwet en 'n verkiesing binne 'n sekere tyd sou bedind. Hy het daarna met die verkiesingsaankondiging, wat toe sopas in Suid-Afrika gemaak is, by hulle gespog.[34]

---

[34] Meneer F.W. de Klerk se weergawe van sy besoek aan Washington en sy optrede voor die Washington Persklub in sy outobiografie: *Die laaste trek – 'n nuwe begin*, p. 297.

Saam met Steve Hofmeyr en die VF Plus-jeugleier, Cornelius Jansen van Rensburg, in die Tukkiestudente se protesoptog teen regstellende aksie. Hulle het 'n petisie daaroor aan die Internasionale Arbeidsorganisasie van die Verenigde Nasies oorhandig. (Erkenning aan *Beeld*-fotograaf Theana Calitz)

Ons het almal geweet watter toegewings die regering moes maak om by die Amerikaners, die media en die buiteland gewild te wees. As jy egter oorhaastig ondeurdagte toegewings maak, eindig jy as die gewildste lyk in die wêreld!

Ná die aankondiging was ek baie ontsteld oor die taktiese kortsigtigheid daarvan. Ek het na die NP-kantore in die World Trade Centre gestap en heftig met Chris Fismer daaroor geargumenteer. Daardie aand het ek uit frustrasie in my dagboek geskryf: "Omdat ons A-span geld maak en die B-span selfsugtig net na hulleself kyk, sit die C-span vandag in die regering en hier by die onderhandelingstafel oorkant die ANC se A-span – besig om ons almal se toekoms te bepaal."

My aanvoeling was nie verkeerd nie. Ken Owen, redakteur van *Sunday Times*, wat baie positief oor die onderhandelinge was, skryf kort daarna: "So they (NP) rush everything, at a mad, reckless pace. They accepted an election date before they had a constitution, and they are fashioning a transitional executive before they have consensus. Now they want to surrender power before they have secured democracy."[35]

Die ANC se onderhandelingspan was beslis hulle A-span – indrukwekkend en meedoënloos: Cyril Ramaphosa, Mac Maharaj, Valli Moosa, Pravin Gordhan, Joe Slovo, Mathews Phosa, Penuell Maduna, Thabo Mbeki om maar 'n paar te noem. Ná die verkiesing in 1994 is hierdie ANC-lede almal net so parlement toe, as ministers of in ander portefeuljes.

Om hierdie land te regeer, het jy jou A-span nodig, was my pa se advies. Die ANC het nou sy A-span in die parlement gehad – maar, tot hulle nadeel, net vir 'n kort rukkie!

Van die ANC-onderhandelaars hier genoem, was net meneer Mbeki langer as tien jaar in die parlement. Buiten Joe Slovo, wat in 1995 dood is, is al die ander vroeg uit die parlement. Van die 274 ANC-parlementslede wat in 1994 parlement toe is, was daar ná twee verkiesings (in 1994 en 1999) net 49 oor – 82% van hulle het die parlement verlaat.[36]

Die meeste van hulle is na 'n beter betalende pos in die sakewêreld of in die staatsdiens. Gedagtig aan swart bemagtiging, is dit slim van 'n maatskappy om 'n ANC-parlementslid aan te stel. So 'n persoon is A-span-kwaliteit en het regstreekse toegang tot die regerende party.

Soos die ANC se A-span geleidelik na die sakewêreld toe verskuif het, is hulle in die parlement met hulle onervare B-span vervang. Dit verklaar dalk waarom die ANC se C-span op stadsraadsvlak dien.

En wat van die 2020's en die toekoms?

Die pendulum swaai terug soos die druk op ons groter word. Ek is optimisties oor 'n nuwe geslag jonger leiers wat na vore kom uit die vakbond Solidariteit, die FAK, die ATKV, Afrikaanse kunstenaarsgeledere en die VF Plus.

'n Senior ANC-leier het my onlangs op die lughawe gelukgewens met die VF Plus se jeug wat verkiesings wen op studentekampusse waar die

---

[35] Ken Owen se artikel oor onderhandeling in die *Sunday Times*, 1 Augustus 1993, p. 22.
[36] *Mail & Guardian*, 14 Augustus 2006.

Saam met jeugleiers nadat die VF Plus weer die studenteraadsverkiesing by Tukkies teen die ANC, DA en NP gewen het. Voor, vlnr: Jan Hendrik Kay (nuwe SR-voorsitter), Cornelius Jansen van Rensburg (uittredende SR-voorsitter en VF Plus-jeugleier), Pieter Mulder, Willie Spies (VF Plus- parlementslid) en Jaco Mulder. Agter: sommige van die nuwe Tuks-studenteraadslede.

ANC baie meer ondersteuners as die VF Plus het.[37] Terselfdertyd het hy oor die ANC se jeug gekla: "Hulle wil net jappies wees met selfone en 'n BMW. Ons sukkel om hulle by die politiek betrokke te kry, noudat die struggle-doelwitte nie meer so duidelik is nie."[38]

Suid-Afrika se probleme en die Afrikaner se situasie is tans so ernstig dat ons nie weer kan bekostig om nie ons A-span in die politiek en op alle terreine as leiers te hê nie.

---

[37] By die Universiteit van Pretoria het die VF Plus vir nege jaar na mekaar die studenteraadsverkiesings teen die ANC, DA en NP gewen. By die Universiteit van die Vrystaat het die VF Plus ook meer as een keer ver gewen. Dit terwyl die ANC meer ondersteuners as die VF Plus op die kampusse het.

[38] Die ANC-jeugliga het in vier jaar amper die helfte van sy lede verloor. *Rapport*, 6 April 2008.

12

Die Nattes het rede om kwaad te wees

Die blieper aan my belt begin skielik lawaai. Sodra die vragmotor van voor verby is, sal ek die boodskap lees. Ek is op pad na 'n oggendfunksie op die platteland in Noordwes. Die blieper hou my op hoogte van nuusgebeure. Om vinnig daarop te reageer, is 'n belangrike deel van moderne politiek. Die meeste kiesers besluit vandag vir wie hulle gaan stem net op grond van dit wat hulle in die media hoor of sien.

Terwyl ek die boodskap lees, dink ek terug aan my lesings as universiteitsdosent. Selfone, faksmasjiene en e-pos het toe nog nie bestaan nie. Dit was nie in die 1900's nie, dit was net minder as twintig jaar gelede. Vir 'n praktiese taak in Kommunikasiekunde moes die studente

In 'n televisiedebat met meneer Jody Kollapen, voorsitter van die Suid-Afrikaanse Menseregtekommissie.

'n mediaverklaring opstel, 'n foto daarby sit en dit in 'n koevert verpak vir versending.

"Toe die Amerikaanse president Abraham Lincoln in 1865 in Washington vermoor is, het dit 12 dae geneem voordat die mense in Londen daarvan geweet het," het ek aan die studente verduidelik. "Julle foto kan binne twee dae by enige koerant wees," het ek bygevoeg.

Vandag word nuus en foto's onmiddellik na enige plek in die wêreld gestuur. Selfone en e-pos speel 'n groot rol hierin.

Om terug te keer na die blieperboodskap op my selfoon: dit is 'n kennisgewing van die NP se media-afdeling. Hulle hou 'n mediakonferensie om tienuur vanoggend in die parlementsgebou. Dit is oor tien minute.

Op my selfoon skakel ek een van die VF se navorsers in die parlementsgebou. "Stefan, gaan loer asseblief vir my om tienuur by raadsaal M311 in. Die Nattes hou daar 'n mediakonferensie en ek is nuuskierig om te weet waaroor dit gaan."

Stefan skakel terug net toe ek indraai op die grondpad na die saaltjie waar ek moet praat. Hy het die eerste tien minute van die nuuskonferensie bygewoon, wat volgens hom nog 'n ruk gaan aanhou.

"Die Nattes maak nuwe navorsing oor geweldmisdade bekend. Hulle reageer ook op die bevindings van 'n meningspeiling oor die doodstraf," rapporteer hy aan my.

Dit is nuuswaardig. Die NP gaan beslis die koerante en vanaand se TV-nuus daarmee haal. Dit is beter om nou daarop te reageer as om tot môre te wag. Ek trek weer van die pad af, skakel ons mediabeampte in Pretoria en dikteer my reaksie aan haar.

"Carien, e-pos dit asseblief aan die koerante, radio en televisie," beëindig ek haastig die gesprek. Ek moet kophou in die stof van die motors wat voor my na die saaltjie ry.

Daar is parkering in die koelte van 'n boom naby die saaltjie. Die gasvrou ontvang my vriendelik en neem my die saal in. Die saaltjie is vol netjies geklede vroue wat wil hoor wat my siening van die toekoms is. Met my toespraak gaan dit goed. Terwyl ek saam met die dames tee drink, lui my selfoon. Dit is 'n radiostasie wat graag 'n stemopname wil maak van my mediaverklaring vir hulle middagnuusbulletin. Ek vra om verskoning en gaan staan agter die saaltjie waar dit nie so lawaai nie, kyk na die beeste wat rustig daar naby wei en gee 'n kort opsomming van my mediaverklaring. By my motor bedank ek die dames vir die beskuit en tuisgemaakte vyekonfyt. Hulle weet ek is baie lief daarvoor.

Op pad terug luister ek na die radionuus. My reaksie van agter die plattelandse saaltjie en die NP se standpunt uit die parlement is saamgevoeg as die hoofnuusitem. Die spoed waarmee nuus vergader en uitgesaai word, beïndruk my steeds.

Soos ek voorspel het, is die NP se mediakonferensie daardie aand op die televisienuus. Die eienaardige is dat die nuusberig begin met die VF se embleem groot op die skerm. Waarom begin hulle nie met die NP se embleem nie? wonder ek. Die nuusleser se hare is foutloos, elkeen op sy plek. Hy lees hoe die leier van die VF vandag geweldmisdade veroordeel en uitsprake oor die doodsvonnis gedoen het. Dan vervolg hy: "In reaksie hierop het die NP 'n mediakonferensie gehou waar hulle gesê het dat ..." Nou vervang die NP-embleem die VF-embleem agter die gladde nuusleser.

Ek is verstom. Hoe kan die TV-nuus so 'n fout maak! Ons het mos op die NP gereageer – dit was nie andersom nie. Ek gee glad nie om dat die VF goed lyk op TV-nuus nie, maar die Nattes gaan met rede baie kwaad

Saam met minister Essop Pahad, die minister in die president se kantoor, tydens 'n mediakonferensie ná 'n gesprek met die president.

wees vir die wyse waarop die nuus aangebied is. Ons het hulle inisiatief in 'n skynbare VF-inisiatief verander!

Uit nuuskierigheid vra ek die volgende dag een van my oudstudente wat by TV-nuus werk, wat presies gebeur het. Hy laat blyk dat die NP reeds gekla het, maar dat die nuusredakteur hulle daarop gewys het dat sy joernaliste nie 'n fout gemaak het nie. Teen die tyd dat die televisiejoernalis sy storie uit die parlement in Kaapstad aan die Johannesburgse kantoor gestuur het, het hulle lankal die VF se mediaverklaring per e-pos ontvang. Daarom het hulle aanvaar dat die NP op die VF gereageer het en nie andersom nie! "Jammer, maar hulle bied die nuus aan in die volgorde wat hulle dit ontvang," was die nuusredakteur se finale antwoord aan die NP se mediabeampte wat gekla het.

Natuurlik het die Nattes rede om kwaad te wees. Op 'n onbedoelde manier het die moderne media van hulle moeite ons sukses gemaak. Hierdie rondte het 'n blieper, selfoon en e-pos in ons guns gewerk. Maar sal ons kan voorbly? Dit is die uitdaging.

13

Danie Theron – Boere-celebrity

"Wie was hierdie Danie Theron?" vra die jong joernalis aan my.

Ek skat haar ouderdom jonger as 25. Sy voer met my 'n onderhoud vir 'n artikel oor hoe die Afrikaner sy verlede sien. Sy het haarself voorgestel as " 'n Afrikaanssprekende Suid-Afrikaner wat nie meer 'n Afrikaner is nie". Haar aanslag is hard en aggressief en sy is blykbaar baie haastig.

"Vir 350 jaar was almal in die wêreld vyandiggesind teenoor Afrikaners en teenoor hulle onregverdige beleidsrigtings," begin sy haar onderhoud. Daarna spreek sy ongevraag haar irritasie met Bok van Blerk se De la Rey-liedjie uit.

Sy is 'n tipiese produk van die "nuwe" politiek waarin hierdie soort stellings gereeld in die parlement en media herhaal word. Al haar vrae daarna word op hierdie stelling gebaseer.

"Daardie aanvanklike stelling van jou ... is net nie waar nie," reageer ek versigtig. "Daar was lang tydperke in ons geskiedenis waarin groot dele van die wêreld baie simpatie met Afrikaners gehad het, tye toe ons die morele hoë terrein gehad het," voeg ek by.

Ek vertel haar van die buitelanders wat die Boere in die Anglo-Boereoorlog kom help het en die Rus wat, terwyl die trane oor sy wange loop, 'n lofrede by Danie Theron se graf gehou het.

Dit is na aanleiding hiervan dat sy vra: "Wie was hierdie Danie Theron?"

Ek verwys haar na Danie Theron se 25 meter hoë monument wat prominent langs die N12- nasionale pad staan, waarlangs sy vanoggend vanaf Johannesburg na Potchefstroom gery het. Soos die joernalis, weet die meeste jongmense nie wie Danie Theron was nie. Ek kan hulle ook nie kwalik neem nie, want in die skole word nou 'n ander geskiedenis geleer. ANC-toesprake en sommige mediaberigte skep verder die indruk dat Afrikanergeskiedenis net sleg en negatief was.

"Wat het hy gedoen dat 'n monument vir hom opgerig is?" vra die joernalis, nou opreg belangstellend.

"Die monument is opgerig op die plek waar hy in die Anglo-Boereoorlog dood is," begin ek verduidelik. Hoe vertel 'n mens 'n geskiedenisstorie aan 'n jong, moderne vrou, sonder om haar te verveel? wonder ek. Sy is deel van 'n geslag wat nie graag lees nie en net met televisie grootgeword het. "Danie Theron was 'n *yuppie* en 'n *celebrity*," probeer ek in haar wêreld inkom.

Soos 'n moderne *celebrity* was hy in die media bekend en is hy deur die mense van sy tyd bewonder. Sy tyd was dié van die Transvaalse Republiek van Paul Kruger, en die Anglo-Boereoorlog.

Hoe lyk die stereotiepe prentjie wat die joernalis van 'n Boer uit daardie tyd sal hê? Iemand met 'n baard; wat 'n bestaan maak van boerdery – ietwat onverfynd. Hy is nie geleerd nie en stel nie in sake buite sy wêreld belang nie. Vir ontspanning speel hy jukskei en dans Oujaarsaand op konsertinamusiek.

Danie Theron was heeltemal anders. Hy was afgerond, intelligent en geleerd – 'n dinamiese jong Afrikanerprokureur van Krugersdorp wat Engels vloeiend en sonder 'n aksent gepraat het. Hy het gereeld die Engelse koerant *The Star* gelees omdat hy in die wêreldpolitiek belanggestel het. Vir ontspanning het hy tennis gespeel op Christiaan Neethling se plaas Eikenhof, net buite Johannesburg.

Danie se tennisspelery was nie so onskuldig nie. Christiaan Neethling se dogter Hannie, 'n brunet

Danie Theron, boereheld en *celebrity* van sy tyd.

met donker oë en blosende wange, het ook tennis gespeel. Sy was nie net mooi nie, maar ook begaaf. Anders as die meeste meisies van haar tyd, het sy musiek en sang gestudeer aan die Rynse Instituut van Stellenbosch. Saterdagaande ná tennis het die jongmense Duitse, Engelse en Afrikaanse liedjies gesing en Hannie het hulle op die klavier begelei. Onder die groot eikeboom voor die huis het Danie en Hannie verloof geraak. Sy romantiese geaardheid blyk uit die tennisraket wat hy aan Hannie as geskenk gegee het. Skertsend het hy op die raket geskryf: *Hierdie raket is deur die gewer getoor.*

Ná een so 'n tenniswedstryd het Hannie nie lekker gevoel nie. Die naweek het sy so pap gevoel dat gevra is Danie moenie kom kuier nie. Maandag 29 Augustus 1898 is Hannie onverwags dood. Dubbele longontsteking, was die dokter se bevinding. Danie was verpletter en ontroosbaar. Die toekoms was leeg en sonder hoop. Die begrafnisgangers het vertel hoe Danie na afloop van die begrafnis net omgedraai en die veld ingestap het. Later het hy as laaste liefdesblyk eiehandig 'n paar boompies om haar graf geplant, waar hy baie keer net stil gaan sit het. Hy onderneem teenoor homself om elke jaar rondom 29 Augustus haar graf te besoek.

"Hoe het Danie Theron dan 'n bekende in die media van daardie tyd geword? Om jou verloofde te verloor, maak nie van jou 'n *celebrity* nie," sê die joernalis.

Dit was net enkele maande voor die uitbreek van die Anglo-Boereoorlog. Die Johannesburgse Engelse koerant *The Star* het die politieke klimaat begin voorberei vir oorlog teen die Boere en ten gunste van Britse kolonialisme. Daarvoor word meneer Moneypenny, 'n nuwe, giftige anti-Boergesinde redakteur, spesiaal uit Brittanje ingevoer.

Skaars nege maande ná Hannie se dood skryf Moneypenny oor die onhigiëniese, onopgevoede en agterlike Boerevrouens van Paul Kruger se republiek. Moneypenny is toe maar twee maande in die land. Die berigte maak Danie woedend. Sy Hannie was ook 'n vrou van die republiek!

Toe *The Star* weer 'n negatiewe berig oor die Boere skryf,[39] kan Danie dit nie meer hou nie. Hy reis per trein van Krugersdorp na Johannesburg en gaan konfronteer Moneypenny. Toe Moneypenny nie om verskoning wil vra vir die berig nie, verloor Danie sy humeur en slaan hom met die

---

[39] *The Star*, 21 April 1899.

vuis op die oog. In die hofsaak wat daarop volg, verdedig Danie Theron homself. Die hof sit vol Afrikaners wat Theron ondersteun.

"Hoe lank duur die treinreis van Krugersdorp na Johannesburg?" vra landdros Van den Berg aan Theron.

" 'n Uur en 'n kwart," antwoord hy.

"Het jy nie afgekoel in daardie tyd nie?" vra die landdros.

"Afgekoel? Nee, Edelagbare, hoe nader ek aan Johannesburg gekom het, hoe warmer en kwater het ek geword."

Landdros Van den Berg moet tydens die hofsaak die mense in die hof berispe wat "bravo!" skreeu terwyl Theron vir Moneypenny ondervra.

Theron word skuldig bevind en met 20 pond beboet. Vandag is dit 'n paar duisend rand. Die opgesweepte teenwoordiges samel blitsig 25 pond in. Die surplus van 5 pond is aan die hospitaal geskenk. Die Suid-Afrikaanse koerante en selfs die *London Times* skryf oor die gebeure. Theron is skielik bekend en 'n held in baie se oë.

Tydens die Anglo-Boereoorlog verrig Danie Theron verskeie heldedade. Mense lees en praat graag oor hom. Hy tree doodsveragtend op. Aan sy manne het hy gesê dat hy asseblief langs Hannie begrawe wil word – as die ergste sou gebeur.

Van sy waagstukke sluit in 'n ete saam met Britse offisiere in hulle kamp waar hy hom as 'n Britse offisier – "Captain James" – voordoen. Aan tafel word die gevaarlike Theron bespreek. Met sy vertrek laat hy, soos 'n wafferse Arsene Lupin, 'n briefie agter waarin hy spog dat hy die gevaarlike Theron is.

By die slag van Paardeberg kruip hy tien treë van die Britse wagte verby om 'n boodskap aan die omsingelde generaal Piet Cronjé te gee.

By 'n geleentheid ry hy en 'n paar vriende tussen die Britse wagte deur om by sy oom in die besette Roodepoort te gaan kuier. Omdat hulle twee-twee met hul perde in gelid deur die strate ry en Engels met mekaar praat, stop die Engelse hulle nie. Terwyl hulle in Roodepoort is, blaas hulle sommer die treinspore by die stasie op en ry daarna doodluiters twee-twee langs mekaar die dorp uit.

"Dit is die Danie Theron waarvan ek praat," verduidelik ek aan die joernalis.

Omdat ek bang is dat ek haar tyd mors met 'n te lang storie sê ek: "Jy kan nou maar jou ander vrae vra."

Sy lyk nie meer so aggressief nie en is ook blykbaar nie meer so haastig nie. Sy skakel die bandmasjien af.

"Hoe is Danie Theron dood en waar pas die huilende Rus dan in?" vra sy.

"Dit was 5 September 1900, kort ná die herdenking van Hannie se dood. 'n Mooi lentedag," vertel ek verder.

Die Boeregeneraals was so beïndruk met Danie Theron dat hulle hom in bevel geplaas het van 'n korps uitgesoekte manne. Vandag sal hulle as spesiale magte bekend staan. Danie het die manne vir sy spesiale korps self uitgekies. Afrikaners én Engelse. Min mense weet dat hy ook uitlanders gekies het: vier Russe, 'n Ier, 'n Bulgaar, 'n Griek, 'n Turk, 'n Algerynse Arabier, Duitsers en verskeie Hollanders – waaronder 'n Mulder.[40]

Hulle was almal blindelings lojaal aan hom en het hom feitlik aanbid vir sy vermoëns. Met deernis het hulle hom "Cappy" genoem. Die uitlanders was almal vrywilligers wat simpatie met die Afrikaners gehad het. Hulle het kom help om Brittanje, die wêreld se supermoondheid en boelie van daardie tyd, op sy plek te probeer sit.

In Augustus 1900 was die Theron Verkennerskorps, soos hulle bekend was, baie suksesvol in die Vrystaat en 'n erge kopseer vir die Britte. Kort voor die herdenking van Hannie se dood neem Danie Theron sy manne in die rigting van Johannesburg. Alleen glip hy tussen die Britse soldate deur om by haar graf in 'n besette Eikenhof uit te kom, soos hy elke jaar gedoen het. Hy neem 'n kransie saam en vra haar ma om dit op haar graf te sit as hy dalk nie die dag self daar kan uitkom nie.

In die omgewing merk Danie 'n Engelse konvooi op. Hulle is van Johannesburg af op pad na Potchefstroom. Hy beplan 'n lokval vir hulle naby Fochville saam met die manne van generaal Liebenberg vir die oggend van 5 September 1900. Theron se manne moet aan die een kant van die pad stelling inneem en generaal Liebenberg s'n in die koppies aan die ander kant.

Met die Engelse reeds naby, is generaal Liebenberg se manne nog nie daar nie. Danie gaan by die Pienaars se plaashuis daar naby aan om te

---

[40] Danie Theron se uitlander-element het bestaan uit vier Russe (Strolman, Nelborski, Soljenko en Goutshoff), 'n Ier, 'n Bulgaar (Kolaroff), 'n Griek (Laveridis), 'n Turk (Marco Sava), 'n Algerynse Arabier (Haman Nasseur), Duitsers en verskeie Hollanders – waaronder 'n Mulder. Bron: Breytenbach, J.H., *Komdt. Danie Theron, Baasverkenner van die Tweede Vryheidsoorlog.* Kaapstad: Nasionale Boekhandel, 1950.

vra of hulle dalk weet waar generaal Liebenberg is. Niemand weet nie. Die Pienaar-meisies bewonder die aantreklike Danie en is waarskynlik in die geheim op hom verlief. Die oudste steek 'n roset wat sy gemaak het vir Danie aan. Die roset is in die kleure van die twee Boererepublieke: oranje, groen, rooi, wit en blou.

Danie besluit om die koppie uit te klim ten einde te kyk hoe ver die Engelse nog is. Bo-op die koppie loop hy hom vas in vier Britse verkenners. Die verrassingselement van die lokval is nou daarmee heen. Hy besluit om die Engelse te probeer vertraag met die hoop dat generaal Liebenberg en sy manne sal aankom.

Manalleen hardloop hy van klip tot klip en skiet 48 skote in die rigting van die Engelse. Dit skep die indruk dat die koppie vol Boere is. Die Engelse kom tot stilstand, soos Danie gehoop het. Hulle rig egter nou hulle kanonne op die koppie. Volgens verslae het hulle die koppie so voos geskiet dat niemand dit sou kon oorleef nie. Danie Theron se lyk is bo-op die koppie gekry waar 'n gedeelte van sy gesig deur 'n kanonkoeël weggeskiet is. Die Pienaar-meisies het hom uitgeken, nie aan sy aantreklike gesig nie, maar aan die roset op sy bors.

Dit is hier, by Danie Theron se begrafnis, waar 'n groot man, een van

Geleentheid om 'n krans te lê op Danie Theron se graf.

Hannie Neethling, Danie Theron se verloofde, se graf in die ou Eikenhof-begraafplaas. Op die grafsteen word aangedui dat Hannie op 29 Augustus dood is van "inflamatie in de longen".

die Russe in sy korps, met 'n bewende stem 'n huldeblyk gebring het terwyl die trane tot in sy ruwe baard geloop het. Hoewel niemand sy Russies kon verstaan nie, was die betekenis van sy woorde vir almal duidelik en sigbaar.

"Waar is hy toe begrawe?" vra die joernalis.

Omdat Eikenhof op daardie tydstip deur die Britte beset was, was dit nie moontlik om hom langs Hannie te begrawe nie. Twee jaar ná die oorlog, in 1904, het sy manne hulle belofte aan Danie nagekom en hom langs Hannie in Eikenhof herbegrawe. Die twee grafstene is vandag nog daar – Danie en Hannie so langs mekaar. Ek het dit al 'n paar keer besoek en gaan lê graag 'n kransie daar, ongeveer dieselfde tyd as wat hy 'n krans op Hannie se graf gelê het.

Die joernalis is sowaar aangedaan. Dit was nie my doel nie. Ek wou maar net aantoon dat die hele wêreld nie vir 350 jaar teen die Afrikaner gekant was nie en dat Afrikanergeskiedenis nie vervelig hoef te wees nie.

En wat van Bok van Blerk se De la Rey-treffer?

Leopold Scholtz verduidelik dit as "die versugting van verreweg die meeste Afrikaners om emosioneel oor hul herkoms te wees, om te voel dat hulle deel is van iets groters as hulle. Eenvoudig gestel, hulle wil graag Afrikaners wees, maar dan sonder die verstikkende politieke bagasie wat vorige geslagte daaraan gekoppel het. En in hemelsnaam, waarom nie?"[41]

---

[41] Leopoldt Scholz, "De la Rey dui op iets groters; Waarom altyd 'Afrikaner' net koppel aan 'rassisme'?" *Beeld*, 5 Desember 2006, p. 14.

14

Vlae, die "totale aanslag", kommunisme en Tuynhuys

Eienaardig hoe mens se geheue werk: Skielik, toe ek die Russiese vlag sien wapper, onthou ek 'n gesprek van twaalf jaar gelede tussen Z.B. du Toit en generaal Constand Viljoen. Die gesprek het kort ná 1994 se verkiesing, wat oorweldigend deur die ANC gewen is, plaasgevind. Z.B. het as joernalis van *Rapport* 'n onderhoud met generaal Viljoen as leier van die Vryheidsfront gevoer.

"Generaal, wat was hierdie totale aanslag waarvan P.W. Botha praat, wat die weermag moes afweer? Dit was mos 'n aanslag van die kommunisme teen Suid-Afrika," het Z.B. dit gestel. Soos altyd het Z.B. tot op daardie stadium van die onderhoud heftig geargumenteer en meer stellings gemaak as vrae gevra. "Wie het daardie geveg teen die kommunisme gewen?" het Z.B. driftig bygevoeg, nog voor generaal Viljoen op die vorige vraag kon antwoord.

Omdat ek generaal Viljoen ken, het ek geweet dat hy al goed warm was – maar dit nie wys nie. Hy het die onderskeie militêre oorwinnings wat die S.A. Weermag teen die Kubane en ander groeperings behaal het, verduidelik en met feite en syfers aangetoon dat die S.A. Weermag nie teen die kommuniste verloor het nie. Hy het selfs Chris Hani aangehaal, wat toegegee het dat die rug van die Suid-Afrikaanse veiligheidsmagte nooit gebreek is nie.[42]

"As julle nie verloor het nie, wie se vlag wapper dan nou in Namibië en in Suid-Afrika?" het Z.B. met 'n soort triomf afgesluit. Hy het natuurlik verwys na SWAPO en die ANC, wat in dié twee lande die regerings was.

Ek onthou hoe die generaal hierna sonder sukses die verskil tussen 'n

---

[42] Uit doktor Leon Wessels se boek: *My Regte! Jou Regte?*, p. 19.

Die skrywer en sy vrou op pad na 'n staatsbanket vir besoekende staatshoofde.

militêre en 'n politieke oorwinning aan 'n skeptiese Z.B. probeer verduidelik het.

Hoekom dink ek nou hieraan? Omdat ek voor Tuynhuys langs die parlementsgebou staan. Tuynhuys, wat voorheen P.W. Botha se kantoor was en nou Thabo Mbeki se kantoor is. Ek staan in 'n tou en wag om deur streng sekuriteit Tuynhuys se ontvangslokaal binne te gaan. Terwyl ek wag, kyk ek na die groot Russiese vlag wat langs die nuwe Suid-Afrikaanse vlag aan die vlagpale voor Tuynhuys wapper. Dit is nie die Sowjet se ou hamer-en-sekelvlag nie, maar die nuwe Russiese vlag.

President Mbeki se staatsbanket vanaand in Tuynhuys is ter ere van die Russiese president Wladimir Poetin. Poetin was vir die grootste gedeelte van sy loopbaan 'n senior offisier in die ou Sowjetunie se berugte geheime diens, die KGB.

Die tou waarin ek staan, het nou deur sekuriteit beweeg en ons gaan Tuynhuys se pragtige wit-en-goue balsaal binne; 'n glansryke saal met luukse behangsels, kristal en baie goudbladverf. Elkeen soek sy sitplek aan een van die twintig ronde, deftig gedekte tafels – silwermesse en -vurke langs elke bord en drie soorte glase. In die middel van elke tafel is 'n blomversiering.

Links van my sit eerwaarde Frank Chikane. Oorkant my sit minister Essop Pahad, minister in die president se kantoor, en langs hom, adjunkministers Mluleki George en Malusi Gigaba. 'n Oud-MK-generaal, meneer Nxumalo,[43] sit ook aan ons tafel.

Terwyl ons vir die twee presidente wag, kyk ek na die versierde plafon van die balsaal en die reusekandelare wat van die dak af hang. Ek wonder wie almal al onthale in hierdie saal bygewoon het.

---

[43] Skuilnaam.

Gaste by die staatsbanket in die deftige balsaal in Tuynhuis voordat president Poetin van Rusland en president Mbeki arriveer.

Tuynhuys is meer as 300 jaar oud. In 1674 het die kommandeur aan die Kaap opdrag gegee dat 'n *tuynhuys* gebou moet word vir die kompanjie se tuingereedskap.[44] Hierdie *tuynhuys* is later in 'n gastehuis omskep en is sedert 1760 'n ampswoning of kantoor van goewerneurs en presidente. Lord Charles Somerset het hierdie balsaal waarin ons nou sit, laat aanbou. In P.W. Botha se tyd is die balsaal nog 'n keer gerestoureer.

As president het P.W. Botha baie staatsfunksies in hierdie lokaal gehou – funksies waar waarskynlik toesprake gehou is oor die totale aanslag, oor die geveg teen kommunisme en oor die ANC.

Daar is skielik 'n roering by die hoofingang. Verskeie jongmanne kom ingestap. My eerste indruk is dat die Bloubul-rugbyspan ook na die funksie genooi is: groot slotte en stutte, manne met kortgesnyde hare, vierkantige kenne en oop Afrikanergesigte. Toe ek noukeuriger kyk, sien ek die oorfoontjie in elkeen se oor en hoe hulle met mekaar praat deur 'n mikrofoon in die linkermou. Dit is Poetin se veiligheidsmense. Doktor

---

[44] Kommandeur Isbrand Goske het op 13 Maart 1674 opdrag gegee dat 'n "tuyn"-huisie gebou moes word vir die gereedskap van die Kompanjie se groot tuin wat vandag bekend is as die Tuine en net wes van die huidige Tuynhuis lê. Bron: *Die Burger*, 6 Julie 2002, p. 3, "Tuynhuys, voortreflike VOC-argitektuur".

Gerrit Olivier, ons eerste ambassadeur in Rusland, het mos oor die Russe gesê: "Hulle lyk soos ons, maar is nie soos ons nie."

Die twee presidente kom ingestap. Poetin is sonder sy vrou. Hulle gaan sit by die hooftafel waar die speaker, me. Baleka Mbete, die visepresident, me. Phumzile Mlambo-Ngcuka en die Minister van Buitelandse Sake, doktor Nkosazana Zuma reeds sit. Die vrouens aan die hooftafel het helderkleurige Afrika-kopdoeke aan. Doktor Zuma is die uitsondering. Haar hare is in 'n Afrika-styl gedoen.

Dokter Manto Tshabalala-Msimang, Minister van Gesondheid, is vanaand die seremoniemeester. Die Russiese tolk neem stelling in by 'n tweede mikrofoon, langs haar. Die tolk sou nie, soos die Russiese veiligheidswagte, kon rugby speel nie. Hy is witbleek en maer met 'n lang donker kuif wat op sy voorkop hang. Met sy dikkerige bril sou die kinders hom vinnig as 'n *nerd* geëtiketteer het.

Dokter Tshabalala-Msimang lees haar eerste drie sinne in Russies af. Sy vertel in Engels hoe sy in Leningrad in Rusland medies gestudeer het en daar 'n bietjie Russies geleer het. Volgens die Suid-Afrikaanse ministers aan my tafel is sy spesiaal gekies as seremoniemeester vir die aand omdat die regering met haar wil spog as 'n voorbeeld van 'n Russiesopgeleide suksesproduk in Suid-Afrika!

Ek wonder of die Russe vanoggend se koerant gelees het. Daarin is 'n lang berig oor 65 van die wêreld se voorste MIV/vigs-wetenskaplikes, wat president Mbeki gevra het om dokter Tshabalala-Msimang af te dank. Dit volg ná haar groente- en knoffelstalletjie by die groot vigskongres in Toronto.

Ek verneem die aand dat die Russe iemand met dokter Tshabalala-Msimang se mediese kwalifikasie nie toelaat om in Rusland te praktiseer nie. Kan dit waar wees? Dalk het die Russe iets geweet wat ons later eers sou uitvind!

As seremoniemeester kondig dokter Tshabalala-Msimang nou aan dat 'n Kaapse koor die twee volksliedere gaan sing. Die koorlede staan op die balkon. Die dirigent gee 'n teken en die koor trek weg met die Russiese volkslied. Hulle spreek die woorde hard en duidelik uit. Of dit goeie Russies is, sal net meneer Poetin en sy span weet. Die arme koor moet seker lank hieraan geleer en geoefen het. Daarna sing die koor "Nkosi Sikelel' iAfrika".

Minister Tshabalala-Msimang neurie saam oor die mikrofoon. Ek weet nie of sy weet dat haar geneurie, versterk deur die luidsprekers, maak dat niemand die koor se klanke goed kan hoor nie.

Generaal Nxumalo hier langs my neurie die Russiese volkslied ook saam. Toe die koor gaan sit, verduidelik hy aan almal aan tafel dat hy nie die lied se woorde ken nie, maar wel die wysie, omdat hy sy opleiding eers in Oos-Duitsland en toe in Rusland ontvang het.

Poetin is nou aan die woord. Kommentators wonder nog altyd of hy werklik 'n bekeerde demokraat is en of hy nie maar net 'n slim-verskuilde kommunis gebly het nie. Vir my klink hy soos 'n kleurlose burokraat.

Hy lees drie droë, tegniese sinne in Russies, wat dan in Engels deur die tolk vertaal word. So worstel ons deur sy toespraak. Ironies roep hy Suid-Afrika op om saam met Rusland terrorisme orals in die wêreld te beveg. Terroriste van Tsjetsjnië gee Rusland natuurlik tans baie probleme. Ek dink onwillekeurig aan die plakkate wat in die tagtigerjare deur meneer P.W. Botha se regering teen mure opgesit is om te wys hoe lyk 'n Russiese ploftoestel wat dalk onder jou stoel in die *Wimpy* kon ontplof.

President Mbeki se toespraak is meer gemaklik met 'n grappie of twee. Ná elke derde sin wag ons dat die Russiese dikbril-tolk dit in Russies herhaal. Meneer Mbeki maak, soos altyd, 'n draai by apartheid en by die ANC se stryd. Hy bedank die Russe vir hulle hulp tydens die stryd. Dit was militêre hulp, maar ook hulp met die opleiding van persone soos dokter Tshabalala-Msimang, sê hy.

Op verrassende wyse verwys president Mbeki in sy toespraak ook na die Afrikaners en die Anglo-Boereoorlog. Hy vertel van die Russe se betrokkenheid aan Boerekant teen die koloniale moondheid Brittanje van 1899 tot 1902.

Ná sy toespraak is daar aan my tafel 'n heftige debat tussen die ANC-ministers. Hulle twyfel dat enige Russe die Boere werklik sou gehelp het. Ek help hulle reg en vertel hulle van die vier Russe – Strolman, Nelborski, Soljenko en Goutshoff – wat deel was van Danie Theron se verkennerskorps tydens die Anglo-Boereoorlog. Ek vertel hoe die een Rus 'n lofrede in Russies by Danie Theron se graf gelewer het, terwyl die trane oor sy wange in sy baard gerol het. (Kyk ook storie 13, p. 69.) Ook hoe die Britse Rooi Kruis, teen die reëls van die Rooi Kruis in, net na die

Britte omgesien het. Die Russe het toe ambulanse en dokters gestuur wat die Boere gehelp het.[45]

Die ete is klaar en ons staan rond en koffie drink terwyl die presidente vertrek. Ek staan en gesels met generaal Bantu Holomisa, leier van die UDM, en premier Ebrahim Rasool van die Wes-Kaap.

Generaal Holomisa is deur die Suid-Afrikaanse weermag opgelei en het hulle stafkursus voltooi voor hy hoof van die weermag in Transkei geword het. Die MK-generaal Nxumalo wat aan my tafel gesit het, is deur die Russe opgelei.

"Ek weet 'n generaal wat deur die Afrikaners opgelei is, is baie beter as een wat deur die Russe opgelei is," terg ek generaal Holomisa, terwyl ek na die tengerige oud-MK-generaal Nxumalo wys. Holomisa voel duidelik gevlei en lag lekker.

"Ons Duitsers was beter as julle Duitsers," het die Amerikaners teenoor die Russe gespog nadat hulle eerste op die maan geland het. Albei lande het ná die Tweede Wêreldoorlog Duitse vuurpylwetenskaplikes na hulle lande gelok om in die koue oorlog te help met die resies die ruimte in. In albei lande se ruimteprogramme het Duitse wetenskaplikes deurslaggewende rolle gespeel.

Die verskil in Suid-Afrika is net dat generaal Nxumalo, wat deur die Russe opgelei is, nou deel van die ANC-regering is terwyl generaal Holomisa, wat deur die vorige NP-regering opgelei is, in die opposisie sit.

Vanaand sit P.W. Botha in Wildernis in sy aftreehuis,[46] terwyl Mbeki 'n funksie vir die Russe hou in "P.W. se balsaal". Ek kan nie anders as om te wonder of P.W. in sy wildste drome sou kon voorsien dat die ANC wat hy beveg het, 'n oud-KGB-offisier en tans president van Rusland, hier sou onthaal nie![47]

---

[45] Lees Sophia Izedinova se boek: *A few months with the Boers; The war reminiscences of a Russian nursing sister* en *Rapport* Revue, 24 Januarie 1999, p. 1.
[46] Ná sy termyn as staatspresident.
[47] Hierdie betrokke staatsbanket is op 5 September 2006 in Tuynhuys in Kaapstad gehou.

15

Die Australiërs is 'n besondere volk en veralgemenings is meestal verkeerd!

"Het jy 'n misdaadrekord?" is een van die vrae wat jy moet beantwoord om as 'n besoeker Australië te kan binnegaan. Ons parlementêre groep het sopas op Sydney-lughawe geland ná 'n lang vlug. Omdat Australië aanvanklik 'n strafkolonie vir Britse misdadigers was,[48] lag ons lekker vir die vraag.

"Is 'n misdaadrekord dan steeds 'n vereiste?" skerts een van die lede van ons groep terwyl ons die lughawegebou binnestap.

Die aand word ons verwelkom by 'n amptelike funksie. Die saal is vol Australiese politici, sakemanne en ambassadepersoneel. Ons staan almal rond met drankies in die hand en wag vir die amptelike toesprake. Dit bly vir my ongemaklik om by so 'n geleentheid van groep tot groep te beweeg en oppervlakkige praatjies te maak.

Uiteindelik word die Australiese politikus aan die woord gestel om ons te verwelkom.

"Australië en die Australiërs is 'n voorbeeld vir Afrikaners en vir die res van die wêreld oor hoe 'n mens rasse- en kulturele verskille behoort te hanteer. In hierdie opsig is Australiërs die wêreld ver vooruit. Suid-Afrikaners en veral Afrikaners kan baie by Australië leer oor die hantering van rasseverhoudinge."

Dit is die kern van sy toespraak. Ek is gewoond aan kritiek en oorvereenvoudigings van die situasie in Suid-Afrika. Ek vererg my egter vir

---

[48] Op 26 Januarie 1788 gaan kaptein Arthur Phillip aan wal in Australië by Port Jackson soos hy dit noem. Hier vestig hy die Britse kolonie New South Wales en 'n strafkolonie vir Britse misdadigers. Dit is 136 jaar ná Jan Van Riebeeck reeds aan die Kaap gevestig het.

'n Toeris saam met 'n Aborigene en sy didjeridoe, 'n tradisionele blaasinstrument. Op die agtergrond kan die ou Australiese parlement gesien word, waar die Aborigene-"ambassade" opgerig is.

sy berekende klap na Afrikaners. Dit was regstreeks op my gemik. Ek is die enigste Afrikanerparlementslid in die groep. Die Australiese politikus weet dit goed, want ons is pas tevore een-een aan die gehoor bekend gestel. Ons groep van tien bestaan hoofsaaklik uit swart ANC- en IVP-parlementslede. Hy glo waarskynlik dat hy met so 'n belediging na my kant die goedgesindheid van die ander lede van ons groep sal wen. Hoe min verstaan hy van die situasie in Suid-Afrika en hoe dit totaal van die Australiese situasie verskil, dink ek. Ek moet egter magteloos staan en luister na sy meerderwaardige advies.

Ons besoek begin die volgende dag met 'n bustoer deur Sydney, die mooi stad met die bekende operagebou. Van die twintigmiljoen Australiërs is sewe persent Asiërs. Die meeste van hulle het onlangs na Australië geïmmigreer. Die Aborigenes, wat die eerste inwoners van Australië was, is tans een persent van die bevolking.

In die lig van die verwelkomingstoespraak let ek op na menseverhoudinge in Australië. Ek berispe myself om nie dieselfde fout as die Australiese politikus te maak en met veralgemenings alle Australiërs oor dieselfde kam te skeer nie. Ek is wel verbaas oor hoe snedig sommige Australiërs oor die Asiërs in hulle land is. Hulle verwys nie eers na die een persent Aborigenes nie.

"Hoe durf 'n Asiër in Chinese skrif op sy winkel se uithangbord skryf!" maak die busbestuurder verskoning teenoor my terwyl ons deur Sydney se strate ry. "Niemand verstaan daardie skrif nie. In Australië behoort alles in Engels te wees," voeg hy geïrriteerd by.

Ek dink aan Suid-Afrika met sy elf amptelike tale en oor hoe min hierdie Australiër van kultuurverskille verstaan.

Ons besoek die nasionale radiostasie. Die radiohoofde verduidelik opgewonde aan ons hoeveel tale en kultuurgroepe daar eintlik in Australië is. Die radio het vir elke groep 'n eie radiostasie. Ek is beïndruk. Dit was onbillik van my om alle Australiërs te kritiseer ná een busbestuurder se opmerkings oor Chinese, berispe ek my weer.

"Het die Aborigenes ook 'n eie radiostasie?" vra ek.

"Natuurlik," antwoord die gids.

Ek vra in watter van die Aborigene-tale hulle uitsaai.

"Nee, ons kan dit nie toelaat nie. Ons saai net in Engels uit aan die Aborigenes en aan al die ander kultuurgroepe," kom die antwoord. "Anders sal die mense van hierdie kultuurgroepe nie goeie Australiërs word nie," verduidelik hy.

Van werklike respek vir ander se tale verstaan die radiohoofde ook min. Hulle assimilasie-oplossing verskil nie veel van die vorige geslag wit Australiërs wat Aborigene-kinders met geweld by hulle ouers weggeneem het nie. Die doel was toe om die kinders teen hulle sin Westers en Engels groot te maak en so die "Aborigene-probleem" op te los.

Elke aand vra my Suid-Afrikaanse toerkollegas 'n geleentheid om inkopies te gaan doen. Ek is 'n swak koper. Enkele aandenkings is vir my genoeg om tuis te gaan wys waar ons orals was. Van my ANC- en IVP-kollegas is egter koorsige kopers. Leerbaadjies, horlosies en elektriese toestelle is hulle eerste keuses. Ons beweeg saam in 'n groep van juwelierswinkel tot juwelierswinkel. Daarna besoek ons die winkels wat kameras, stereospelers en DVD-spelers verkoop.

Op versoek van 'n kollega doen ek navraag of 'n spesifieke Australiese elektriese apparaat in Suid-Afrika sal werk. Ons het driepunt- elektriese muurproppe met 220 volt-krag.

Die verkoopsman antwoord my en verduidelik daarna ongevraag aan my waarom hulle die Chinese in Australië *plugs* noem. Die Australiese muurprop het drie reghoekige skrefiepenne wat met 'n bietjie verbeelding 'n Chinese gesiggie kan wees. Hy pak daarna af oor hoe die Chinese tans alles in Australië oorneem.

"Hierdie is ons land en hulle hoort nie hier nie," voeg hy driftig by. Ek dink aan die Aborigenes wat reeds duisende jare daar woon en die debatte in Suid-Afrika oor wie die oorspronklike inwoners van die land was. Die verkoopsman het nie eers daaraan gedink nie.

Van Sydney vertrek ons na Canberra, Australië se hoofstad. Die stad is as hoofstad gebou en bestaan hoofsaaklik uit staatsamptenare.

Ek is moeg ná drie dae se amptelike afsprake en drie nagtelike inkopie-ekspedisies saam met die ander lede van die groep. Vanaand gaan ek net in my hotelkamer bly. 'n Mens leer baie van die denke en atmosfeer van 'n vreemde land deur net na hulle televisie te kyk. Aan die etenstafel verduidelik ek waarom ek nie vanaand saam gaan inkopies doen nie.

Ek het my net gerieflik ingerig voor die televisie toe daar 'n klop aan die deur is. Dit is een van die ANC-parlementslede. Hulle is almal in die voorportaal van die hotel en gaan nou Canberra in die nag verken. Hy nooi my om saam te gaan.

Ek maak weer verskoning dat ek moeg is; dat ek televisie wil kyk en herinner hom dat ek drie aande in Sydney saam met hulle die stad verken het. Hy verstaan en sal die boodskap aan die ander oordra.

'n Rukkie daarna is daar weer 'n klop aan my deur. Dit is 'n ander lid van die groep. Hy nooi my saam en sê dat hulle as groep in die hotelvoorportaal vir my wag. Ek herhaal my verskoning. Hy verstaan en sal dit so oordra.

Daar is werklik 'n derde keer 'n klop. Dit is nog 'n lid van die groep met dieselfde versoek aan my. Ná ek weer die uitnodiging van die hand gewys het, verras hy my met die rede vir hulle volgehoue aandrang. Hulle het in die voorportaal met mekaar gepraat en het besluit om my tog mooi te vra om vanaand weer, soos al die vorige aande, saam te gaan. Volgens hom is Australië en Canberra se bevolking so wit dat hulle bang is om as 'n swart groep alleen uit te gaan!

In Sydney het dit baie gehelp dat ek die hele tyd by hulle was, verduidelik hy. Waar hulle alleen sonder my was, het hulle swakker diens en 'n paar ongemaklike wit-swart situasies beleef. "As jy saamgaan, kan jy aan die mense verduidelik dat ons 'n parlementêre groep van Suid-Afrika is en so enige moontlike probleme voorkom," voeg hy by.

Ek is verstom en onkant betrap. Ek het geen verweer teen so 'n versoek nie. As wit Afrikaner vergesel ek hulle die aand. Ons bespreek die pryse van videokameras en ek gee my mening oor aankope. Ons kuier later in 'n restaurant en lag lekker saam oor elkeen se stories van ervarings in Australië en Suid-Afrika.

Die volgende dag kyk ek met rasse-oë na Canberra. Alles is wit. Die hele dag kom ons werklik nie een swart persoon teë nie. Waar daar nog Asiërs in Sydney was, sien ek nie een in Canberra nie. Ek onthou ook nou dat ek net een Aborigene in Sydney gesien het waar hy met musiek geld gebedel het. In Canberra sien ek nie een nie.

Ek dink aan die vorige aand se versoek van my kollegas en die Australiese politikus wat so meerderwaardig oor dom Afrikaners gepraat het. Wat sal hy hiervan verstaan? Gisteraand is 'n "dom" Afrikaner gevra om hulle teen moontlike "ongemaklike situasies omdat ons swart is" in Australië te beskerm! Natuurlik het ons in Suid-Afrika ook sulke probleme, maar growwe veralgemenings is altyd 'n fout.

In Australië is 92% van die bevolking wit en dan kla sommige oor die 7% Asiërs en 1% Aborigenes! Ek kan my nie 'n Suid-Afrika voorstel wat bestaan uit 92% Afrikaners, 7% Indiërs en 1% swartes nie – want dit sou die parallel wees!

Ek besluit dat ek genoeg rede gehad het om my te vererg vir die Australiese politikus se snedige verwelkomingstoespraak, bestaande uit oorvereenvoudigings en dubbele standaarde. My geïrriteerdheid daaroor is die vorige aand versterk toe die ANC- en IVP-parlementslede uit hulle eie daaroor begin praat het en hulle misnoeë teenoor my uitgespreek het oor die meerderwaardige Australiër en sy beledigings.

In die lig van my frustrasies vergun ek myself 'n lekker veralgemening. Ek koop by 'n obskure pro-Aborigene-winkeltjie 'n plakker wat lees: *Die Australiërs is 'n baie besondere volk. Hulle is elkeen met die hand uitgekies deur die beste regters in Brittanje!*

16
Buthelezi en Mandela – hierdie plek vra vir hierdie woorde

Meneer Mandela sal baie kwaad wees ná wat die naweek in KwaZulu-Natal gebeur het.

Dit is amper twee-uur die middag en die parlementêre klokkies lui skril en aanhoudend. Die lede kom gesels-gesels die raadsaal binne. Meneer Mandela sit reeds op sy sitplek. Dit is vreemd dat hy so ontspanne lyk. Hy maak grappies met lede wat op pad na hulle sitplekke by hom verbystap.

Die skrywer en doktor Buthelezi onderteken 'n ooreenkoms voor die 2004-verkiesing. Dit het daartoe gelei dat die IVP en die VF Plus ná die stadsraadverkiesing kon saamwerk om Richardsbaai te regeer en die ANC in die opposisiebanke in te dwing. (Erkenning: *Pretoria News*-fotograaf, Stephanie Oosthuizen)

Hy steek waarskynlik sy woede en frustrasie met doktor Buthelezi weg, omdat die joernaliste reg bokant hom in die persgalery sit, bespiegel ek. Ek was altyd verbaas oor die omvang van die respek waarmee hy doktor Buthelezi hier in die parlement hanteer. Buthelezi het selfs al 'n paar keer as president waargeneem. Ná die naweek se gebeure sal dit beslis nie weer gebeur nie.

Die oggend met teetyd het ons oor die Inkatha Vryheidsparty se groot jeugsaamtrek in Ulundi die afgelope naweek gesels. Buthelezi was die hoofspreker en het 'n woedende aanval op die ANC gedoen. Omdat televisienuus 'n lang gedeelte van sy toespraak uitgesaai het, weet almal daarvan. Die ANC-leiers is baie sleg vir Suid-Afrika, was die kern van sy toespraak. Hy het wel nie leiers by die name genoem nie, maar dit word as 'n regstreekse aanval op Mandela gesien.

Ons teekamer-gevolgtrekking was dat Mandela beslis vir Buthelezi uit die kabinet gaan skop[49] en dat ons 'n nuwe tydperk van spanning en konflik tussen die IVP en die ANC binnegaan. Vir die eerste keer gaan Mandela regstreekse aanvalle op Buthelezi in die parlement loods. Dit is eienaardig dat tot op hierdie tydstip daar nog geen sulke aanvalle op mekaar in die parlement was nie – dit nieteenstaande die bittere en bloedige ANC-IVP-stryd wat steeds in KwaZulu-Natal woed.

Ons hou die raadsaal se ingang dop. Dit sal interessant wees om Mandela se gesig te sien wanneer Buthelezi inkom.

"Buthelezi gaan nie vandag opdaag nie. So vermy hy die situasie," is een kollega se mening.

"Buthelezi is reeds uit die kabinet geskop en dit is hoekom Mandela so tevrede lyk," is 'n ander se mening.

Skielik verskyn Buthelezi in die deur. Hy moet naby Mandela verbystap. Met sy hande in 'n amperse gebedsposisie voor sy bors groet hy deur sy kop na Mandela te buig. Dit is 'n erkende gebaar om respek te toon. Mandela groet vriendelik terug. Ons kan hoor hoe die twee gemoedelik gesels en selfs grappe met mekaar maak. Daar is geen teken van spanning of ongemaklikheid nie.

---

[49] Die president bepaal wie in sy kabinet dien en wie nie. Meneer Mandela het doktor Buthelezi as minister van binnelandse sake aangestel in sy eerste kabinet ná 1994 se verkiesingsoorwinning.

Ná die samewerkingsooreenkoms tussen die VF Plus en die IVP het die media gespot met almal wat Buthelezi se guns in die openbare lewe soek. (Erkenning aan Lou Henning en *Rapport*, 4 April 2004.)

"Dalk het hulle vanoggend 'n gesprek gehad en die probleme uitgepraat," is al verklaring wat ons kan uitdink vir die eienaardige gedrag.

Gelukkig sit die IVP-parlementslede net regs van ons. Ek leun oor en vra aan een van hulle ouer lede of daar vanoggend 'n gesprek tussen Mandela en Buthelezi was.

"Nee, glad nie. Waarom vra jy?" is sy reaksie.

Ek verwys na die Ulundi-jeugberaad, Buthelezi se verwoestende toespraak en ons teekamer-voorspellings. Die IVP-lid verstaan nie my probleem nie.

Ek begin weer voor en verduidelik hierdie keer meer volledig van die spanning en moontlike kabinetskommeling na aanleiding van Buthelezi se aanvalle op die ANC.

Die skrywer in sy kantoor by eksemplare van die *Hansard* wat verskyn het sedert hy lid van die parlement geword het. Thomas Hansard het in 1809 die Britse parlementêre debatte volledig begin aanteken en uitgee. Tot vandag word dit in die meeste Westminster-gebaseerde stelsels so genoem.

Hy is duidelik geamuseerd met my politieke voorspellings en "Westerse" denke wat volgens hom heeltemal verkeerd is.

"Daar is beslis nie sprake van spanning of 'n kabinetskommeling nie," verseker hy my. Hy reken dit is nodig om aan my 'n lessie in Afrika-politiek te gee.

"Meneer Mandela verstaan van woorde en van die politiek," begin hy. "Daarom verstaan meneer Mandela dat dáárdie plek, dit is nou Ulundi, vir daardie spesifieke woorde van die naweek gevra het en dat hiérdie plek, dit is nou die parlement, vir ander woorde vra," verduidelik hy met erns aan my.

Ek is verstom en onkant betrap. Is dit die totale verduideliking? Kan dit so eenvoudig en tog ook so ingewikkeld wees?

In my politieke wêreld het woorde baie spesifieke betekenisse. Jy kan nie op een plek so praat en dan op 'n ander plek anders praat en dink jy gaan polities lank oorleef nie.

Van die beste aanvallende toesprake wat ek voor 1994 in die parlement gehoor het, was waar iemand met goed nagevorste aanhalings uit

Hansard[50] aangetoon het hoe 'n ander parlementslid die vorige jaar nog een ding gesê het en nou die teenoorgestelde verkondig.

Daarvoor het jy die ander lid se toespraak volledig op skrif nodig. Dit is waar *Hansard* inkom. As 'n parlementslid in daardie tyd vroegmiddag 'n toespraak gehou het, kon jy die volledige geskrewe weergawe van die toespraak by *Hansard* kry voor jy die aand huis toe gaan. Dit gee jou kans om jou opponent se presiese woorde te gaan ontleed en so jou eie reaksie daarop voor te berei vir die volgende dag se debat. Vandag is dit nie meer moontlik nie. As jy gelukkig is, kry jy nou 'n kopie van jou eie toespraak twee maande nadat jy dit gehou het! Om nie eers te praat van iemand anders se toespraak nie! Die gebinde *Hansard*-boeke, wat jaarliks verskyn het, is nou meer as drie jaar agter!

As ek nie Attie van Niekerk se boek, *Saam in Afrika*[51] gelees het nie, sou ek niks van al hierdie sake verstaan het nie. Van Niekerk skryf soos volg oor sy jare lange ervaring as sendeling, professor en studentedekaan by die Universiteit van die Noorde Turfloop: "… dat taal dikwels nie gebruik word om feite en gevoelens waar en betroubaar te formuleer, om dit wat ons die werklikheid noem, presies weer te gee nie … Dit gaan … om voordeel te behaal – om mag, nie soseer om waarheid nie. Daarom kan heftige woorde van een oomblik met handomkeer die volgende oomblik op hul kop staangemaak word as omstandighede verander. Daarin lê vir die Afrika-mens geen teenstrydigheid nie. Op 'n manier is die 'ek' wat nou die een ding sê, nie die 'ek' wat netnou 'n ander storie praat nie."[52]

Ek is baie bewus daarvan dat 'n mens baie versigtig moet wees om te veralgemeen. Daarom kan ek Van Niekerk se standpunte nie op alle ANC-lede van toepassing maak nie. Aan die ander kant, as sy standpunte korrek is, help dit baie sake verklaar.

Die IVP en Buthelezi het daarin geslaag om in die media en by die publiek 'n beeld van sterk opposisie teen die ANC op te bou. Terselfdertyd sit verskeie IVP-ministers reeds jare gemaklik in die ANC-kabinet.

Die NP en meneer F.W. de Klerk kon dit nie regkry nie. Jy is óf in die

---

[50] *Hansard* is die Britse naam wat aan die volledige en woordelikse, gedrukte verslae van alle parlementêre debatte gegee word.
[51] Van Niekerk, Attie, *Saam in Afrika*. Kaapstad: Tafelberg, 1992.
[52] Van Niekerk, p. 34

kabinet en ondersteun die ANC se beleid, óf jy is daarbuite en kritiseer die ANC, was die opsomming van hulle standpunt. Daarom is dit beter vir die NP om sy ministers uit die kabinet te onttrek ten einde 'n groter opposisierol te kan speel, het De Klerk geargumenteer. Albei rolle, binne die ANC-kabinet en terselfdertyd krities teenoor die ANC, soos die IVP dit doen, was volgens hierdie, meer "Westerse" benadering van die NP, nie moontlik nie.

"Dit is net die katfamilies in die diereryk wat kan 'vry' en 'baklei' gelyk," het 'n wyse oom aan my gesê toe ek hierdie tipe politiek aan hom probeer verduidelik het.

Hierdie "Westerse" en "Afrika"-benaderings moet nie op 'n oorvereenvoudigde manier regstreeks na wit en swart mense in Suid-Afrika herlei word nie. Baie van die swart ANC-exiles en verskeie jonger swart lede se aanslag sou ek beskryf as meer Westers. Meneer Mbeki se denke en benadering is baiekeer meer Westers as Afrika. Dit mag verklaar waarom Mandela vir Buthelezi in sy kabinet gehou het, maar Mbeki nie.

En *Hansard*? Is dit tans so vér agter omdat onervare mense daar aangestel is en die administrasie swak is? Ek dink so. Of is dit agter omdat Van Niekerk reg is en woorde se betekenis van situasie tot situasie kan verskil? Dit maak dalk die presiese aanteken daarvan nie meer so belangrik nie.

Oor onderhandelinge skryf Van Niekerk: "In onderhandelinge skep dit (dit is die wyse waarop woorde gebruik word) probleme. So kan mense op een komitee of vergadering een standpunt of strategie geesdriftig ondersteun, terwyl hulle in 'n ander groep presies in die teenoorgestelde rigting werk – met ewe veel geesdrif. Die teenstrydigheid kan ook oor lang tydperke volgehou word. Die een ding sluit die ander nie uit nie, soos ons dit wil hê."[53]

Kan Van Niekerk ook verklaar waarom Mandela en Buthelezi nog nooit openlik in die parlement gebots het nie?

Hy skryf: "Tradisionele beleefdheidsgebruike in Afrika lei dikwels tot 'n indirekte vorm van praat. Negatiewe en onaanvaarbare dinge mag nie direk gesê word nie, maar moet op 'n indirekte wyse, op 'n beleefde en positiewe manier, gesê word."[54]

---

[53] Van Niekerk, p. 35
[54] Van Niekerk, p. 35

Verklaar dit waarom die DA se aggressiewe debatstyl so goed afgaan by wit, bruin en Indiër-kiesers buite die parlement, maar so totaal ondoeltreffend is binne die raad en by swart kiesers? "Hierdie plek vra vir hierdie woorde, en daardie plek vir ander woorde," het die gryse en wyse IVP-parlementslid my probeer leer.

Ek het nie die antwoorde op al bogenoemde vrae nie. Ek wonder wel of die NP-onderhandelaars van al hierdie dinge geweet het toe hulle oorkant die ANC stelling ingeneem het om die nuwe grondwet te onderhandel.

17

Leiers wat teleurstel

"Wat het 'n brug en 'n verraaier in gemeen?" vra 'n vriend. "Albei gaan oor na die ander kant!" sê hy en lag vir sy eie antwoord.

My oupa De Wet het generaal J.B.M. Hertzog se foto van die muur afgehaal en in die agterplaas gaan verbrand omdat hy "oorgegaan het na die ander kant".

In sy studeerkamer het vyf Afrikanerhelde se foto's gehang: president Kruger, president Steyn, generaal De Wet, generaal De la Rey en generaal Hertzog. Hy was so teleurgestel in Hertzog dat hy besluit het om nooit weer 'n foto van 'n leier op te hang voordat hy dood is nie. Dit was 1934 en Hertzog en Smuts het sopas besluit om polities saam te smelt.

Ek het hierdie storie meer as een keer as 'n lewensles by my ma Suzanne gehoor. Sy het dan die Bybelse vermaning bygevoeg: "Vertrou nie op prinse nie."[55]

"Jy is nie werd om generaal Kemp se skoene skoon te maak nie," het 'n parlementslid in dieselfde emosionele tyd Paul Sauer toegesnou nadat hy Kemp oor die smeltersbesluit aangeval het.[56]

Paul Sauer se vinnige reaksie was: "Ek wil nie sy skoene skoonmaak nie, ek bly weg van voete van klei!"[57]

Afrikaners kan onverbiddelik wees as hulle reken 'n leier het hulle

---

[55] Ps. 146:3 (1933-vertaling): "Vertrou nie op prinse, op die mensekind, by wie geen heil is nie."
[56] Generaal Kemp, wat as 'n rebel in 1914 in die tronk was en eers 'n lid van die Nasionale Party was, het saam met Hertzog "gesmelt" om die Verenigde Party te vorm. Paul Sauer, as NP-parlementslid, was daaroor baie teleurgesteld in Kemp wat hy hoog geag het.
[57] In Dirk en Johanna de Villiers se boek: *Paul Sauer*, p. 59.

Tydens 'n leierskursus. Middel, vlnr: Piet Strauss (later moderator van die NG Kerk), Pieter Mulder, Koos Kruger (skoolhoof en kultuurman van KwaZulu-Natal). Voor, links: Roelf Meyer.

teleurgestel en "het voete van klei". Nog 'n voorbeeld: Tydens 'n politieke vergadering van minister Dirk Uys[58] spring 'n man agter in die saal op om 'n mosie van wantroue in die "swak minister" in te dien. Om die situasie te red, maak die voorsitter 'n reëling: "Geen mosies sal vanaand oor die minister toegelaat word nie."

Ná die minister se toespraak spring dieselfde man weer op. Hy verseker die voorsitter dat hy nie 'n mosie van wantroue in die minister wil indien nie. Hy wil 'n mosie van wantroue in die Zoeloe-leier Dingaan indien.

Sy mosie lui toe dat Dingaan die verkeerde Dirk Uys doodgemaak het. Hy moes eerder hierdie minister gegryp het! Hy het natuurlik verwys na die Voortrekkerleier Piet Uys se seun Dirkie wat in 1838 deur die Zoeloes doodgemaak is.

In my studentedae het ek Roelf Meyer leer ken en baie van hom gehou. Sy vrou Carene het saam met my vrou vir die universiteit se eerste netbalspan gespeel.

Later as 'n jong dosent het ek saam met Roelf gedien in die bestuur

---

[58] Dirk Uys was in die sestigerjare minister van landbou.

van 'n Afrikaner-kultuurorganisasie en dikwels met 'n vergadering by hom en sy vrou oorgebly. Ná so 'n vergadering is tot laat in die nag politiek gesels. Saam was ons krities oor swak ministers of bly oor sekere politieke verwikkelinge.

"Pasop vir Roelf Meyer. Hy het nie vriende nie, net kontakte," het 'n oud-studentemaat van Roelf my in hierdie tyd ernstig gewaarsku.

"Moenie bekommer nie," het ek laggend gereageer. "Ek ken Roelf Meyer baie goed. Ons het 'n week lank saam 'n sensitiwiteitsopleidingskursus gedoen waar ons mekaar deeglik leer ken het."

In 1979 moet Johannesburg-Wes-kiesafdeling 'n nuwe parlementslid kry. RAU se rektor en verskeie ander prominente ouer persone se name word genoem, maar uiteindelik word Roelf Meyer as nuwe NP-parlementslid verkies. Ek is bly om sy onthalwe en oor die jonger bloed.

'n Paar maande nadat Roelf parlement toe is, vra ek hom wat presies die vorige week se botsing in die NP veroorsaak het. Omdat ek in 'n politieke huis grootgeword het, weet ek dat die amptelike storie na buite meestal verskil van dit wat werklik agter die skerms gebeur het. Roelf rammel die minister se mediaverklaring af soos ek dit in die koerant gelees het. Ek stel nie daarin belang nie, want ek weet dit reeds. Met nog vrae probeer ek die feite agterkom, maar Roelf hanteer my amptelik en korrek soos hy met 'n verslaggewer sal maak. Dit was vir my duidelik dat die eerlike, laatnagse politiek gesels met Roelf vir altyd verby is.

Een keer 'n jaar besoek ons kultuurbestuur die parlement waar daar onder andere gesprekke met ministers gevoer word. Omdat dit 'n kultuurorganisasie is, val die klem van die gesprekke op kultuur en nie politiek nie. Roelf, as NP-parlementslid maar terselfdertyd voorsitter van ons kultuurorganisasie, reël dit.

Op pad van die lughawe na die parlement stop die bussie waarin ons almal ry by Kaapstad se treinstasie. Roelf verduidelik aan my dat ek nie kan saamgaan na die gesprekke met die ministers en die ete in die parlement nie. Hulle gaan my hier by die stasie aflaai. Sedert ons vorige besoek het die Inligtingsdebakel plaasgevind en is my pa uit die NP geskors. Dit gaan 'n verleentheid wees as ek saam met die kultuurbestuur by die parlement opdaag!

Ek maak heftig beswaar. Ek is vanjaar demokraties herkies as Wes-Transvaal se verteenwoordiger op die kultuurbestuur. Tydens my verkiesing was almal op hoogte van die Inligtingsdebakel en het hulle my steeds verkies. Roelf kan my nie net uitknikker en so Wes-Transvaal sy verteenwoordiging ontneem nie. Ons is immers 'n kultuurorganisasie en nie 'n partypolitieke organisasie nie.

My argumente maak geen indruk op hom nie. Die bussie met die res van die bestuur sal my om twee-uur die middag weer oplaai nadat hulle in die parlement klaar saam met die minister geëet het.

As laaste opmerking vra ek Roelf om aan die betrokke minister, wat my goed ken, te sê dat dit Roelf Meyer se besluit was dat ek nie die gesprek sal bywoon nie. Ek wil nie hê dat die minister moet dink ek is bang of so kleinlik om 'n gesprek met hom te boikot nie!

Terwyl Roelf en die bestuur in die parlement saam met die minister eet, koop ek vir my 'n worsrolletjie op die stasie. Ek is kwaad en meer vasbeslote as ooit dat Roelf my nie op hierdie wyse sal uitskakel nie. Hulle eet so lekker dat hulle my eers drie-uur oplaai.

My gevolgtrekking is dat die besluit om my af te laai, niks met die kultuurorganisasie se belange te doen het nie. Die besluit gaan suiwer oor Roelf Meyer se loopbaan en oor sy politieke risiko om saam met my gesien te word. Ek kan nie anders as om aan die vroeër waarskuwing te dink nie: "Hy het nie vriende nie, net kontakte."

Hierna is ek en Roelf albei by Kemptonpark se grondwetlike onderhandelinge waar die verhouding tussen ons styf en korrek is.

Enige persoon wat gedink het dat Suid-Afrika in die negentigerjare kon aangaan soos altyd, was nie realisties nie. Die meeste partye by die onderhandelinge het saamgestem dat daar verandering moet kom. Die groot verskille was die onderhandelaars se vertrekpunte.

Roelf se onderhandelingsopdrag het gekom van die 1989-verkiesing en die 1992-referendum waar die NP 'n mandaat van sy kiesers gevra het om "magsdeling" en "groepsbelange" te onderhandel. Die NP se 1989-verkiesingsmanifes beloof 'n demokrasie waarin groepe as die basiese boustene van die stelsel erken sal word. Groepe sal oor hulle eie sake beskik en met magsdeling sal geen groep die ander kan oorheers nie. In 1992 se referendum het 'n NP-plakkaat nog geskreeu: *Staan meerderheidsregering teen: Stem Ja*. Van die wit kiesers het 69% hiervoor "ja" gestem.[59]

---

[59] Hermann Giliomee behandel dit volledig in *Die Afrikaners*, p. 590–599.

'n Spotprent wat aandui hoe die regering en Roelf Meyer van magsdeling na meerderheidsregering beweeg het.

In die wêreld is daar talle voorbeelde waar eie sake en magsdeling gebruik word om groepe te akkommodeer. Switserland het kantons waarbinne groepe se eie sake hanteer word terwyl die mag op sentrale vlak so gedeel word dat die presidentskap tussen die verskillende groepe roteer.[60] F.W. de Klerk het in hierdie tyd 'n roterende president op die Switserse model voorgestel.[61]

Spanje het 'n federasie waar die Baske en Kataloniërs se taal die amptelike taal in sekere provinsies is. Oorkoepelende sake soos buitelandse sake en verdediging word deur die sentrale Spaanse regering hanteer.

België en Estland het eie rade vir kultuurgroepe. In hierdie rade kan minderheidsgroepe besluite neem oor onderwys, taal, kultuur en ander sake wat hulle regstreeks raak.

---

[60] Vergelyk Wolf Linder se boek *Swiss Democracy; Possible Solutions to conflict in Multicultural Societies*, p. 16 e.v.
[61] *Beeld*, 11 Desember 1991, p. 15, "Die nuwe grondwet: So dink die hoofspelers" en *Die Burger*, 20 September 1991, p. 15.

By Kemptonpark se onderhandelinge sien ek geen teken dat Roelf bekommerd is oor groepsregte of enige eie sake nie. Sy kiesers se mandaat is duidelik vergete in sy drif om tot elke prys en so gou as moontlik 'n skikking met Cyril Ramaphosa te kry.

Ons en die IVP eis dat ondersoek ingestel word na hoeveel magte volledig na die provinsies gedelegeer kan word om die sentrale regering se mag te beperk. Daarmee kan ons 'n tipe federasie onderhandel.

Roelf en sy amptenare rapporteer terug dat daar baie min, indien enige, funksies is wat so na provinsies gedelegeer kan word. Sedert 1910 word Suid-Afrika baie sentraal geregeer en die amptenare en hulle minister kan nie federaal dink nie, is my gevolgtrekking.

Donald Horowitz is 'n hoogs gerespekteerde buitelandse kundige wat in etniese konflikte spesialiseer. In 1991 verskyn 'n boek van hom oor Suid-Afrika waarin hy voorspel dat as jy hier 'n eenvoudige meerderheidsregeringstelsel instel, verkiesings slegs 'n sensus sal word oor watter ras of etniese groep die grootste is. Ná so 'n sensus-verkiesing sal hierdie groep alleen regeer en alle ander minderhede permanent uitskakel.[62]

Dit was vir my duidelik dat Roelf en die NP-span presies hierop afstuur. Omdat die saak so ernstig was, besluit ek om nog een keer met Roelf alleen te probeer praat oor waarheen die proses na my mening gaan. Dalk is daar iets oor van die ou Roelf en die verhouding wat ons gehad het waarop ek my kan beroep in belang van die toekoms.

Ek skep so 'n gespreksgeleentheid en lug my mening dat ons gaan eindig met 'n eenvoudige meerderheidsregering waarin minderhede uitgelewer is. "Groepe" as boustene van 'n skikking word geïgnoreer en ek sien niks van sy mandaat vir "magsdeling" nie. Ten slotte vra ek hom of hy die magteloosheid en frustrasies besef wanneer jy alle mag, ook oor jou eie sake, verloor.

Ek slaag nie. Uit sy reaksie is dit duidelik dat hy nie meer in terme van groepe as deel van die Suid-Afrikaanse werklikheid dink nie.[63] Ná die onderhandelinge het Roelf in Belfast, Noord-Ierland gesê: "Ons in

---

[62] Kyk Herman Giliomee se *Die Afrikaners*, p. 594 en Donald L Horowitz se boek *A Democratic South Africa? Constitutional Engineering in a Divided Society*, 1991. Horowitz was professor in politieke wetenskap aan verskeie Amerikaanse universiteite, waaronder Harvard.

[63] *Volksblad*, Dinsdag 30 Januarie 2001, p. 3.

Suid-Afrika het wesenlik geen verskille gehad om te besleg nie. Dit was net die eenvoudige kwessie van kleur of ras wat ons uitmekaar gehou het. Ons moes die probleem verwyder deur na mekaar uit te reik en mekaar te ontdek as menslike wesens."[64]

Die VSA werk reeds baie dekades hard aan hulle rasse- en groepsprobleme. Hulle probleme, met 12% Afro-Amerikaners wat Engels praat, is baie minder ingewikkeld as Suid-Afrika s'n is. Die jaar wat ek daar gewoon en gestudeer het, het ek net weer besef hoe sterk hierdie werklikheid van groepe ná al die jare steeds in die VSA is. Daarom is dit beter om dit as 'n werklikheid in Suid-Afrika te erken en dit dan grondwetlik te akkommodeer. Nêrens in die wêreld het groepe oornag verdwyn net omdat ons mekaar as "menslike wesens ontdek" het nie!

Roelf en sy span se vertrekpunt op hierdie tydstip was dieselfde as die ANC s'n. Telkens as daar 'n botsing gekom het oor byvoorbeeld meer federale magte na provinsies was ons (die latere VF) en die IVP aan die een kant met Roelf en die ANC aan die ander kant.

Die naaste wat die grondwet aan groepsregte kom, is in artikels 31, 185 en 235.[65] Hierdie artikels het ons as latere VF, sonder Cyril Ramaphosa en Roelf Meyer, met Thabo Mbeki en Jacob Zuma onderhandel.[66] Dat ons dit uit 'n swak bedingingsposisie kon regkry, laat die vraag ontstaan hoeveel meer moontlik was uit Roelf se regeringsmagsposisie.

Kort voor die einde van die onderhandelinge roep Roelf ons na sy kantoor. My broer Corné kan dit moeilik inpas omdat hulle sopas 'n babadogter ryker geword het. Ons berei ons voor om vir oulaas ons gedagtes vir 'n werklike skikking vir Suid-Afrika aan Roelf te probeer verkoop. Roelf stel nie in ons gedagtes belang nie. Hy is baie opgewonde om aan te kondig dat die ANC ingewillig het tot 'n oorgangsregering vir vyf jaar. In die praktyk beteken dit dat enkele NP-ministers nog vyf jaar in die kabinet sal sit.

---

[64] Hermann Giliomee, *Die Afrikaners*, p. 598.
[65] Artikel 31 beskryf hoe persone wat aan 'n kultuur- godsdiens- of taalgemeenskap behoort, gesamentlik hierdie regte mag uitoefen; Artikel 185 stel 'n kommissie in vir die bevordering en beskerming van die regte van kultuur-, godsdiens- en taalgemeenskappe. Die kommissie kan rade vir so 'n gemeenskap erken; Artikel 235 maak selfbeskikking binne 'n territoriale entiteit vir 'n gemeenskap moontlik.
[66] *Hansard*, 24 April 1996, kol. 174–175: Toespraak in die parlement, doktor C.P. Mulder.

Corné se reaksie namens ons was: "Roelf, oor vyf jaar verval jou oorgangsregering en regeer die ANC alleen. Dan is my dogter, wat nou gebore is, vyf jaar oud en lê haar lewe nog voor. Wat bied jy aan haar in hierdie land vir die res van haar lewe?"

Toe die grondwetlike sake in Kemptonpark afgehandel is, was daar die aand 'n spontane partytjie en dans waaraan hoofsaaklik die NP- en ANC-onderhandelaars deelgeneem het. Cyril Ramaphosa, as die ANC se hoofonderhandelaar, het later hieroor op 'n BBC-TV- dokumentêre program gesê: "I was able to see Roelf Meyer for the first time dancing on the floor where we were having this party, he was quite happy, he was quite jovial – and I kept wondering whether I would have been as happy as he was if I was in his position – having finely given in, in the way that they had."[67]

Corné se babadogter was slegs twee jaar oud en nie vyf nie, toe die NP in 1996 eensydig uit die regering van nasionale eenheid onttrek het[68]. NP-kiesers het skielik met 'n skok agtergekom hoe magteloos minderheidsgroepe werklik in die nuwe bedeling was en hoe min daar vir hulle onderhandel is.

By 'n kongres kort hierna verduidelik Roelf Meyer aan die NP se vroue-aksie wat die NP se nuwe planne is: "Ons visie in die NP is om in 2004 weer aan die bewind te wees. Om dit te bereik, sal ons reeds in die verkiesing van 1999 groot steun van die ANC moet wegrokkel."[69]

Wat het van hierdie plan geword? Waar die NP in 1994 se verkiesing 82 setels gewen het, kon hulle in 1999 net 28 wen. In 2004, Roelf se datum vir 'n NP-oorname, het dit tot sewe setels verminder. Daarna het die NP ontbind en het die meeste van sy verkose lede by die ANC aangesluit.

Roelf is uit die NP en het eers 'n draai by Bantu Holomisa se UDM gemaak voordat hy aangekondig het dat hy uit die parlement gaan bedank. Ek kry hom hierna in die parlementsgebou se gange en vra waarom hy bedank. Hy vertel my van sy frustrasies en die magteloosheid om in die opposisie te sit sonder enige werklike mag. Ek dink aan ons persoonlike gesprek tydens die onderhandelinge toe ek met presies daardie woorde Roelf gewaarsku het "oor die magteloosheid en frustrasie wan-

---

[67] Video-opname van die BBC-program in skrywer se besit.
[68] Op 30 Junie 1996 het die NP amptelik uit die regering van nasionale eenheid onttrek. Die IVP-ministers het nog in die kabinet aangebly.
[69] *Beeld*, 2 Augustus 1996, p. 2: "NP wil in 2004 die bewind by die ANC oorneem."

'n Spotprent oor Roelf Meyer wat, ná hy lid van die NP en die UDM was, by die ANC aansluit. (Erkenning aan Frans Esterhuyse, *Beeld*, 4 September 2006.)

neer jy alle mag, ook oor jou eie sake, verloor". Met die koeël deur die kerk was ek te vies om weer met hom hieroor te argumenteer. Ek het net gegroet en aangeloop.

Roelf het in die 2004-verkiesing, die verkiesing waar die NP volgens hom weer aan bewind moes kom, vir die ANC gestem.[70] Daarna het hy by die ANC aangesluit.

Israel en die Iere het al 'n paar keer afvaardigings na Suid-Afrika gestuur om meer van ons onderhandelinge te leer. Ná ek hulle toegespreek het, vra hulle aan my hoe dit moontlik is dat Roelf Meyer nou by die ANC, sy onderhandelingsopponent, kon aansluit. In hulle wêreld beteken dit dat Jasser Arafat, as Palestynse hoofonderhandelaar, by die Israelse konserwatiewe Likud-party aansluit of dat Jerry Adams, leier van die Iere, lid van die Britse Konserwatiewe party word.

---

[70] Vergelyk *Rapport*, 11 April 2004, p. 2.

Generaal Hertzog is in 1942 dood. Hy het geglo dat "samesmelting met die ander kant" in die beste belang was van die Afrikanersaak. Toe dit in 1939 skeefloop, het hy dit erken en die prys betaal deur die Eerste Ministerskap te verloor. Hy is eensaam en verstote dood. My oupa was baie teleurgesteld in Hertzog, maar het ná Hertzog se dood geoordeel dat, nieteenstaande sy foute, hy lojaal gebly het aan sy "Suid-Afrika eerste"-benadering. As een van ons grootste staatsmanne het Oupa in later jare sy foto weer opgehang.

Roelf Meyer het geoordeel dat sy onderhandeling en "samesmelting met die ander kant" die regte ding is om te doen. Ek is baie teleurgesteld in hom. Ek glo die tyd en die geskiedenis sal my reg bewys dat daar geen parallel tussen generaal Hertzog en Roelf Meyer is nie.

18

Die NP kies 'n nuwe leier – nou moet Dominee asseblief help

Die Nasionale Party kies vandag 'n nuwe leier.[71] Die uitslag sal om elfuur oorkant die parlement by die Marksgebou bekend gemaak word. Dit volg nadat F.W. de Klerk aangekondig het dat hy uit die politiek tree.

Ek staan van ver af en kyk na die gedoente voor die Marksgebou. Dit was al elfuur. Te oordeel na die hoeveelheid luidsprekers maak die NP hulle reg vir duisende belangstellendes. Die organiseerders het mikrofone by die gebou se ingang opgestel met twee reuse luidsprekers weerskante daarvan. Daar is ook 'n derde en 'n vierde luidspreker verder weg.

Mense stel nie so belang in die verkiesing van opposisieleiers nie. Toe die DP 'n nuwe leier gekies het, was daar 'n mediakonferensie ná die tyd, maar geen groot openbare byeenkoms nie.

In die ou dae was die verkiesing van 'n NP-leier baie belangrik, want so 'n persoon was ook outomaties die land se nuwe president.

Op 13 September 1966 het die NP so 'n nuwe leier verkies. Die radio het die gebeure lewendig van voor die parlementsgebou uitgesaai. 'n Groot skare het reeds van vroegoggend af spontaan begin saamdrom om te hoor wie verkies word. Die atmosfeer was ernstig, gedemp en gespanne. Al wat 'n joernalis en 'n fotograaf is, was afwagtend en malend voor die gebou.

Die stemmery het binne die NP-koukuskamer in die parlementsgebou plaasgevind. Die persoon wat verkies is, sou saam met die hoofsweep van die party eerste by die parlementsdeure uitkom en op die senaatstrappe verskyn. John Vorster het eerste verskyn. Terwyl die res van die NP se koukuslede hulleself agter hom opgestel het, het hy sy

---

[71] Dinsdag, 9 September 1997.

vrou nader geroep en gesoen. Daarna het hy die skare toegespreek as nuwe NP-leier, maar ook as nuwe Eerste Minister van Suid-Afrika.

As skoolkind onthou ek die foto wat daardie tyd geneem is. In die middel staan 'n pratende Vorster met rondom hom die stroewe NP-parlementslede wat hulle eendragtigheid met die nuwe leier betoon. Een koerant se onderskrif by die foto was: "Do you want to fight these men?"

Op 28 September 1978 is dieselfde gebeure herhaal met die verkiesing van P.W. Botha as nuwe NP-leier.

Vanoggend probeer die NP dieselfde doen. Tog is alles anders.

As 'n opposisieparty is die NP se koukuskamer nie meer in die parlementsgebou nie, maar in die Marksgebou oorkant die straat. Daarom gaan die nuwe leier nie by die parlementsgebou se deure uitkom om op die indrukwekkende senaatstrappe te kan staan nie. Die Marksgebou se ingang is klein, onindrukwekkend met geen trappe om op te staan nie.

Hoewel die nuwe NP-leier enige oomblik by die Marksgebou se ingang kan verskyn, is daar nog geen skare wat spontaan saamdrom om te hoor wie verkies is nie. Langs die een luidspreker is 'n skoonmaker besig om blare bymekaar te hark. Mense loop soos gewoonlik in en uit by die Marksgebou se ingang en wonder waarom die mikrofone daar staan.

Ek wonder ook ... maar nie oor die mikrofone nie. Ek wonder wie die nuwe leier gaan wees en wie hy gaan toespreek.

Roelf Meyer was lank die kroonprins wat by F.W. de Klerk sou oorneem. De Klerk het hom aangestel as hoof van 'n NP-taakspan wat oor die toekoms van die party ná 1994 se verkiesing moes besin. Volgens skinderstories was sekere NP-parlementslede nie gelukkig met Meyer se aanbevelings nie en het hulle hom, onder leiding van Marthinus van Schalkwyk, uit die party gewerk. Meyer het in Mei uit die NP bedank en is besig om sy eie politieke party te stig.[72]

Nou is Van Schalkwyk die gunsteling om vandag verkies te word, omdat hy glo "F.W. se man" is. Die ander kandidate is Kraai van Niekerk, Danie Schutte en Sam de Beer.

'n Bus het sopas 'n klompie NP-ondersteuners by die hek afgelaai. Dit

---

[72] Meneer Roelf Meyer het op 17 Mei 1997 uit die NP bedank. Op 27 September 1997 vorm hy en generaal Bantu Holomisa saam 'n nuwe politieke party, die UDM. Meneer Meyer het in Augustus 2006 by die ANC aangesluit.

is hoofsaaklik plattelandse vroue wat iewers opgelaai is vir die byeenkoms. Daar sal nou darem 'n gehoor wees vir die nuwe leier. Die NP-organiseerders deel T-hemde en vlaggies aan hulle uit en gee opdragte oor hoe en wat hulle moet skreeu.

Doktor Johan Steenkamp hang by 'n venster op die vierde vloer van die Marksgebou uit. Hy kyk af ondertoe om te sien of daar al iets by die mikrofone gebeur.

Doktor Steenkamp is 'n NP-parlementslid, maar hy mag nie vandag aan die stemming deelneem nie. Hy is 'n persoonlike vriend van Roelf Meyer en is tydelik uit die NP geskors omdat hulle vermoed dat hy na Meyer wil oorloop.

Die klein skaretjie is uiteindelik mooi opgestel voor die Marksgebou se ingang. Die nuwe leier moet nou net verskyn.

Douglas Gibson, DP-hoofsweep, kom aangestap na sy kantoor in die Marksgebou. Die atmosfeer voor die Marksgebou is nie ernstig, gedemp en gespanne soos met vorige NP-leiers se verkiesing nie. Die toeskouers skeer gek, is lusteloos en verveeld.

Gibson kyk op en sien Johan Steenkamp by die vierde vloer se venster uithang. Gibson kan 'n terggees wees as hy wil.

"Johan, moet asseblief nie spring nie. Dit is nie so erg nie. Kom sluit eerder by ons aan!" skreeu hy vir Steenkamp.

Gibson is nou by die gebou se ingang en hy stap verby die mikrofone. Hy kan nie die versoeking weerstaan om terug te draai nie. Toe die toeskouers weer kyk, verskyn Douglas Gibson agter die mikrofone. Die toeskouers is verward. Party juig en swaai die NP-vlaggies soos hulle aangesê is om te doen. Is dit nou die nuwe leier?

Gibson geniet die oomblik. Hy hou homself nuwe leier deur albei sy arms triomfantlik, soos 'n oorwinnaar, in die lug te gooi. Nou waai hy soentjies na die mense, terwyl hy agteruit in die Marksgebou in beweeg.

Vir die eerste keer sien ek enkele joernaliste. Niks van die gedruk en gemaal van joernaliste en fotograwe soos by vorige leiersverkiesings nie.

Daar is 'n roering by die Marksgebou se ingang toe F.W. de Klerk en daarna Marthinus van Schalkwyk verskyn. Van Schalkwyk is die nuwe leier. Verwoerd, Vorster, Botha, De Klerk en Van Schalkwyk. Hoekom klink dit of dit nie pas nie? Is dit omdat meneer Van Schalkwyk 36 jaar oud is?

F.W. de Klerk en Marthinus van Schalkwyk gooi nou hulle arms in die

Ná negentig jaar is die eens magtige NP tot niet – Verwoerd, Vorster, Botha, De Klerk en Van Schalkwyk. (Erkenning aan Lou Henning, *Rapport*, 18 April 2004)

lug – presies net soos Douglas Gibson enkele minute vantevore gedoen het. Die aangeryde skare waai hulle vlaggies en juig.

Die skoonmaker wat blare bymekaar hark, gaan voort asof niks gebeur het nie.

Die kunsmatigheid van die situasie sou eintlik amusant wees as dit nie so tragies was om die eens magtige NP so te sien nie.

Iemand stel Van Schalkwyk aan die woord. Die twee verste luidsprekers bulder eensaam die gepraat uit met niemand wat voor hulle staan om te luister nie. Hier is duidelik te veel luidsprekers vir die klein skare.

Twee parlementslede van 'n ander party stap verby en vra wat daar aangaan.

"Die NP het 'n nuwe leier gekies," antwoord iemand.

Hulle stap aan en vra nie wie verkies is nie.

Nou is dit Van Schalkwyk se beurt agter die mikrofoon. Hy praat gemaklik, maar die skare is lusteloos en kuier onderlangs met mekaar. Ek kry altyd die lugwaardinne jammer wat met soveel moeite die vliegtuig se veiligheidsmaatreëls aan die passasiers verduidelik, terwyl die passasiers met mekaar gesels, koerant lees en nie een na haar kyk nie. Van Schalkwyk moet nou dieselfde gevoel kry.

Die *Volksblad* het dit uitbasuin. (*Volksblad*, 18 Mei 2004)

Die gedeelte van sy toespraak wat wel aandag kry en die hardste en die meeste applous uitlok, is toe hy sê dat hy nie na die regering van nasionale eenheid met die ANC sal terugkeer net ter wille van poste in die kabinet nie.

'n Nagedagte: Enkele jare later[73] kondig Van Schalkwyk aan dat hy na die ANC oorloop en 'n kabinetspos gaan kry. Die meeste van die NNP se verkose parlementslede loop ook oor en die party gaan ontbind. Die *Volksblad*[74] is een van die koerante waarin dit voorbladnuus is.

'n Dominee wat ek goed ken, keer my in die straat voor. Hy verwys na die spesifieke koerantopskrif en vra my mening.

Wat moet ek sê? Die ANC is in 1912 en die NP in 1914 gestig. Ná 90 jaar regeer die ANC met 'n baie groot meerderheid en die NP is tot niet. Vir die eerste keer sedert 1915 is daar geen NP-parlementslid in die parlement nie.

"Dominee, kan jy my 'n guns doen?" vra ek hom.

Die dominee kyk my met 'n frons tussen die oë aan.

"Kan jy nie vir my reël dat ek hierdie koerant eendag met my kan saamneem as ek hierdie ou wêreld permanent verlaat nie? My pa is lank voor al hierdie gebeure dood. As ek hom daar bo ontmoet en ek vertel aan hom dat die Nasionale Party tot niet is, gaan hy my nie glo nie. As

---

[73] Junie 2004
[74] *Volksblad*, Dinsdag 18 Mei 2004, p. 1.

Marthinus gered en in die ANC-kabinet terwyl ander NNP-leiers doelloos om die sinkende wrak swem. (Erkenning aan Lou Henning, *Rapport*, 2 Mei 2004)

ek dan nog aan hom verder moet verduidelik dat die party se leier en die NP-parlementslede na die ANC oorgeloop het, gaan hy beslis dink my kop is deurmekaar. Al manier om hom te oortuig dat dit werklik gebeur het, sal wees as ek hierdie koerant kan saamneem om aan hom te wys," verduidelik ek skertsend.

Ek en die dominee lag lekker saam. Wat anders kan ons tans aan hierdie saak doen?

19

Travelgate, oom Hannes en vliegtuigkaartjies

Die boodskap sê ek moet Hannes Kock van Nylstroom dringend skakel. Oom Hannes is 'n terggees, maar ook 'n baie moeilike kieser. Hy sal jou gou vertel dat hy naby "Nylstroom" woon en nie naby "Modimolle" nie. As hy 'n probleem het, verwag hy dat dit dadelik opgelos moet word. Hy sal nie na die parlement in Kaapstad bel as dit nie dringend is nie.

Ek skakel terug en hy antwoord bars: "Kock hier."

Toe hy my stem hoor, begin hy dadelik sy probleem verduidelik. Die plaaslike amptenare is onbillik. Hulle reageer ook nie op sy skrywes nie.

Een van die spotprente oor die Travelgate-debakel. (Erkenning aan Frans Esterhuyse, *Beeld*, 30 Julie 2004)

110

Alles die nuwe Suid-Afrika en F.W. se skuld, pak hy polities af. Hy moet my onmiddellik persoonlik spreek.

Ek verduidelik dat ek nog twee weke in Kaapstad by die parlement is. Daarna kan hy my in Pretoria sien.

"Nee, dit is te lank – dan sien ek jou in Kaapstad," sê hy.

"Gaan Oom per motor of per bus ry?" vra ek.

"Nee, jy moet my afvlieg Kaapstad toe," eis hy.

Travelgate, die skandaal waar parlementslede hulle vliegtuigkaartjies misbruik het, is elke dag in die koerante. Oom Hannes het gelees hoe vrouens, kinders, familie en vriende op staatskoste rondvlieg. Hy eis dieselfde. Ek verduidelik waarom dit nie moontlik is nie.

"Hoe kry sommige dit dan reg en jy kan nie 'n plan maak nie?" vra hy.

Die parlement se reëls het onlangs verander en daar is 'n manier waarop ek oom Hannes wettig met belastinggeld kan laat vlieg. Ek gaan egter nie daardie risiko loop nie en ek weet by voorbaat dat hy nie die voorwaardes sal aanvaar nie.

Tog besluit ek om dit aan hom te verduidelik sodat hy begrip vir die nuwe politiek en vir die uitdagings in die nuwe parlement kan kry.

Elke jaar kry 'n parlementslid 'n beperkte aantal vliegtuigkaartjies wat hy met sy vrou moet deel. In die geval van 'n vroulike parlementslid deel sy dit natuurlik met haar man. As die kaartjies op is, betaal jy uit jou eie sak om in die Kaap te kom.

Een van die eerste probleme ná 1994 was parlementslede met meer as een vrou. Hulle het meer vliegtuigkaartjies geëis.

Ons "agtergeblewenes", dié met net een vrou, het beswaar gemaak. Eienaardig hoe jy in 'n debat met die manne met meer as een vrou halfminderwaardig voel. Amper so asof jy wil sê: "Jammer dat ek net een vrou het, maar ...!"

Oscar Wilde het geskryf: "Bigamie is om een vrou te véél te hê. Monogamie is dieselfde!"

Ná maande se vergaderings is besluit dat lede met meer as een vrou nie ekstra kaartjies kan kry nie.[75] So 'n lid moet self besluit hoe hy sy kaartjies onder sy vrouens verdeel. Ons "agtergeblewenes" wen hierdie rondte.

---

[75] Reglement: Fasiliteite vir lede Art 11(2).

Onmiddellik is daar 'n volgende probleem.

"Waarom kan my vriendin nie ook soos jou vrou vlieg nie?" vra 'n ongetroude lid. Die geskeides vra dieselfde vraag. Ons argument van slegs wettige huweliksmaats "is outydse moraliteit en ruik na die apartheidstyd", redeneer hulle.

Nuwe gesprekke en vergaderings volg. Ná maande verloor ons hierdie rondte.

Artikel 11(3) van die reglement bepaal nou dat 'n ongetroude parlementslid se vriendin ook van die vliegtuigkaartjies gebruik mag maak.[76] Dieselfde geld natuurlik vir die vriend van 'n vroulike parlementslid. Om misbruik en chaos te voorkom, moet die betrokke lid die naam van die huidige vriend/in aan die parlementêre kantoor deurgee. As so 'n lid van vriend/in verander, skrap hulle die ou naam – nadat die nuwe naam aan die kantoor gegee is.

"Wat van 'n getroude parlementslid met 'n 'mistress'?" vra 'n parlementslid met 'n duidelik verskuilde agenda.

"As 'n man met meer as een vrou self kan besluit hoe hy die kaartjies tussen sy vroue verdeel, waarom kan 'n parlementslid met 'n vrou en 'n 'mistress' nie dieselfde doen nie?" is sy argument.

Hierdie rondte wen ons. Reël 11(4) word bygevoeg wat bepaal dat óf die lid se eggenoot óf sy vriendin mag vlieg, maar nie albei nie. Meer as een vrou mag vlieg, maar nie 'n vrou en 'n vriendin nie. Klink logies, of raak my kop nou deurmekaar?

Om probleme te voorkom, moet die lid natuurlik aan die parlementêre kantoor sê wie tans kaartjies mag kry – sy vrou of sy "mistress". Albei se name mag nie opgegee word nie.[77]

Die gevolg hiervan was dat die parlement se kantoor reeds meer as een keer in die lastige posisie was om aan die vrou van 'n parlementslid oor die telefoon te moet sê dat sy nie meer mag vlieg nie. Haar man straf haar deur haar naam te verwyder en sy "mistress" se naam by die kantoor op te gee!

Net toe ons gedink het al die probleme is opgelos, duik 'n nuwe een op.

---

[76] Reglement: Fasiliteite vir lede Art 11(3).
[77] Reglement: Fasiliteite vir lede Art (4) en (5).

Benewens die reisreëls wat verander het, het die nuwe ANC-regering alle foto's van vorige leiers of konings in die parlement na die kelder verwyder of met 'n houtafskorting toegemaak soos hier. Deur hierdie houtpaneel oop te maak, kan die skildery van die Britse koninginmoeder gesien word. Dis nie deur die NP verwyder met bewindsaanvaarding in 1948 nie.

Wat van vriende en vriendinne van homoseksuele parlementslede? Ons moes die probleem seker voorsien het. Artikel 9 van die grondwet eis geen diskriminasie op grond van seksuele voorkeure nie. "Die parlement diskrimineer teen ons," skryf hulle in hul voorlegging, "en 'n verkeerde besluit kan in die grondwethof eindig."

Die towerwoord "metgesel" (*companion*) word in die woordeboek ontdek. Die woord is nie manlik of vroulik nie en dit word by reël 11(1) gevoeg. Die reël lees nou dat jy jou huidige metgesel se naam moet opgee by die kantoor, ongeag dié se geslag.

Ek verduidelik die reëls aan oom Hannes so goed as wat ek kan. Die parlementslede wat by Travelgate skuldig bevind is, het van hierdie reëls oortree. "Oom Hannes wil sekerlik nie die reëls oortree nie, of hoe?" sêvra ek aan hom.

"As ek dus oom Hannes se naam by die kantoor mag opgee as my huidige metgesel of *companion*, dan kan Oom op die parlement se koste Kaap toe vlieg," verduidelik ek.

"Dit sal wel beteken dat ek Oom 'n soentjie sal moet gee as ek Oom in Kaapstad op die lughawe gaan oplaai," voeg ek skertsend by.

Hy is 'n oomblik stil. "Doktortjie, hou maar jou soentjie," blaf hy terug. "So dringend is die probleem darem nie. Dan sien ek jou liewer oor twee weke in Pretoria."

Toe ek groet, is oom Hannes se stem skielik sagter: "Doktortjie, baie dankie vir alles wat julle daar in die parlement vir ons doen. Vir jou werk sien ek nie kans nie. Ek en die tannie bid vir julle."

Net voor oom Hannes die telefoon neersit, hoor ek hoe hy mompel: "Soentjie op die lughawe, verbeel jou," terwyl hy uit sy maag uit snorklag.

20

Die Aborigenes se "ambassade"

Die Australiese gids wil my nie na die Aborigenes se "ambassade" neem nie. Ek wil daar 'n Aborigene-vlaggie vir my versameling koop.

Toe meneer Morgan as gids aan ons voorgestel is, het die senior amptenaar van die Australiese departement van buitelandse sake gesê dat die gids ten volle tot ons beskikking is. Hy sal ons neem net waar ons wil gaan. Ons is 'n klein afvaardiging van Suid-Afrikaanse parlementslede wat Australië se hoofstad Canberra amptelik besoek.

Ons het gou uitgevind dat meneer Morgan 'n baie goeie en deeglike gids is. Terwyl hy ons mikrobus bestuur en ons deur die stad neem, rammel hy honderde feite oor Australië en oor Canberra af. Hy kan jou 'n storie oor elke gebou en monument vertel. Dit is net met die Aborigenes se "ambassade" wat hy sukkel. Ek het hom reeds twee keer gevra om my daarheen te neem. Aanvanklik het hy kamstig nie geweet waarvan ek praat nie. Gister het hy wel duidelik geweet dat die "ambassade" op die gras voor die ou parlementsgebou is, maar "ons program is vandag te vol om dit te kan besoek," volgens hom.

Die ANC-parlementslede in ons groep is ook nie van veel hulp nie. Ek het sonder sukses aan hulle probeer verduidelik wat die Aborigenes se "ambassade" is. Die gids sal moeilik nee kan sê vir 'n eenparige versoek van die hele groep. Hulle is egter vanoggend meer bekommerd daaroor of hulle nog vir oulaas by die winkels sal kan uitkom voor ons netnou lughawe toe ry.

My laaste plan is om die gids te vra om by die "ambassade" verby te ry op pad na die lughawe. Dit is op ons pad. Dan kan ek ten minste 'n foto uit die mikrobus neem.

Die gids sukkel om 'n verskoning uit te dink vir my redelike versoek.

Tyd is nie 'n probleem nie, want ons is meer as 'n uur vroeg. Hy stem uiteindelik teensinnig in.

Toe ons naby die "ambassade" kom, kry ek my kamera gereed en maak my venster oop vir die foto. Soos ek verwag het, wil my ANC-kollegas dadelik weet wat ek wil afneem. Die meeste van hulle bespreek deurlopend by my kopieë van die foto's wat ek neem.

Ek verduidelik dat ek 'n "oppressed black brother" wil afneem wat hier teen die Australiese regering protesteer. My plan werk. Met die "oppressed"-stelling het ek dadelik almal se aandag. Hulle vra eenparig vir die gids om te stop sodat ons kan gaan kyk. Ek gaan dalk tog my vlaggie kry.

Die Australiese Eerste Minister[78] het in 1972 op Australiëdag sekere negatiewe stellings oor die regte van Aborigenes in Australië gemaak. Uit protes daaroor het die Aborigenes 'n tent-"ambassade" op die gras voor die parlementsgebou opgerig. Met Australiëdag herdenk die Australiërs die aankoms op 26 Januarie 1788 van die eerste Britte in Australië by Botany Bay.

Die Aborigenes sien dit natuurlik anders. Hulle noem Australiëdag *Invasion day*. Volgens hulle beset wit Australiërs die land nou vir meer as 200 jaar. Omdat die Aborigenes geen werklike verteenwoordiging in die parlement of in die regering het nie, het hulle die tydelike struktuur voor die parlement die "Aborigenes se ambassade" genoem. Die "ambassade" moet as spreekbuis hulle saak by die Australiese regering stel.

Die oprigting van die "ambassade" was lekker beeldmateriaal. Deur goeie televisiedekking het dit wêreldwyd die aandag op die swak posisie van die Aborigenes in Australië gevestig.

Toe die Australiese regering die "ambassade" wou verwyder, het hulle ontdek dat daar geen wet was wat "kampering" op die parlement se gras verbied het nie! Ses maande later moes hulle 'n spesiale wet deur die parlement loods om die "seer oog" en "sweer", soos dit beskryf is, te verwyder.[79]

Dit was nie die einde van die protes nie. By verskeie geleenthede hier-

---

[78] Meneer William McMahon was op daardie tydstip die Australiese Eerste Minister.
[79] Die Australiese Federale Parlement het op 20 Julie 1972 'n spesiale wet aanvaar om die "ambassade" te kon verwyder.

Voor die Aborigenes se "ambassade" in Canberra, Australië. Die Aborigene-vlag is agter sigbaar.

na het die Aborigenes weer tydelike strukture by die parlement opgerig, net om elke keer met geweld verwyder te word met al die negatiewe mediadekking daarmee saam.

In 1995 het die Australiese Erfeniskommissie, ná 'n versoek van die Aborigenes, die ambassade as 'n plek van "besondere kultuurhistoriese waarde" verklaar. Nou kan dit nie meer afgebreek word nie.

Al hierdie inligting moes ek natuurlik self oplees omdat die gids nie 'n woord oor hierdie "kultuurhistories-verklaarde plek" gesê het nie!

Ons stap oor die gras na die eenvoudige plakkershut van karton. Voor op staan *Aboriginal Embassy* en die mure is helder geverf met Aborigene-simbole. Langs die kant skreeu die slagspreuke "holocaust" en "genocide".

Naby die hut is 'n posbus wat dieselfde kleure geverf is as die vlag wat voor die "ambassade" aan 'n paal wapper. Die vlag het 'n swart en rooi baan met 'n geel sirkel in die middel. Die swart verteenwoordig die naghemel, die rooi die Australiese grond en die geel sirkel die son. Die rooi simboliseer ook al hulle bloed wat reeds gevloei het.[80]

---

[80] Vir 'n volledige weergawe van die wreedhede wat teenoor die Aborigenes gepleeg is, lees *Blood on the Wattle; Massacres and Maltreatment of Australian Aborigines since 1788* deur Bruce Elder.

'n Man wat netjies geklee is, kom ons tegemoet gestap. Hy het onder 'n boom langs die plakkershut gesit. Hy lyk soos 'n blas Australiër en nie soos 'n tipiese Aborigene wat mens gewoonlik op foto's sien nie. Saam met hom dra hy 'n didjeridoe. Dit is 'n langwerpige blaaspyp – die tradisionele blaasinstrument van die Aborigenes. Hy sit dit teen sy mond, bol sy wange en 'n diep, amper onaardse geluid dreun ritmies onder uit.

Ná sy musiekuitvoering begin hy ons toespreek oor die Aborigenes se geskiedenis en onderdrukking. Hy praat met soveel oortuiging en entoesiasme dat ons groep vasgenael staan en luister. Die gids se opdrag dat ons net foto's moet neem en dan moet terugkom, is vergete.

Toe die eerste Brit in 1788 in Australië aangekom het, was daar byna twee miljoen Aborigenes in die land. In die eerste 120 jaar hierna is 90% van hulle uitgemoor, vir belonings gejag of aan Europese siektes dood. In die 200 jaar van wit besetting is die Aborigene-bevolking verminder tot die huidige bietjie meer as 200 000. Dit is slegs 1% van die Australiese bevolking van 20 miljoen. Terwyl wittes van een persoon tot 18 miljoen vermeerder het, het Aborigenes van 2 miljoen na 200 000 verminder, volgens die "ambassade"-woordvoerder.

"Waarom hierdie protes?" vra een van ons groep.

Sedert 1901 was daar 'n grondwetartikel in Australië wat bepaal het dat Aborigenes nie as inwoners in sensusse getel is nie.[81] Vir regsdoeleindes is hulle onder fauna en flora ingedeel. Sedert daardie tyd het die stemregwet ook bepaal dat "natives" van Australië, Afrika en Asië nie in Australië mag stem nie.[82] Hierdie maatreëls is eers in 1967 afgeskaf.

"Waarom protesteer julle dan nog steeds as julle sedert 1967 volle burgerskap en stemreg in Australië het?" word die logiese opvolgvraag gevra.

Omdat hulle so 'n klein minderheidsgroep is, het stemreg hulle niks gehelp nie, verduidelik die spreker. Hulle het stemreg, maar geen seggenskap oor enige saak wat hulle raak nie. Van die 841 parlementslede

---

[81] Artikel 127 van die Australiese grondwet wat in 1967 geskrap is, het gelui: "In reckoning the numbers of the people of the Commonwealth, or of State or other parts of the Commonwealth, aboriginal natives shall not be counted."

[82] Die *Commonwealth Franchise Act* of 1902 het aan alle Australiese mans en vroue stemreg gegee. Dit het egter spesifiek uitgesluit *"any aboriginal native of Australia, Asia, Africa or the Islands of the Pacific, except New Zealand* from Commonwealth franchise ..."

in Australië se federale en staatsparlemente is net drie Aborigenes. Daar was nog nooit in die belangrike federale parlement se Laerhuis 'n Aborigene-parlementslid nie. In 1971 is 'n Aborigene wel tot die minder belangrike senaat verkies.[83] Hy is die eerste en enigste Aborigene in Australië se federale parlement se geskiedenis van meer as 200 jaar.[84]

Ons gids is duidelik geïrriteerd met die situasie. As hy my vroeër, soos ek gevra het, gebring het om my vlaggie te koop en foto's te neem, het ek alleen na die Aborigenes se woordvoerder geluister. Nou hang die hele groep aan die spreker se lippe en word baie van die goeie werk wat sy Departement van Buitelandse Sake gedoen het om die ANC-parlementslede met Australië te beïndruk, tot niet gemaak.

"Wat moet gedoen word om julle probleme op te los?" vra 'n ander lid.

"Ons vra erkenning as 'n minderheidsgroep, dat ons van ons grond terugkry en dat ons selfbeskikking kry oor al die sake wat ons raak," verduidelik hy.

Hierdie man is nie verniet 'n Aborigene-woordvoerder nie. Hy ken beslis al die feite. Hy noem nou internasionale voorbeelde op van hoe minderheidsgroepe in ander lande hanteer word asook die Verenigde Nasies en ander internasionale organisasies se besluite oor hoe minderhede beskerm behoort te word.[85]

Die Sami in Noorweë het sedert 1984 'n eie parlement[86] waar hulle oor hulle eie sake besluit en so ook die Hongare as 'n minderheid in

---

[83] Neville Bonner is in 1971 deur die Queensland-parlement aangewys om senator Annabel Rankin, wat uit die Federale Senaat getree het, te vervang. Dit het hom die eerste Aborigene in die federale parlement gemaak.

[84] Ná ons besoek aan Australië is Aden Derek Ridgeway in 1999 as senator aangewys. Hy was die tweede Aborigene in die Australiese senaat die afgelope 200 jaar.

[85] Van die internasionale besluite oor minderhede waarna hy verwys het en wat in hulle propagandastukke was, is: a. Die Verklaring oor die Regte van Persone wat tot Nasionale, Etniese, Religieuse en Taal-minderhede behoort, soos op 18 Desember 1992 deur die Algemene Vergadering van die Verenigde Nasies aanvaar. b. Die Konvensie vir die Beskerming van Nasionale Minderhede wat op 1 Februarie 1995 deur die Raad van Europa aanvaar is.

[86] Naas hulle normale stemreg as burgers van Noorweë kan Sami's ook registreer op 'n eie kieserslys. Dit maak dit moontlik vir die Sami om te stem vir die Sami-parlement, ook bekend as Samediggi. Hierdie liggaam is verantwoordelik vir Sami-sake en rapporteer aan die Noorweegse parlement, die Storting.

Roemenië.[87] Die Maori's, hulle bure, het vier gewaarborgde setels in die Nieu-Seelandse parlement.[88] Hy vertel hoe hulle beplan om 'n kantoor in Den Haag te open om hulle saak voor die wêreldhof en die wêreld te kan stel.

Almal wil nou saam met die woordvoerder afgeneem word. Hy deel vir oulaas pro-Aborigene-propagandastukke uit voor ons vertrek.

Al my laatnag-argumente tydens die toer met die ANC-parlementslede oor die Afrikaners en ander minderheidsgroepe in Suid-Afrika wat vervreemd en magteloos voel al het hulle stemreg, het die Aborigene-woordvoerder in sy toespraak onbewustelik bevestig. Ek hoef niks by te voeg nie.

In die mikrobus op pad na die lughawe sit ek tussen die ANC-parlementslede. Hulle argumenteer nou heftig met mekaar oor alles wat hulle by die woordvoerder gehoor het. Die fauna-en-flora-argument is vir hulle die ergste.

"Die Nattes het ná 1948 aan swart mense tuislandstemreg en eie presidente gegee. Hierdie mense was fauna en flora tot in 1967," oorvereenvoudig die een bruin ANC-lid die saak. Ek is verras met sy vergelyking, maar besluit om my vir eers uit die debat te hou.

"Dit is omdat hulle swart is dat hulle net drie uit 841 parlementslede het," is 'n ander lid se standpunt. Sy gevolgtrekking is dat die ANC hierdie "onderdrukte swart broer" as gas na Suid-Afrika moet nooi.

Ek kan die versoeking nou nie meer weerstaan om aan die debat deel te neem nie.

"Hoekom wil julle hom nooi? Julle is tog nie rassiste wat mense nooi net omdat hulle swart is nie," speel ek duiwel se advokaat.

"Nee, dit het niks met kleur te doen nie. Ons gaan hom nooi omdat hulle dieselfde politieke probleme het as wat swart mense in Suid-Afrika het," antwoord hy.

"Voor 1994 was jou argument waar, maar nou is dit verkeerd," reageer ek.

"As jy nie na armoede nie maar net na die politieke situasie kyk, is die

---

[87] Die DAHR (Democratic Alliance of Hungarians in Romania) het op 25 Desember 1989 tot stand gekom as 'n verteenwoordigende liggaam wat na die belange van die Hongaarse minderheid in Roemenië omsien.

[88] Van 1867 tot 1996 het die Maori's vier gereserveerde setels in die Nieu-Seelandse parlement gehad. Met die MMP (Mixed Member Proportional) stelsel het hierdie setels ná 1996 vermeerder tot sewe in 2002.

Die skrywer in sy parlementêre kantoor met die Aborigene-vlaggie wat met groot moeite bekom is. Voor is 'n gedeelte van die versameling vlaggies van volke en groepe wat as minderhede vir hulle regte veg. Die Tibet-vlaggie in die middel voor kan uitgeken word aan 'n stralende son in die middel.

Aborigenes se politieke situasie vandag nader aan dié van die Afrikaner en ander minderheidsgroepe in Suid-Afrika as aan dié van swart mense. Afrikaners en Aborigenes het volle burgerskap en stemreg, maar albei groepe kan geen besluite neem oor sake wat hulle regstreeks raak nie. Julle is nou die regering in Suid-Afrika – die *system*. Julle moet die Australiese regering nooi. Ons is nou, soos die Aborigenes, 'n minderheid in die *struggle*. Ons sal hierdie man nooi," sluit ek my moedswillige argument af.

Hulle lag lekker vir my argument dat ons in die struggle en hulle die system is. Die wyse waarop die debat egter kort hierna sy woema verloor, bevestig aan my dat hulle wonder in hoeverre ek dalk reg is oor die ANC en die Afrikaners se omgekeerde rolle ná 1994.

In my kantoor het ek 'n groot versameling vlaggies van minderheidsgroepe van orals in die wêreld wat regeringsonderdrukking ervaar en vir hulle regte moet stry. So het ek onlangs 'n Tibet-vlag by Tibet se verteenwoordiger in Suid-Afrika gekry.[89] Tydens my besoek aan China was dit

---

[89] Tibet is in 1950 deur die Chinese leër beset waarna duisende Tibetane tereggestel is. Vandag streef hulle na groter selfbeskikking oor hulle eie sake.

duidelik dat die anti-Tibet-gevoel daar so sterk is, dat ek nie eers moes vra waar jy so 'n vlaggie kan kry nie.

Ná ons besoek aan die Aborigenes se "ambassade" het ek nou ook 'n swart-rooi-en-geel Aborigene-vlaggie om uit te stal. Die vlaggie herinner my aan hulle welsprekende woordvoerder en aan die gebeure die oggend op pad na Canberra se lughawe.

21
Diere en politici

Dierebeelde werk altyd goed in 'n toespraak. Vlermuise, hoenders, donkies en bobbejane is maar enkele van die diere waarmee politici al vergelyk is. Selfs Christus verwys na die Fariseërs as "addergeslag"[90] en Salomo stuur die luiaard na die flukse miere.[91]

Maar pasop, onskuldig soos jy dit mag bedoel, kan jy vandag in Suid-Afrika groot moeilikheid kry met 'n verkeerde dierebeeld. 'n Humoristiese dierestorie word maklik deur iemand in die gehoor as 'n berekende vernedering van sy groep gesien omdat jy onbewustelik die een of ander kulturele taboe oortree het. Dan draai jy by die Menseregtekommissie of die hof en moet jy aan al die media verduidelik dat jy nie 'n rassis is nie.

Ons het op die harde manier geleer dat alle diere nie noodwendig meer gelyk is nie. Bobbejane is uit terwyl jy met voëls kan wegkom.

Cehill Pienaar het in die hitte van 'n parlementêre debat 'n medelid 'n regte vlermuis genoem. "Hy beledig my," skreeu die lid en die speaker eis 'n verduideliking.

"Meneer die speaker, die agbare lid het al so baie van party verander, niemand vertrou hom meer nie," verduidelik Cehill en voeg by: "Die voëls vertrou nie 'n vlermuis nie, want hy lyk soos 'n muis, en die muise vertrou hom nie, want hy kan vlieg soos 'n voël." Hy het daarmee weggekom net soos S'bu Ndebele, ANC-leier in KwaZulu-Natal, weggekom het ná hy gesê het: "Swart mense wat die DA ondersteun, is dieselfde as hoenders wat Nando's ondersteun!"

Ek moes onlangs voor 'n Afrikaanse gehoor praat oor "Die rol van

---

[90] Matteus 23:33
[91] Spreuke 6:6

opposisiepolitiek in die huidige Suid-Afrika". Die kern van my toespraak was dat Afrikaners nie meer in 'n magsposisie is waar hulle hulle wil kan afdwing nie. "Leiers met ramkat-kragdadige praatjies klink goed op televisie, dit beïndruk kiesers, maar dit los nie probleme op nie," het ek verduidelik.

Daarna het ek my punt met 'n beeld verduidelik: "Sterk bobbejane wat net op hulle bors slaan, help ons nie meer nie. Ons het nou slim en ou bobbejane nodig vir hierdie geveg. 'n Ou bobbejaan is 'n ervare bobbejaan wat respek afdwing omdat hy oor baie jare baie maniere geleer het hoe om 'n probleem op te los. Die VF Plus is so 'n ou bobbejaan."

My dierebeeld werk goed en ek kry baie positiewe reaksie van die Afrikaanse gehoor.

Die volgende dag is ek terug in die parlement. In 'n komitee bespreek ons 'n saak van buitelanders wat deur korrupsie Suid-Afrika baie geld kos. Ons is tien parlementslede om die tafel. Ek is die enigste Afrikaanssprekende. Ná ek lank geluister het, sê ek: "Ons durf nie jong, onervare amptenare stuur om met hierdie skelm buitelanders te onderhandel nie. Daarvoor is hulle te slim en uitgeslape."

Die skrywer en sy broer Corné luister na 'n humoristiese toespraak in die parlement. Agter sit Willie Spies (VF Plus-parlementslid) en Motsoko Pheko (leier van die PAC). (Erkenning aan Louis du Plessis)

Waarskynlik onder die invloed van die vorige aand se sukses met die Afrikaanse gehoor, voeg ek by: "Ons moet amptenare met ervaring stuur. Ons moet ou bobbejane stuur."

Uit die vraende gesigte om die tafel en die voorsitter se negatiewe reaksie weet ek onmiddellik dat my beeld nie hierdie keer gewerk het nie. "Watter amptenare beskou u dan as bobbejane?" wil die voorsitter weet. My moeisame verduideliking is uiteindelik met fronse en vraagtekens aanvaar.

Ek moes uit die VF se vroeëre ervarings in die Noordelike Provinsie geweet het dat my beeld nie sou werk nie.

Ná die 1994-verkiesing het die ANC vir die VF ministersposte aangebied. In die nuut-afgebakende Noordelike Provinsie is Johan Kriek, ons VF-verteenwoordiger, aangewys as minister van vervoer.

Een van sy eerste probleme was nuwe nommerplate vir die provinsie. Die nuwe nommerplate begin met die letters BBB en ná elke 999 nommers verander een van die letters aan die begin van die nommerplaat. Die nuwe nommerplate moet ook eindig met 'n afkorting van die provinsie. So eindig Gauteng se nuwe nommerplate met GP – die afkorting vir Gauteng Provinsie – en Mpumalanga met MP. Volgens hierdie patroon behoort die Noordelike Provinsie se nommerplate met NP te eindig – die afkorting vir Noordelike Provinsie.

Die ANC-lede was glad nie lus om nou met NP-motors rond te ry nie. Ná 'n lang bespreking is besluit om net die N van NP te gebruik.

Die eerste nommer in so 'n provinsie is 'n gesogte versamelstuk. Baie mense wil graag hierdie nommerplaat hê. Ten einde 'n twis te voorkom oor wie dit moet kry, reël minister Kriek van die VF 'n funksie waar die eerste nuwe nommerplaat aan die premier van die provinsie oorhandig sal word.

By die funksie is al die belangrike persone in die provinsie teenwoordig. Ná die nodige toesprake word die nuwe nommerplaat aan die premier oorhandig. Met die onthulling van die nommerplaat gaan daar 'n roering deur die gehoor. Daar is ook daarna druk bespreking in klein groepies. Die reaksie is eienaardig.

Die volgende dag verneem minister Kriek dat die premier nie die nommerplaat gaan gebruik nie. Hy kan dit terugkry. Dit is baie moeilik om agter te kom wat presies die probleem is. Geen redes word gegee nie.

Ná baie navrae is een amptenaar bereid om in die geheim te verduidelik. Die eerste nommerplaat in die Noordelike Provinsie, wat aan die premier oorhandig is, is BBB000N. Dit kan egter vinnig in die verbygaan, as BABOON gelees word. 'n Eerste burger kan nie met so 'n nommer rondry nie!

Johan Kriek het toe maar die nommer vir homself geneem en self daarmee gery.

In Suid-Afrika kan selfs nommerplate kulturele slaggate word!

22

Tyd en die parlement se klokkies

Ek het nog nooit so 'n besoekprogram gesien nie. Al die ministers en amptenare wat ons gaan ontmoet, word aangedui. Ek is nie verbaas oor die mense nie maar oor die tydsaanduidings.

Ons sit in 'n Duitse hotel se ontvangslokaal. Die Duitse regeringsamptenaar wat ons vir die volgende twee dae gaan vergesel, het sopas die besoekprogramme aan ons uitgedeel. Hy verduidelik dit in detail en is duidelik baie trots op sy beplanning.

Ons groep bestaan uit meer as vyftien Suid-Afrikaanse parlementslede van verskillende politieke partye. Die doel met ons besoek is om die Duitse grondwethof en die proporsionele kiesstelsel te bestudeer. Dit moet ons help met die skryf van die 1996-Suid-Afrikaanse grondwet.

In die eerste kolom van die program is die tye. Die tye is nie in halfure of tienminute-periodes nie, maar in minute. Môreoggend moet ons om 08h07 in die voorportaal van die hotel bymekaarkom. Ons het dan vyf minute om in ons bussie te klim. Die bussie vertrek 08h12 na ons eerste afspraak in die middestad. Die reis daarheen is dertien minute lank wat beteken dat ons om 08h25 by die gebou aankom. Dit gee ons vyf minute om af te klim en vir die eerste afspraak om 08h30 aan te meld.

Die beplanning is indrukwekkend – maar ek wil voorspel dat ons Duitse vriend 'n groot verrassing gaan kry. Hy weet duidelik niks van Afrika-tyd af nie! Vyf lede van ons geselskap het gister amper die trein tussen twee Duitse stede verpas, omdat hulle net nie wou glo dat die trein so stiptelik aankom en binne 'n minuut weer vertrek nie.

Meneer Mandela het onlangs oorlog verklaar teen Afrika-tyd. Hy het by 'n vergadering op Brits in Suid-Afrika aan die sowat 1 000 ondersteu-

Die parlement in sitting.

ners gesê dat om laat te kom, nie geduld behoort te word nie.[92] Ons sal môreoggend sien of my reisgenote sy opdrag ter harte geneem het!

Die volgende oggend is ek en vier reisgenote om 08h07 in die hotel se voorportaal. Die Duitse amptenaar, wat al van vroeg af daar is, vra aan ons waar die ander lede van die geselskap is. Ons kan vier lede vir hom uitwys wat in die ontbytarea van die voorportaal besig is met ontbyt. Die ander is waarskynlik nog in hulle hotelkamers. Hy skarrel na die ontvangstoonbank se telefoon en begin die afwesige lede se kamers skakel.

Terwyl ons wag, dink ek terug aan die Duitse gas wat in Suid-Afrika saam met my na die SABC se televisie-aandnuus gekyk het. Toe die nuus begin, gebruik hy dit om sy horlosie op presies 19h00 te stel. Hy was oorbluf toe ek hom daarop wys dat dit vier minute oor sewe is, aangesien die televisienuus 'n bietjie laat begin het. My verduideliking dat dit nie baie gebeur nie, was vir hom steeds onbegryplik. Ek onthou nog sy opmerking: "In Duitsland is die sewe-uur-nuus altyd om sewe-uur."

Ek dink ons Duitse amptenaar het goed gevaar: Ons hele afvaardiging was teen 08h30 in die bus. Teen daardie tyd het hy reeds telefonies die eerste afspraak gekanselleer. Die res van die dag het ons redelik by die tye kon hou – danksy die Duitser se deurlopende vermanings en aanmoedigings.

Vanaf Uniewording in 1910 begin die Suid-Afrikaanse parlement elke

---

[92] *Beeld*, 21 Augustus 1995, p. 2, "Mandela verklaar oorlog teen Afrika-tyd".

dag op 'n spesifiek vasgestelde tyd – tans is dit om twee-uur. Die klokkies in die parlementsgebou en in al die kantore rondom die gebou begin kort voor twee lui. Stiptelik twee-uur hou dit op lui wanneer die sitting begin. Niks is belangriker as daardie klokkies nie.

In die begin negentigerjare het ons 'n amptelike middagete in die parlement vir 'n besoekende minister. Die president en talle ministers is ook daar. Dit was voordat die ANC oorgeneem het.

Kort voor twee-uur die betrokke middag is ons ete nog nie klaar nie. Die seremoniemeester kondig aan dat hulle ongelukkig nie die nagereg sal kan bedien nie, aangesien die klokkies binnekort gaan begin lui vir die dag se parlementsitting. Omdat die klokkies ons baas is, is ons sonder protes en sonder nagereg daar uit.

Onlangs is ek 'n gas by die inhuldiging van 'n nuwe ANC-burgemeester in die Noordwes-provinsie. Die funksie begin om 19h00 en meer as 1 000 gaste word verwag.

Die tafels is deftig gedek met 'n duur program by elke sitplek. Die tye is in detail op die program aangegee. Daarvolgens sou die hoofgereg, nagereg en al die toesprake teen tienuur klaar wees. Dit pas my goed, want ek moet die volgende oggend vieruur opstaan om by die lughawe te kom vir 'n vlug na Kaapstad.

Die toesprake was almal langer as 20 minute. Waar die kulturele items uit twee danse of liedere sou bestaan, was dit telkens ses. Om elfuur het ons om verskoning gevra. Die gasheer het begrip daarvoor gehad dat ons kinders alleen by die huis is en dat ek die volgende oggend vroeg weer lughawe toe moes ry. Op daardie tydstip het die laaste spreker net klaar gepraat en is daar nog nie begin om die hoofgereg te bedien nie. Ek het later verneem dat die meeste gaste eers ná middernag hulle hoofgereg gekry het en ná eenuur huis toe is.

Ek is lankal gewoond daaraan dat funksies in die nuwe politiek nie betyds begin nie en altyd baie langer duur as wat jy verwag. Daarby het ek aangepas. Wat ek moeilik verstaan, is waarom jy dan 'n gedetailleerde program met spesifieke tye uitwerk, maar glad nie daarby hou nie. Ons Duitse amptenaar wat so trots op sy program was, sal flou word by so 'n funksie.

Op pad huis toe ná die burgemeester se tienuur-funksie, wat toe 'n middernag-funksie geword het, dink ek aan Attie van Niekerk se ver-

Voor die ou gedeelte van die parlement wat in die negentiende eeu vir die Kaapse koloniale regering gebou is. Dit is op hierdie trappe waar vorige eerste ministers en presidente hulle eerste verskyning gemaak het nadat hulle verkies is.

telling oor hoe die sinode van die NG Kerk in Afrika hom vasgeloop het teen sy eie kerkorde.

Van Niekerk was lank 'n sendeling en was later jare verbonde aan die NG Kerk se Stoffberg- teologiese skool by die Universiteit van die Noorde Turfloop. Ek het vertroue in Van Niekerk se oordeel. Telkens as ek interkulturele verskille nie verstaan nie, gebruik ek sy boek *Saam in Afrika* as my handboek.

Hy skryf: "In 1990 besluit die Algemene Sinode van die NG Kerk in Afrika om sy eie kerkorde te oortree om gou te kan verenig met die Sendingkerk. Die argument was: Dit is ons eie kerkorde, ons kan hom self verander."[93]

Hy gee nog 'n voorbeeld: "By geleentheid is ons studentevergadering (by Turfloop) deur die konstitusie, wat hulle vir hulself opgestel het, verhinder om iets te doen wat hulle wou doen. Ook hulle het besluit: Dit is ons eie konstitusie. Ons skort hom op vir hierdie vergadering. Toe doen hulle wat hulle wou doen."[94]

---

[93] Attie van Niekerk, *Saam in Afrika*, p. 28.
[94] Attie van Niekerk, *Saam in Afrika*, p. 28.

Sy gevolgtrekking is dat die sinodegangers en die studenteleiers glad nie gebind voel deur hulle eie besluite nie. Dieselfde geld vir die program vir die burgemeester se inhuldiging wat tienuur moes klaar wees. "Omdat dit ons eie besluit is, kan ons hom self verander."

Kort ná ons besoek aan Duitsland sit ek in my parlementêre kantoor en gaan deur my notas van die besoek. Ek wag vir die klokkies om te begin lui vir die middag se sitting. Die gevolgtrekking in my notas is dat Europese oplossings nie net so in Afrika sal werk nie. Duitse oplossings werk vir 'n land met een amptelike taal en kultuur en kan moeilik net so op ons situasie oorgedra word.

Tien oor twee loer een van my kollegas by my deur in. "Is daar 'n krisis? Waarom het die klokkies nog nie begin lui nie?" vra hy.

Ek is nie bewus van enige krisis nie en stel hom gerus. "Dalk is daar 'n kragonderbreking of 'n elektriese fout met die klok," soek ek 'n rede.

Halfdrie stap ek en my kollega na die mediakantore. Ons is nou bekommerd. Die parlementêre agenda dui duidelik aan dat daar vandag om 14h00 'n sitting is. Sover ek weet, het die klokkies in die Suid-Afrikaanse parlement sedert 1910 nog nooit laat gelui nie. Ons vra aan die mediamense: "Weet enige een waarom die klokkies nog nie gelui het nie?"

Hulle weet ook nie, maar skarrel rond om die rede uit te vind. Dit mag 'n groot nuusstorie wees. Party bespiegel selfs dat meneer Mandela dood is of 'n hartaanval gehad het. Dalk was daar 'n staatsgreep, terg-vra 'n ander een bekommerd.

Vyf en twintig minute voor drie begin die klokkies lui. Ons haas ons na die raadsaal om te gaan hoor wat fout is.

Die sitting begin normaal sonder enige aankondigings of verskonings. Die president en ministers sit in hulle plekke en die eerste spreker word aan die woord gestel.

Ek vra aan die ANC-parlementslid oorkant die paadjie: "Waarom het ons so laat begin?"

Hy sê dat die senior ANC-lede, ministers en die president 'n buitelandse staatsman gehad het as gas vir ete.

Blykbaar is dit die hele verduideliking, want die ANC-lid sit terug in sy bank en luister na die toespraak.

Vir my is die verduideliking nie goed genoeg nie. Daar moes iets voorgeval het.

"Was daar 'n krisis of 'n probleem by die ete?" vra ek nou.

"Nee," antwoord die lid, want hy was self ook by die ete.

"Nou waarom het die ete ná twee-uur aangehou?" vra ek.

"Omdat die nagereg toe nog nie bedien was nie," antwoord hy.

Ek is tegelykertyd verbaas en vies terwyl ek terugdink aan die ete voor 1994 waar ons die nagereg gelaat het om betyds te wees vir die klokkies.

Ek leun oor na die ANC-parlementslid en sê aan hom presies wat ek daarvan dink: "Julle kan mos nie die hele parlement laat wag en die klokkies vir die eerste keer sedert 1910 nie op die regte tyd laat lui net omdat die nagereg nog nie bedien is nie."

Hy is geamuseerd. "Waarom nie? Wie is die baas van die klok? Dit is mos ons klok?" antwoord hy.

Ek moes dié antwoord verwag het – Attie van Niekerk sou.

23

Sommige leiers word ontdek – ander word uitgevind!

Die man praat so hard dat ek die telefoon 'n bietjie weg van my oor moet hou.

"Doktor Mulder, sê jy vir daardie Van Schalkwyk-kêrel, as jy hom iewerste in die gange van die parlement sien, Hendrik van Graan soek hom. Hy ken my. Die man het ons Nattes belieg en bedrieg. Ek sit met die bewyse hier voor my."

Ek luister geduldig terwyl meneer Van Graan lang stukke uit koerantknipsels vir my voorlees. Hy ken sy politiek en het 'n hele lêer met knipsels en internet-uitdrukke net oor Marthinus van Schalkwyk, laaste leier van die NNP wat nou by die ANC aangesluit het.

Dit is duidelik dat sy frustrasies oorgekook het toe hy vanoggend gehoor het hoe Van Schalkwyk vonkelwyn drink saam met Ebrahim Rasool, Wes-Kaapse ANC-leier. Dit was nadat die ANC met behulp van die NNP die beheer van die Kaapstadse stadsraad oorgeneem het.[95]

"Hier drink hy ook *champagne*," verwys hy na 'n koerantfoto by een van sy knipsels, "maar dit is nie saam met die ANC nie – dit is saam met Peter Marais nadat ons die ANC goed in die Wes-Kaap pakgegee het. Dit is maar twee jaar gelede!"

"Hou die Wes-Kaap uit die ANC se hande," lees hy die opskrif van 'n ander berig. "Dit is Van Schalkwyk wat dit gesê het. Nogal in Mosselbaai hier naby ons."

"Hier gee Van Schalkwyk vyf goeie redes waarom die ANC sleg is en uit die Kaap gehou moet word. Weet jy, ek het my vakansie uitgestel om

---

[95] *Die Burger*, 9 Oktober 2002 berig op p. 1 hoe die partyleiers glasies vonkelwyn klink op die "bevryding van Kaapstad" en die oorname deur die ANC.

Marthinus van Schalkwyk en Tony Leon klink 'n glasie nadat die DP en NP saamgesnoer en die ANC in Kaapstad verslaan het.

eers vir hom te stem – en wat maak hy nou met my stem? Hy gee my stem en die Wes-Kaap vir die ANC sonder om my eers te vra!"

Meneer Van Graan het eintlik net gebel om my adres te kry. Hy wil afskrifte van al sy knipsels aan my pos. "Ek hoop jy neuk hom goed op in die parlement met hierdie knipsels," sluit hy sy gesprek af.

Ek het baie begrip vir meneer Van Graan se frustrasies. Met die verkiesing in 2000 het Marthinus van Schalkwyk 'n reusagtige verkiesingsveldtog gevoer om te keer dat die ANC Kaapstad en die ander Wes-Kaapse munisipaliteite wen.[96] Ná die uitslag het Van Schalkwyk, Peter Marais en Gerald Morkel vonkelwyn gedrink om hulle oorwinning oor die ANC te vier.[97] Dit is na hierdie gebeure wat meneer Van Graan se knipsels verwys.

Ná die 2004-verkiesing het Van Schalkwyk besluit om die Nuwe Nasionale Party te ontbind en by die ANC aan te sluit. Al hierdie gebeure was vir meneer Van Graan net te veel.

---

[96] Die opskrif van die berig wat meneer Van Graan later aangestuur het, is: "Hou die Wes-Kaap uit ANC se hande" – *Beeld*, 23 November 2000, p. 4. Daarin gee meneer Van Schalkwyk vyf redes waarom die ANC nie die verkiesing durf wen nie. Die redes gaan hoofsaaklik oor die ANC se swak prestasie op plekke waar hulle wel beheer oor plaaslike rade het.

[97] Foto in *Die Burger*, 8 Desember 2000, p. 2.

Ek dink skielik aan Langenhoven se spottende grafskrif vir generaal Jan Smuts. Hy het niks van Smuts gehou nie en is tydens 'n gekskeergesprek gedaag om 'n kort grafskrif vir Smuts te skryf. Sy poging was: "Here lies Smuts, as usual!"

Politieke leiers wat van politieke party of van standpunt verander, lok altyd heftige reaksie in Afrikanergeledere uit. Afrikaners is "reg of weg"; "wit of swart" in hulle politieke benadering. Daar is min plek vir "grys". As hulle met iemand se politieke verandering saamstem, is hy 'n "verstandige bekeerling". As hulle daarvan verskil, is hy 'n "dom verraaier", "hanskakie" of "joiner". "Ek hoor daardie lid skeer in die oggend geblinddoek omdat hy nie meer in die spieël homself in die oë kan kyk ná al sy leuens nie," was die slot van so 'n toespraak in die parlement.

Waarom verander politieke leiers van standpunt?

Gewoonlik is die argument dat nuwe omstandighede die verandering vereis. Wat moet 'n politikus op stuk van sake doen as omstandighede skielik totaal verander en die ou antwoorde nie meer geldig is nie?

Die teenargument is dat omstandighede deurlopend verander, maar dat beginsels en einddoelwitte nie verander nie. As die leier dan veran-

Die skrywer as studenteleier saam met eerste minister John Vorster in die sewentigerjare tydens 'n amptelike besoek aan Potchefstroom.

der, moet hy kan aantoon dat hy nie beginsels of einddoelwitte verander het nie, net die strategie om dit in die nuwe omstandighede te kan bereik.

In die sewentigerjare het meneer John Vorster as eerste minister sekere beleidsveranderinge aangekondig. Van sy eie party se parlementslede was baie ongelukkig daaroor en het 'n afspraak met hom aangevra. Hulle het hulle goed voorberei vir die gesprek met as troefkaart 'n aanhaling van meneer Vorster self. Dit was iets wat hy in sy jonger dae gesê het wat hulle standpunt sterk ondersteun het.

Toe dit tydens die gesprek duidelik word dat meneer Vorster nie van standpunt gaan verander nie, besluit hulle om hulle troefkaart te gebruik. Hulle kondig aan dat hulle 'n aanhaling oor hierdie saak aan hom wil voorlees van 'n baie prominente NP-leier. Daarop lees hulle die betrokke aanhaling voor sonder om te sê dat dit hyself was wat dit in sy jonger dae gesê het.

Marthinus van Schalkwyk praat eers F.W. de Klerk, dan Tony Leon en dan Thabo Mbeki na die mond soos hy van politieke partye verander het. (Erkenning aan Frans Esterhuyse, *Beeld*, 11 Augustus 2004)

Vorster het aandagtig geluister en toe aggressief gevra: "Wie het dit gesê?"

Leedvermakerig kondig hulle aan: "U het dit gesê, Meneer!"

Daar was 'n lang stilte waarna Vorster op sy afgemete manier gesê het: "Ek sal dit nie weer sê nie."

Hierna het die NP steeds sy grootste oorwinning ooit in die algemene verkiesing van 1977 behaal.

Waarom oorleef sommige politieke leiers sulke veranderinge en ander nie?

Moenie die kiesers se oordeel onderskat nie. Hulle verstaan as omstandighede so verander het dat 'n ander plan nodig is om dieselfde doelwitte te bereik. Dit wat in 1948 gewerk het, werk nie meer in 1994 nie en 1994 se planne werk nie in 2008 nie. Kiesers het waardering vir 'n leier wat dan nie bang is om 'n nuwe pad aan te dui nie. Hulle is egter onverbiddelik as hulle oordeel dat 'n leier hulle in die steek gelaat het.

Daar is 'n groot verskil tussen 'n nuwe plan vir nuwe omstandighede en 'n totale verandering van beginsels en rigting.

Wat my en meneer Van Graan betref: Ons het klaar geoordeel oor die NNP se besluit om by die ANC aan te sluit.

Die geskiedenis sal nog moet bewys wie het in die moeilike tye koers gehou en wie nie. Ek het wel 'n lysie name van mense op wie ek nie my geld sal verwed nie!

24
Daniël Rantho – sjerrie en haatspraak

Ek is kwaad en voel hoe die bloed in my kop klop.

Elke dag is daar nog 'n plaasmoord, nog iemand wat met 'n yster gebrand of selfs keel afgesny is – en dit vir 'n selfoon. Dit is baie maklik om in hierdie tyd mense verder teen mekaar op te sweep. Ek kan dit ook doen, maar dit is uiters onverantwoordelik.

"Afrikanerboere het in die apartheidstyd vroulike werkers aangehou om hulle in die nag te kan verkrag," sê die spreker. Hy is 'n exile wat dertig jaar in Brittanje gewoon het en nou glo hy verstaan alles wat in Suid-Afrika tydens sy afwesigheid gebeur het.

Hoeveel keer moet ons nog na sulke haatspraak en berekende anti-wit-opsweping in die parlement luister?

Lank ná die 1994 verkiesing is hierdie slagspreuk steeds by verskeie ANC-bykomste gesing. Die VF Plus se klagte by die Menseregtekommissie dat dit haatspraak is, het ná 'n lang verhoor en hoë regskoste geslaag en die slagspreuk is verbied. (*Beeld* 18/7/2003)

Ons skreeu tussenwerpsels en maak amptelik by die speaker beswaar.

Die spreker stoom egter net voort met sy rassistiese tirade en misbruik so die parlementêre privilegie van vryheid van spraak.

Hoekom is ons so kwaad? Omdat so 'n toespraak gehou word vir korttermyn-applous, sonder om vir een oomblik te oorweeg wat die effek daarvan buite die parlement is.

Daarbuite hoor jong wittes en jong swartes hierdie tipe toespraak en reageer daarop. Ons het nou al verskeie rassevoorvalle van alle kante gehad. Behalwe dat vandag se jonges nie in daardie tyd geleef het nie, het baie nog nie die vermoë ontwikkel om te bepaal hoeveel van wat gesê word, oordryf is en hoeveel die waarheid is nie. Plaasmoorde en hierdie wrede martelmisdade word meestal deur jongmense onder 25 gepleeg. Natuurlik moedig sulke onverantwoordelike toesprake sulke gedrag aan.

"Alle Afrikaners het hulle swart werkers deurlopend verneder," beëindig die spreker sy haattoespraak.

Ek dink aan Daniël wat by ons gewerk het. Het ons hom "deurlopend verneder"?

Inteendeel, 'n pak slae was jou voorland as jy dit sou doen.

Daniël Rantho het by die eerste ontmoeting jou reeds laat verstaan dat hy nie in die tuin werk nie, maar net in die huis. Sy ligbruin skoene was altyd militêr-blink gepolitoer.

Ek onthou nog hoe my broer Corné geprotesteer het toe Daniël hom en sy maats ná kattekwaad aangekla het. Daniël het gevoel dat Corné se opvoeding deel van sy pligte is. Toe Corné hom probeer lospraat, het Pa sonder huiwering Daniël geglo en Corné die laaste pak slae van sy lewe gegee.

As deel van my pa se ministerspligte is daar van tyd tot tyd etes by die huis aangebied. Die dag as Daniël sy wit baadjie gestryk en aangetrek het, dan het dit beteken hier kom gaste vir so 'n ete.

Een so 'n aandfunksie was vir die diplomate van Pretoria. Omdat daar so baie mense sou wees en dit buitelanders is, het die verversingsbestuurder aanbeveel dat 'n privaat maatskappy gehuur word om die drank te hanteer.

"Die privaat maatskappy het 'n goed opgeleide, wit, buitelandse kroegman," verduidelik die bestuurder.

"Onnodig," sê Pa. "Daniël kan dit beter doen."

Die verversingsbestuurder probeer nog argumenteer, maar Pa staan bankvas agter Daniël. Hy gee opdrag dat die buitelandse kroegman gekanselleer moet word.

"As Daniël die kroeg hanteer, dan betaal ons daardie geld aan hom en nie aan die buitelander nie," motiveer Pa sy voorstel.

"Maar Daniël het geen kroegopleiding nie," is die bestuurder se laaste troefkaart.

"Niks om oor te bekommer nie. Ek sal self vir Daniël oplei hoe om die kroeg te hanteer," sluit Pa die argument af.

Daniël is daarna op 'n kitskursus. Pa leer hom van klein sjerrieglasies en groot bierglase; van lang sjampanjeglase en ronde wynglase. Hy leer van wyn en van whiskey – van whiskey met soda en van whiskey met ys.

Die middag voor die funksie stryk Daniël self sy wit baadjie. Hy vertrou niemand anders daarmee nie.

Die diplomate kom aan en vul die onthaalvertrek. Daniël is flink en vinnig agter die kroegtoonbank. Al die gaste staan binne minute met glase in die hand en kuier.

Tydens die toesprake sien Ma een diplomaat raak wat die eienaardigste drankie drink. Hy het 'n klein sjerrieglasie in sy hand. Die glas is tot bo met 'n bruin drank gevul wat skuimend dreig om oor te loop. Hy drink versigtig daaraan sodat die skuim nie op sy hand oorloop nie.

Ná die toesprake vra Ma versigtig aan Daniël wat daardie man met die skuimende sjerrieglas bestel het.

"Hy wou 'n sjerrie hê, gemeng met bier," antwoord Daniël.

Daniël verduidelik dat hy toe 'n probleem gehad het. Hy moes kies tussen 'n klein sjerrieglasie of 'n groot bierglas vir die mengsel. Hy het toe besluit op die klein sjerrieglasie. Sjerrie is duur en ons spaar baie sjerrie omdat hy die mengsel nie in die groot bierglas gegooi het nie, verduidelik hy trots.

Ma het nog nooit van so 'n drankie gehoor nie. Iets maak glad nie sin nie.

Ma vra: "Daniël, wat presies het die man in Engels gevra?"

"A beer sharie," verklaar Daniël.

Skielik maak dit sin. 'n "Beer shandy"!

Pa het nie vir Daniël opleiding vir 'n "beer shandy" gegee nie!

As deel van die opleiding het Pa wel voorsorg getref om hierdie soort misverstand te voorkom. Sy opdrag aan Daniël was dat as iemand 'n tipe drank vra wat hy nie ken nie, hy moet antwoord dat ons dit nie in voorraad het nie. So 'n antwoord sou Daniël teen al die tekortkominge in Pa se kitsopleiding beskerm.

Maar Daniël ken sjerrie en hy ken bier. Hierdie diplomaat se eienaardige versoek is nie onbekend nie. As die man sy drank so dom wil meng, is dit sy probleem!

Soos 'n goeie diplomaat het die man die volgende rondte wyn gevra en nie weer "bier-sjerrie" nie!

Die aand was 'n groot sukses. Almal, Daniël ingesluit, is tevrede huis toe.

Die ekstra geld wat Daniël met sy drankbediening verdien het, het hy gebruik om sy huis gouer klaar te betaal. Pa het hom gehelp om, in plaas van 'n huurhuis, eerder 'n aftreehuis te bou wat sy eiendom word. Hy was baie trots op sy netjiese baksteenhuis net noord van Pretoria. Maandeliks het Pa, naas Daniël se salaris, ook ongevraag die paaiement op die huis betaal.

Ná Pa uit die kabinet is, het Daniël by die ministershuis agtergebly. Vir tien jaar het ons min kontak met hom gehad. Ons het wel gehoor dat hy afgetree het en baie lekker in sy aftreehuis woon.

Die dag ná Pa se begrafnis is daar 'n klop aan ons deur in Randfontein. Dit is Daniël Rantho. Hy dra nog steeds sulke ligbruin, baie blink skoene. Hy het nie sy wit baadjie aan nie, maar 'n das en 'n pak klere. Hy het vir Pa se begrafnis gekom – daarom die pak klere. Hy moes taxi ry en toe bus en toe trein en toe weer taxi om van Pretoria tot hier te kom. Dit het lank geduur en sekerlik baie gekos – in moeite, tyd en geld.

Hy is baie teleurgesteld toe ons aan hom verduidelik dat hy die koerant verkeerd gelees het. Die begrafnis was reeds gister.

Hy dring nou daarop aan om die graf te besoek. 'n Vars graf met blomme is nie 'n lekker plek om te besoek nie. Daniël vra dat ons daar 'n foto van hom moet neem. Dit moet dan later aan hom gestuur word. Hy praat met lof van Pa, van hoe lekker hy gewerk het, hoe 'n goeie man Pa was en van sy aftreehuis. Die ANC-haatspreker in die parlement, met sy gladde Engels, sal min hiervan verstaan. Hy sal dit snedig afmaak omdat dit voor 1994 plaasgevind het.

Die skrywer se skoonsuster Alma, broer Corné en hulle baba, en ma Suzanne saam met Daniël Rantho by Connie Mulder se graf die dag ná die begrafnis. Regs staan Lisa en Nelly Mantewa wat lank by die familie gewerk het.

Dit is maar 'n gedeelte van Daniël Rantho se storie. Ek het nog nie Miriam Masidiso, Emmah Mabale of ouma Nelly se stories vertel nie. Op verskillende tye het hulle ook by ons gewerk. Die meeste Afrikanerfamilies wat ek ken, het só 'n storie van werkers wat deel van die familie geword het.

As dit warm is en ek is dors, hou ek van 'n biershandy. Ek het nog nooit weer 'n biershandy gedrink sonder om aan Daniël Rantho te dink nie.

25

Koloniale tale in 'n vry Afrika

Dit is 'n pyn om drie-uur die middag in 'n warm raadsaal na die PAC-spreker te luister. Hoewel hy Xhosa-sprekend is, praat hy net Engels in die parlement.

Die wyse waarop hy die woorde uitspreek, is nie die grootste probleem nie. Ons almal wat nie Engels as moedertaal het nie, praat maar met 'n aksent.

Die baie "uhs" en "ahs", herhalings en stiltes terwyl hy na 'n woord soek, dít is die probleem. Die meeste lede het lankal ophou luister. Hulle wag dat die marteling vir die spreker en vir ons almal verbygaan.

"Hoe kan iemand wat homself so swak uitdruk, 'n leier in sy gemeenskap wees?" vra ek aan my bankmaat.

Die dooie atmosfeer in die raad word versteur toe 'n ANC-lid 'n tussenwerpsel in Xhosa aan die spreker skreeu.

Die PAC-lid vererg hom bloedig. Hy los sy notas en draai hom na die ANC-lid. Nou praat hy Xhosa. Skielik is sy hande los en sy gesig lewendig. Hy praat vloeiend en met emosie. Ek verstaan nie wat hy sê nie, maar hy het beslis die hele raad se aandag.

Voordat ek nog my oorfoon kon instel om na die vertaling te luister, is daar spontane applous. Sommige lede het opgespring en met harde uitroepe van goedkeuring gereageer. Hy het binne tellings daarin geslaag om in Xhosa die meerderheid van die gehoor se ondersteuning te wen.

"Ek het te gou geoordeel. Nou kan ek sien waarom hy 'n leier in sy gemeenskap is," korrigeer ek my kritiese opmerkings.

"Hier is 'n vertaaldiens – waarom praat hy nie liewer altyd in sy moedertaal nie? Is hy skaam om Xhosa te wees?" wonder ek hardop.

Die probleem is dat Engels-praat vir hierdie leiers nie net 'n medium

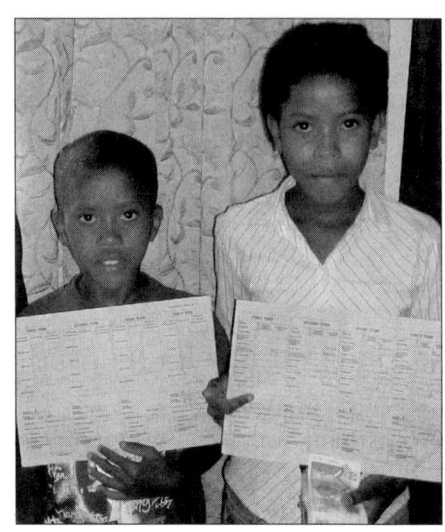

Twee van Emmah se slim kinders wat goed presteer op skool.

van kommunikasie is nie, maar self die boodskap geword het. Deur Engels te praat, dra jy status en 'n sweem van meerderwaardigheid oor.[98] In so 'n atmosfeer is Xhosa-praat minderwaardig.

Doktor Buthelezi voel egter nie so nie. Hy skryf: "Ons etnisiteit is nie deur apartheid uitgevind nie, apartheid het dit net gebruik. Ek het nie Zoeloe-wees geskep nie. Zoeloe-wees het my geskep en Zoeloe-wees sal nog lank ná ek weg is, bestaan."

Daarna dui hy aan dat hy nie skaam is om 'n Zoeloe, 'n Suid-Afrikaner en 'n wêreldburger te wees nie en dat die een nie die ander uitsluit nie.[99]

Emmah Mabale[100] werk reeds baie jare by ons en haar kinders het voor ons grootgeword. Elke Desember kom spog haar kinders met hulle skoolrapporte. Emmah het slim kinders wat van die toppresteerders in hulle klas is. Dit het nou al gebruik geword dat elke kind 'n bedrag geld kry nadat die rapport gewys is. Die geld is die eerste keer gegee as 'n geskenk vir Kersfees wat voorlê, maar die kinders het dit aanvaar as 'n beloning vir die mooi rapporte.

Vanjaar het ons 'n probleem. Thato,[101] die oudste, was verlede jaar baie trots daarop dat sy tweede in haar klas was. Hierdie jaar het sy gedruip en is nou te skaam om haar rapport te bring.

Waarom het Thato gedruip? In haar skool kry kinders vir die eerste

---

[98] Professor Lawrence Schlemmer se navorsing in *Rapport*, 3 September 2006, p. 11.
[99] Doktor Buthelezi, artikel in *Sunday Times*, 16 April 2006, p. 18.
[100] Kyk ook storie 4, p. 22.
[101] Skuilnaam.

vier jaar onderrig in hulle moedertaal, Tswana. Sy is nou elf jaar oud en in graad vyf, die jaar waarin hulle oorskakel van Tswana na Engels. Verlede jaar het sy maklik somme in Tswana gedoen, vanjaar moes sy *Numeracy* in Engels slaag. "Thato het nie verstaan nie," verduidelik haar ma.

Ek is sommer kwaad vir die regering, die skoolowerhede en die ouers van die skool wat op Engels as onderrigtaal aandring en dit aan 'n kind doen.

Afrika is die enigste kontinent in die wêreld waar die meerderheid kinders nie in hulle moedertaal onderrig word nie.[102] Dit verklaar baie van Afrika se probleme.

Die tema van die meeste toesprake in die parlement is dat Afrika sy selfrespek moet herwin. Deur Thato te laat druip, help nie daarmee nie. Die boodskap aan haar is dat Tswana, haar moedertaal, minderwaardig is en nie verder gebruik kan word nie. As Afrikaners weet ons uit ons verlede dat as jou taal as minderwaardig beskou word, jy ook minderwaardig voel.

Kwama Nkrumah, Ghana se eerste president, het gesê dat jy in Afrika eers die "politieke koninkryk moet soek", die res sal daarna vanself kom.

Dit is nie waar nie. As Afrika se mense nie kultureel ook vry is nie, sal hulle nie werklik vry wees nie.

"Die opening van die eerste universiteit wat 'n swart taal as onderrigmedium gebruik, sal meer doen vir bevryding in Suid-Afrika as wat selfs meneer Nelson Mandela se vrylating uit die gevangenis gedoen het," het Piet Muller geskryf.[103]

Iemand soos Ngugi wa Thiongo, bekende skrywer van Kenia, skryf met opset net in sy moedertaal. Hy glo dat die gaping tussen ryk en arm in Afrika grootliks toegeskryf kan word aan die gebrek aan moedertaalonderrig in skole en by universiteite.[104]

Thato het steeds haar geld ontvang. Ons het haar geprys omdat sy die

---

[102] Professor Adama Samassekou van Mali, president van die Afrika-akademie van tale. Kyk ook *Hansard*, 17 Mei 2005, doktor P.W.A. Mulder.
[103] Piet Muller se rubriek "Flitslig" in *Rapport*, 17 November 1996, p. 8.
[104] Ngugi wa Thiongo, *Decolonizing the Mind: The Politics of Language in African Literature*, 1986.

Saam met ministers Essop Pahad en Naledi Pandor ná 'n ernstige gesprek oor moedertaalonderwys.

beste in Tswana in die klas was. Ek dink dit het gehelp. Maar die selfversekerde glimlag was weg. Waar sy verlede jaar vir die hele wêreld kans gesien het, is sy nou volgens haar rapport 'n mislukking. Die onsekerheid kon jy in haar oë sien.

As ons in die parlement oor moedertaalonderrig praat, dan hoor die ANC-lede rassisme en die bevoorregting van Afrikaans. Hulle bly blind vir internasionale navorsing wat oor en oor bewys het dat moedertaalonderrig die beste soort onderrig is.[105] Dit beteken nie dat Engels nie belangrik is nie. Dit gee jou toegang tot die wêreld. Maar kinders wat eers hulle moedertaal onder die knie kry en dan 'n tweede taal soos Engels aanleer, vaar baie beter in Engels, as kinders wat op 'n baie vroeë ouderdom van hulle moedertaal af na Engels oorgeskakel het![106] Dit verklaar waarom Afrikaanse kinders, wat in hulle moedertaal skoolgegaan het, steeds internasionaal in Engels presteer.

---

[105] Kathleen Heugh in *Beeld*, 5 Oktober 2005, p. 7.
[106] *The Financial Mail*, 2 March 2001, p. 32–33. "Tongue-tied for life – early English instruction is damaging literacy and numeracy among black students".

Connie Mulder en Félix Houphouët-Boigny, president van die Ivoorkus. Hulle het gereeld met mekaar geskakel en het lang gesprekke gevoer oor die rol van Frans as koloniale taal teenoor die plaaslike Afrika-tale.

Ek het al sonder sukses die minister van onderwys uitgedaag om een groep Tswana-leerlinge tot matriek in hulle moedertaal te laat skoolgaan en dan hulle uitslae te vergelyk met 'n soortgelyke groep wat in Engels onderrig is.[107]

Engels is ook nie alles nie. Die Chinese se Engels is hopeloos, maar hulle bou die wêreld se grootste damme en plaas satelliete in die ruimte.

Die Duitsers se Engels bestaan dikwels nie, maar hulle ekonomie is die sterkste in Europa.

Wanneer gaan die PAC-parlementslid en Thato se skoolowerhede leer dat dit nie minderwaardig is om in jou eie taal te dink en te leer nie? Daardie dag sal ons 'n kultuurbevryde Afrika hê bestaande uit selfrespekterende gemeenskappe en geen ongelukkige Thato's nie.

---

[107] *Hansard*, 18 Junie 2003, doktor P.W.A. Mulder in die Onderwysdebat.

26
Wiskunde-vraestelle en Venda-kleremakers

Desember is my boekleestyd. Dit is een van die min tye wanneer ek rustig by die huis die boeke kan lees wat ek lankal wou lees. As gevolg van rekenaars en e-pos word Desember nou ook die tyd om agterstallige e-posse te lees en uit te vee.

Die meeste ongeleeste e-posse is advertensies wat ek kan uitvee sonder om eers daarna te kyk. Die opskrif van 'n e-pos wat ek nog nie gelees het nie, trek my aandag: "Westerse denke versus Afrika-denke."

Waarskynlik sien ek dit raak omdat ek dié Desember besig is om Attie van Niekerk se boek *Saam in Afrika* te lees.[108] Sy boek handel juis oor interkulturele verskille in Suid-Afrika.

Ek het die boek nie dadelik gelees nadat ek dit gekoop het nie. Om eerlik te wees, ek het geglo ek het nie nodig om dit te lees nie. Ek het geglo ek verstaan alle mense in Suid-Afrika en dat ek sensitief is vir al ons kultuurverskille. Nou, ná vier jaar saam met die ANC in die parlement, het ek die boek uit my rak gaan haal en begin lees. Hoe langer ek in die parlement is, hoe meer kom ek agter dat daar beslis goed is wat ek glad nie verstaan nie.

Op die eerste bladsy van sy boek verwys Attie na die feit dat die Westerse denke en die Afrika-denke in Suid-Afrika baie verskil maar dat hulle tot 'n vergelyk met mekaar sal moet kom.[109] Dit is blykbaar ook waaroor die e-pos handel.

Ek maak die e-posstuk oop:

---

[108] Attie van Niekerk, *Saam in Afrika*, Kaapstad: Tafelberg, 1992.
[109] Van Niekerk, p. 1.

"Die Westerse kultuur is mededingend, Afrika stel 'n prys op harmonie en konsensus.

"Die Weste beklemtoon individuele regte, Afrika beklemtoon groepsverpligtinge.

"Die Weste beklemtoon individuele vryheid; Afrika groepsolidariteit."

Die probleem met so 'n e-pos is dat dit ingewikkelde sake vereenvoudig tot slegs enkele sinne. Dit deel ook alle mense in eenvoudige swart/wit-kategorieë in. Mense is nooit so eenvoudig nie. Ek ken verskeie swart ANC-lede wat beslis meer Westers as Afrika is in hulle denke. Verskeie van die oud-ANC-exiles se kinders is terug Europa toe omdat hulle nie in Afrika kon aanpas nie!

Aan die ander kant kan ek die stellings in die e-pos nie ignoreer nie. My ervaring tydens die grondwetlike onderhandelinge en in die parlement bevestig baie van die stellings as korrek.

My e-pos- en boekleessessie word deur my seun onderbreek wat dringend iets in die gangkas soek. Die kas is gesluit. Ek weet nie waar die sleutel van die gangkas is nie. My vrou weet waar die sleutel is, maar sy is nie by die huis nie. Nou word dit my probleem!

My vrou is al meer as dertig jaar 'n Wiskunde-onderwyseres. Dit beteken dat sy elke jaar matrieks se Wiskunde-eindeksamenvraestelle gaan nasien. Ná 1994 het baie van haar kollegas besluit om nie meer te gaan nasien nie. Sy glo egter dat jy wel 'n verskil kan maak deur steeds te gaan nasien, al het baie intussen by die nasiensentrum verander.

Die nasien geskied gewoonlik by 'n skool ver van die huis af en dit is altyd in Desember. Dan is ek alleen by die huis en in beheer van die huishouding en van die kinders. Ek vind dit erg uitputtend. Dit bots ook altyd met my boekleestyd. Natuurlik waardeer ek my vrou baie meer wanneer sy terug is, maar op die oomblik is ek baie geïrriteerd met die situasie.

Vanjaar is my irritasievlakke hoër, want die situasie is moeiliker as voorheen. Voorheen was sy vir ongeveer vier dae in Desember weg. Dit kon ek nog hanteer. Nou is dit baie langer.

Hoekom so lank? Is daar nou skielik ná 1994 soveel meer leerlinge wat Wiskunde neem?

Nee, dit is 'n nuwe reëling van die provinsiale administrasie ná baie klagtes verlede jaar.

Al die jare wat sy gaan nasien het, is die nasieners betaal per vraestel wat hulle nagesien het. Dit het goed gewerk. As al die vraestelle nagesien is, gaan almal huis toe – of dit nou vier dae of veertien dae neem.

Elkeen werk dan in sy eie tyd en so hard as moontlik. Party nasieners begin reeds sesuur in die oggend en verkort etenstye. Ander verkies om tot laatnag na te sien. As jy minder vraestelle nasien, is jou betaling in dieselfde verhouding natuurlik ook minder.

Verlede jaar was daar ernstige klagtes dat hierdie metode van betaling teen mense diskrimineer wat stadiger as ander nasien. Een nasiener het 800 vraestelle nagesien in dieselfde tyd as wat 'n ander slegs 250 kon nasien. As gevolg van die klagtes, wat van die stadiger nasieners gekom het, word nasieners vanjaar per dag en nie meer per vraestel betaal nie.

Die hoeveelheid vraestelle is vanjaar dieselfde as verlede jaar. Waar my vrou in die verlede ná vier dae terug by die huis was, gaan hulle vanjaar die volle tyd wat toegelaat word, naamlik al elf dae lank nasien. So het die meerderheid nasieners besluit. Dan kry almal ewe veel betaling vir elf dae se werk!

Van die elf dae is ons nou maar eers halfpad. Die yskas is reeds leeg en die spens ook. Die nasieners se besluit en die "nuwe" politiek raak my nou regstreeks.

Ek wou dadelik by my vrou weet wie is dan die vinnige nasieners en waarom maak hulle nie beswaar nie.

My vrou antwoord dat mevrou Molefi,[110] wat een van die stadigste nasieners is, een van die klaers was. Meneer Kabelo,[111] wat die vinnigste en deeglikste nasiener is, het met mevrou Molefi saamgestem dat die betaling nie regverdig is nie en dat dit meer gelykop verdeel moet word!

Haar antwoord betrap my onkant. Ek het aanvaar die vinnige nasieners gaan heftig beswaar maak teen die nuwe reëling. My denke is duidelik baie Westers. Die e-posstuk sê mos: "Die Westerse kultuur is mededingend, Afrika stel 'n prys op harmonie en konsensus."

My seun neul in my ore omdat die gangkasprobleem nog nie opgelos is nie.

Ná baie mislukte pogings pas een van die ander kaste se sleutel op die gangkas se deur en kan ek die probleem oplos.

---

[110] Skuilnaam.
[111] Skuilnaam.

Die "nuwe" politiek skep nuwe onregte. Omdat regstelling op ras- en nie op ekonomiese basis gedoen word nie, kon regter Hlophe se seun 'n beurs vir verdere studie kry, al ontvang sy pa 'n regtersalaris. Verskeie wit leerlinge uit minder gegoede huise en wat ses onderskeidings in matriek gekry het, kon nie studiebeurse kry nie. (Erkenning aan Fred Mouton, *Die Burger*, 2 Junie 2006)

Net toe ek weer wil begin lees, meld die volgende kind aan. Sy is siek en dit is van so 'n aard dat ek haar dokter toe sal moet neem. Waar is my vrou tog? Dit is gewoonlik haar werk. Die nuwe politiek foeter my Desember nou heeltemal op. Ek sal maar Attie van Niekerk se boek saamneem vir die lang wag in die spreekkamer.

Ek is nou op bladsy 53. Attie skryf hoe hy en sy vrou Carol as jong sendingpaartjie 'n naaldwerkklas in Venda begin het.

Dit het so goed gegaan dat hulle binne 'n kort tydjie die naaldwerkklas kon omskep in 'n tuisnywerheid. Die tuisnywerheid het bestaan uit ses vrouens wat voltyds klere maak en so heelwat geld vir hulleself daaruit verdien het. Meer as wat hulle ooit as huishulpe sou verdien.[112]

---

[112] Attie van Niekerk, *Saam in Afrika*, p. 53.

'n Paar maande later roep Carol al die vroue bymekaar om te hoor of daar enige probleme is. Ja, sê die vrou wat gewoonlik die minste inkomste kry. Hulle moet die inkomste gelykop verdeel tussen almal. Carol sê sy dink nie dit sal werk nie, maar hulle moet self besluit hoe hulle dit wil hê.

Ná 'n bespreking besluit die ses vrouens dat die inkomste gelykop verdeel moet word. Die vrou wat vyf keer meer as van die ander verdien het, omdat sy soveel meer klere gemaak het, stem ook saam.[113]

Ek is so verdiep in Attie se boek dat ek nie hoor hoe die dokter se ontvangsdame ons roep nie.

Sekerlik kan ons baie leer by Afrika se klem op die groep en op die belangrikheid om konsensus te kry. Maar dit alleen gaan nie ons probleme oplos nie. Soos die meeste Suid-Afrikaanse probleme lê die antwoord daarin om 'n balans te vind tussen die Weste en Afrika – om die beste uit die Weste en die beste uit Afrika te kombineer.

Hier verskil ek ernstig van die slim Afrika-Renaissance-denkers wat met hulle duur Europese motors en klere propageer dat alle Westerse denke nou in Suid-Afrika met Afrika-denke vervang moet word. Dit sal fataal wees en tot almal se nadeel. Op bladsy 54 van Attie se boek vertel hy hoe die Venda-tuisnywerheidprojek kort daarna doodgeloop het. Die ses vrouens is waarskynlik in Afrika-groepsharmonie uitmekaar, maar sonder enige verdere inkomste!

So 'n benadering is tot die nadeel van almal in Suid-Afrika. So kan ons ook nie ekonomies kompeteer met China, Indië of Europa nie. As ons egter die regte balans kan kry tussen die Weste en Afrika, sal dit goed gaan met Suid-Afrika. Dan kan die ses Venda-vrouens in harmonie saamwerk met 'n billike inkomste vir elkeen en kan my vrou in die toekoms dalk net 'n week in Desember weg wees in plaas van elf dae!

---

[113] Van Niekerk, p. 54

27

Strategie in die parlement en veeltaligheid

Jan du Toit[114] keer my in een van die parlement se gange voor. Hy lyk bekommerd. Terwyl hy met my praat, kyk hy gespanne op en af in die gang – net soos daardie spioene in die rolprente as hulle nie raakgesien wil word nie.

"Ons het opdrag gekry om vandag geen Afrikaanse notule of agenda vir die parlement se sitting more voor te berei nie," sê hy. Du Toit werk by die parlement se vertaaldiens.

"Moet julle steeds die Engels voorberei?" vra ek.

"Ja, ons berei net die Engels voor. Hulle wil kyk of daar enige reaksie van die parlementslede kom," verduidelik hy.

"Kom die opdrag van die speaker?" wil ek weet.

Niemand weet presies waarvandaan die opdrag kom nie. Du Toit glo dat die VF die party is wat iets aan die saak sal kan doen.

Sedert 1994 is daar deurlopend pogings om Engels as die enigste parlementêre taal te vestig. Doktor Sydney Zotwana, die adjunkhoof van die parlement se vertaaldiens, kon nie verstaan waarom Engels nie as die *lingua franca* aanvaar kan word nie.[115]

Tydens die grondwetlike onderhandelinge het senator Errol Moorcroft, namens die Demokratiese Party, 'n voorstel ingedien dat Engels die *lingua franca* of hooftaal van Suid-Afrika moes word.[116] Sulke voorstelle het in die ANC se hande gespeel en dit vir ons baie moeilik gemaak om veeltaligheid te bevorder. Louis Luyt kon nie anders as om later die DA

---

[114] Skuilnaam.
[115] *Beeld*, 7 Maart 1996, p. 6, "Engels SA se bindingstaal".
[116] *Die Burger*, 3 Augustus 1995, "DP se omstrede Engelse taalbeleid gou bespreek".

Toe aanwysingsborde ná 1994 by die parlement opgerig is, was dit net in Engels. Ná druk van die VF en 'n klag by die Pan Suid-Afrikaanse Taalraad, is die borde gewysig sodat alle tale gelyk hanteer word.

hieraan te herinner nie en te beweer dat hulle die "stryd vir Afrikaans" misbruik net om stemme te werf.[117]

Die argument in die parlement is dat Afrikaans in die verlede bevoordeel is en daarom nou afgeskaal moet word. In die geskiedenis was Engels vir lang tye die enigste amptelike taal en is bo alle ander tale bevoordeel. As Jan du Toit aan my kom rapporteer dat hulle al die dokumente vir more se sitting net in Engels moet voorberei, beteken dit eintlik dat die taal wat vroeër die meeste bevoorreg was, nou nog verder bevoorreg moet word terwyl Afrikaans, Zoeloe en die ander tale benadeel word.

Presies soos Du Toit aan ons vertel het, verskyn die agenda en notule die volgende dag net in Engels. Met die begin van die sitting neem ons 'n punt van orde en vra aan die speaker waarom daar geen dokumentasie in Afrikaans is nie. Sy lyk verbaas, berispe die amptenare en onderneem dat dit dadelik reggestel sal word. Dit is beslis moontlik dat die opdrag

---

[117] *Die Burger*, 17 Februarie 2006, "DA ontken Leon misbruik Afrikaans".

van haar af gekom het. Ons sal nooit weet nie. Die volgende dag is daar weer Afrikaanse dokumente. 'n Klein oorwinninkie waarvan jy nie in die media sal lees nie.

Vir sukses in die parlement moet jy jou strategie kan afwissel. Sommige sake moet sag en agter die skerms hanteer word. Ander moet jy in die openbaar trompop loop.

Die Oilgate-saak het ons trompop hanteer. Willie Spies, VF-parlementslid, raak bewus van R11 miljoen se belastinggeld wat via 'n privaat maatskappy[118] aan die ANC oorbetaal is vir die verkiesing, asook van verskeie ander bewerings oor korrupsie. Telkens wanneer ons in die raad oor die saak wil praat en die feite so aan die media bekend maak, reël die speaker dit buite orde. Hoe nou gemaak?

Politieke partye mag met die begin van die sitting elke dag kennis gee van mosies wat hulle wil bespreek. Corné Mulder, as hoofsweep van die VF Plus, gee die middag kennis dat hy die Oilgate-korrupsiesaak wil bespreek.[119] In die mosie rammel hy al die detail so vinnig as moontlik in Afrikaans af. As 'n feit eers een keer in die parlement genoem is, mag die media sonder risiko dit daarna publiseer.

Dit duur altyd 'n rukkie voordat die vertaaldiens die mosie oor die oorfone begin vertaal. Voor die speaker in Engels kon hoor waaroor die mosie gaan en ons buite orde reël, was die mosie afgehandel en op rekord. Die volgende dag het al die koerante groot berigte hieroor geskryf.

Ná so 'n trompop bakleisessie met die ANC kry ons baie briewe van ondersteuning en aanmoediging. Een so 'n brief is van oom Oosie Oosthuizen van die Weskus. Hy is baie in sy skik met die wyse waarop die VF in die parlement "vir ons saak baklei het" en hy sluit 'n tjek van R1 000 in.

Met sommige sake is trompop-baklei nie die beste manier nie. As jy die ANC dan met 'n aanvallende mediaverklaring storm, kan die minister nie bekostig om in die openbaar aansien te verloor nie en skiet hy/sy gewoonlik jou verklaring onmiddellik af. Jou taai verklaring mag die televisienuus haal, maar jy kan redelik seker wees dat jy moeilik daarna enige iets verder aan hierdie saak verander sal kry.

---

[118] Dit was die swartbemagtigingsmaatskappy Imvume Investments.
[119] Parlement, 2 Junie 2005

'n Beter strategie in so 'n geval is om geen mediaverklaring uit te reik nie. Maak 'n afspraak met die ANC-voorsitter wat die wet in die parlement gaan hanteer. Wys in 'n privaat gesprek die probleme in die wet uit en stel alternatiewe voor. Oortuig jy die voorsitter, sal hy die saak verder voer. Vorder jy nie so nie, praat jy op dieselfde wyse met die minister of selfs die president.

Oortuig jy die regering agter die skerms om die artikel te wysig, sal hulle nie na buite erken dat hulle verkeerd was nie. Hulle verklaring lui: "The ANC had a rethink," en daarom verander hulle die artikel. In die parlement word óns verandering nou deur die ANC voorgestel. Ons sit doodstil en ondersteun dit omdat dit belangrike voordele vir ons kiesers inhou.

Hierna kry ons geen briewe van kiesers wat "hoor-hoor" sê nie. Oom Oosie het wel geskryf: "Ek het gister op die TV gekyk hoe die ANC daardie gemors-wet se artikel drie verbeter het. Julle manne sit ook net daar op julle blakers, trek salaris en sê niks. Ek kanselleer hiermee my finansiële bydrae en sal maar voortaan vir die Engelse DA stem wat darem gister baklei het."

Ons het die geveg om veeltaligheid in die parlement met presies dieselfde strategie gewen.

Omdat die ANC Engels as enigste taal in die parlement verkies het, was daar drie jaar ná die 1994-verkiesing steeds geen vaste beleid oor tolkdienste in die parlement nie.[120] Uiteindelik, onder druk, is 'n taalbeleid in 1998 voorgelê. Die voorstel was dat Engels sy dominante posisie behou, Afrikaans heeltemal afgeskaal word en die ander Afrikatale van tyd tot tyd 'n bietjie aandag kry.[121]

Ons het heftig hierop gereageer en 'n spesiale debat aangevra om die gelyke gebruik van al die amptelike tale in die parlement te bespreek.[122] As die Europese parlement elf tale kan hanteer, dan kan ons ook. Ná die debat het ons met koerantartikels ons argumente na die media laat oorvloei.[123]

---

[120] *Beeld*, 6 Maart 1997, p. 13, "Verwarring heers weens g'n tolk-plan in Parlement".
[121] *Die Burger*, 13 Maart 1998, p. 11, "'ANC-taalbeleid' vir Parlement ontketen chaos".
[122] *Hansard*, doktor P.W.A. Mulder, 12 Maart 1998.
[123] *Beeld*, 2 April 1998, p. 19, "ANC-taalbeleid belediging vir Afrikaans en ander amptelike tale" deur doktor Pieter Mulder.

Dit help nie om oor veeltaligheid te praat, maar dit nie toe te pas nie. Hier is die skrywer saam met Leon Louw, Dalien de Lange en Eleanor Lombard by die bekendstelling van die VF Plus se webblad wat in agt tale beskikbaar is.

Verskeie parlementslede het my in hierdie tyd kom bedank dat ons ook die bevordering van hulle tale propageer. Om verskillende redes is dit nog nie *cool* vir hulle om dit te doen nie, maar ons moet asseblief hiermee aanhou, was die versoek.

Ná die debat is in die koerante se spotkolomme met die VF Plus gekgeskeer omdat ons gewys het hoe maklik tolke in elf tale bekostig kan word as die parlement se verversingsbegroting met 'n klein persentasie gesny word.

In 2002 se debat oor moedertaal begin die ANC vir die eerste keer positief reageer op ons argumente.[124]

Ons volg dit op met lang gesprekke agter die skerms. In 2003 kom die "rethink"-verklaring van die ANC. Hulle het van standpunt verander en werk aan 'n heeltemal nuwe beleid oor veeltaligheid, sê die verklaring.

In 2005, tien jaar ná ons eerste voorstelle, word die nuwe taalbeleid aangekondig. Dit bevat die meeste van ons voorstelle. Vir die eerste keer is dit moontlik dat jy in enige van die elf amptelike tale kan praat, en 'n tolkdiens is beskikbaar. Vir ons is dit 'n groot oorwinning. Is dit toevallig dat die verversingsbegroting van die parlement terselfdertyd met 'n klein persentasie verminder het? Geen spotberig het hieroor in die koerante verskyn nie.

---

[124] *Beeld*, 22 Februarie 2002, p. 4, "Vertaaldiens werk nie tydens debat oor taal".

Al hoe meer sprekers gebruik nou die geleentheid om die parlement in hulle moedertaal toe te spreek. Die klimaat het so verander dat die ANC byvoorbeeld besluit het dat hulle sprekers in die Kommunikasie-begrotingsdebat van 2007 elkeen in sy moedertaal moet praat.[125] Dit is die komitee waarvan ek lid is en waar ek gereeld die gelyke erkenning van alle tale bepleit. Ek tel dit as 'n VF Plus-sukses.

Hierdie tipe strategie word deur min van ons ondersteuners verstaan. Daarom het oom Oosie sy geldelike bydrae gestaak en die DA begin ondersteun. Baie van ons ondersteuners kom uit 'n tydperk toe jy die Afrikaanse parlementslid gebel het met jou probleem. Hy het dan die Afrikaanse minister gebel en die saak is dadelik reggestel. Niks is vandag meer so eenvoudig nie.

---

[125] *Hansard*, 24 Mei 2007.

28

Thabo Mbeki, prins Philip en Cobus Robinson

"Sal die regte meneer Smit asseblief opstaan?" Dit is die vraag waarmee Cobus Robinson as aanbieder sy televisieprogram, Dit is my geheim, afgesluit het.

In hierdie program het drie persone hulle voorgedoen as meneer Smit. Deur vrae moes die deelnemer dan probeer agterkom wie die regte meneer Smit is.

Presies so voel ek oor Thabo Mbeki. Sal die regte Thabo Mbeki asseblief opstaan? Ek kom goed met hom oor die weg, maar net sodra ek glo ek verstaan hom, dan sê of doen hy iets wat my kwaad maak en glad nie by my opsomming van hom inpas nie.

Ons sit in die klein konferensiekamer in Tuynhuys en wag vir president Mbeki.[126] Die "ons" is die ses lede van die VF Plus se Uitvoerende Dagbestuur wat 'n afspraak met hom het.

Die deftige konferensiekamer se tafels is van ligte hout en vorm 'n sirkel. Buite om die sirkel is ligblou stoele. In die middel, op 'n beige mat, staan 'n klein tafeltjie met bo-op 'n mooi rangskikking van pienk en wit blomme. 'n Tafel met koffie, tee en ligte verversings staan teen die een muur. Die blou vollengtegordyne, wat nou oop is, kan die hele muur toemaak.

Die president se afvaardiging bestaan uit minister Mosiuoa Lekota, wat ook voorsitter van die ANC is, minister Essop Pahad en die Adjunkminister van Onderwys, meneer Enver Surty. Toe Mbeki as 'n onervare jeugdige in Londen aangekom het, het die Pahad-broers hulle oor hom ontferm. Dit verklaar Essop se invloedryke posisie as minister in die

---

[126] Gesprek tussen die VF Plus en president Mbeki, 11 Mei 2007, in Tuynhuys, Kaapstad.

president se kantoor. Terwyl ons wag, drink ons koffie by die verversingstafel.

Mbeki kom by die deur in, groet vriendelik en stap na sy stoel. Hy het gryser en maerder geword sedert ons eerste gesprek met hom in 1992. Soos altyd is hy onberispelik geklee. Die Suid-Afrikaanse tydskrif *GQ* het hom al aangewys as een van die besgeklede Suid-Afrikaners.[127] Sy pak klere sit perfek met 'n moderne wit hemp en 'n smaakvolle rooi das. Sy das is dun en skuins na die een kant geknoop – 'n tipiese Britse *Four-in-hand*-dasknoop soos prins Andrew en die Britse elite dra.[128] Die kraag van sy hemp het 'n moderne snit met 'n pastelkleur omlyning aan die punte. Sy ontwerperspak bevestig die gerug dat hy baie van sy pakke laat maak of by Harrods in Londen koop.

Selfs wanneer hy ontspan, is hy geklee soos 'n gentleman in 'n Britse sportbaadjie en 'n duur hemp terwyl hy 'n pyp rook met Bay Rum-tabak in.

William Gumede skryf[129] dat Mbeki in die tagtigs, ná drie dekades van ANC-geweld, besluit het dat die organisasie meer met die Suid-Afrikaanse regering gaan regkry deur onderhandelinge as wat hulle tot op daardie tydstip met geweld reggekry het. Vir sukses met hierdie strategie was dit belangrik om die "karikatuur" van 'n tipiese ANC-lid af te breek. Die P.W. Botha-regering was suksesvol om ANC-lede voor te stel as onredelike en wrede kommuniste wat alle wittes met AK47's en Russiese myne wil uitwis.

Mbeki het besluit om presies die teenoorgestelde ANC-beeld uit te dra. Nie dat dit vir hom moeilik was nie. As student aan die universiteit van Sussex het hy reeds die tipiese Britse *Tory-look* verkies.

Met die Suid-Afrikaanse verkenners wat vooruit na die ANC is, soos die Dakar-gangers, het dit gewerk. Mbeki se voorkoms en simpatieke manier van argumenteer, het 'n afgeronde en gekultiveerde beeld oorgedra. Die Afrikaner-akademici en Engelse sakemanne is onverhoeds betrap deur die "gematigde Britse intellektueel" wat hulle daar ontmoet het.

---

[127] Die tydskrif *GQ South Africa* het Mbeki in 1999 aangewys as die mees stylvolle Suid-Afrikaner.
[128] Vergelyk die boek van Fink en Mao oor die 85 maniere waarop 'n das geknoop kan word – van die Oosterse tot tipies Britse metodes.
[129] William Gumede in *Thabo Mbeki and the battle for the soul of the ANC*, p. 33–40.

Die Dakar-gangers van 1987. Thabo Mbeki (nr. 24) is die enigste een steeds netjies met baadjie en das aan. (Foto deur Rashid Lombard in Van Zyl Slabbert se boek, *Duskant die geskiedenis*, p. 96, Tafelberg, 2006).

Dit is opvallend op die amptelike foto van die Dakar-gangers hoe almal vanweë die Afrika-hitte baadjies uitgetrek en dasse losgeknoop het. Mbeki is die enigste een wat onberispelik steeds met sy Britse das en baadjie aan in die hitte staan![130]

Max du Preez skryf oor die Dakar-besoek: "Thabo Mbeki was die Groot Verleier. Hy was so warm en gemoedelik en o, so redelik ... En kyk hoe lyk die man nou."[131]

Waar Mbeki se Westerse voorkoms en gematigde styl na buite goed ontvang is, het dit hom ongewild binne die ANC gemaak. Een voorbeeld: Nadat Mbeki in die parlement aangekondig het dat hy Zuma as visepresident ontslaan het, was mevrou Mayekiso,[132] 'n ANC-parlementslid en Zuma-ondersteuner, baie ontsteld. Omdat ons gereeld oor die paadjie in die parlement met mekaar praat, vertrou sy my genoeg om te verduidelik waarom sy vir Mbeki kwaad is.

"Mbeki was baie jonk, skaars twintig, toe hy die land verlaat het. Hy was vir amper dertig jaar in die buiteland waar hy 'n swart Engelsman

---

[130] Frederik van Zyl Slabbert, *Duskant die geskiedenis*, p. 96–97.
[131] *Rapport* Perspektief, 22 April 2007, p. 2: "Die Dakar-safari" deur Max du Preez.
[132] Skuilnaam.

geword het. Toe hy terugkom, het hy nie teruggegaan na sy wortels toe nie. Hy het nie lank onder die bome tussen sy Xhosa-mense gaan sit, soos hulle aangetrek en met hulle oor alles en nog wat gesels nie. Ons bewonder Mbeki vir sy kennis en sy redeneervermoë, maar ons is nie lief vir hom nie – hy is te koud en vreemd. Ons is lief vir Zuma; hy is warm en soos ons," verduidelik sy.

Dit is harde woorde komende van jou eie partylid. Hoeveel ANC-ondersteuners soos sy voel, weet ek nie.[133]

Verstom deur haar kritiek op Mbeki, vra ek aan haar: "Hoekom wil Mbeki dan 'n Afrika-Renaissance hê as hy eintlik 'n swart Engelsman is?"

"Met sy kop vra Mbeki 'n Afrika-Renaissance, maar in sy hart is hy 'n Engelsman. Kyk hoe kies hy konserwatiewe Westerse klere. Zuma is nie bang om tradisioneel aan te trek nie en Mandela met sy Afrika-hemde is meer 'n 'African' as Mbeki," antwoord sy.

Die Keniaanse akademikus en skrywer Ali Mazrui[134] skryf spesifiek oor die kultuur van die politieke elite in Afrika. Hy noem hulle "Afro-Saksers". Hulle is gestroop van etniese andersheid en het die Brits-Amerikaanse kultuur aanvaar. Ek ervaar hulle ook so – amper soos 'n eie etniese groep wat vir mekaar sorg. Volgens Mazrui pas Mbeki presies hierby in. Mugabe waarskynlik ook.

Aan die ander kant, as Mbeki deur wittes gekritiseer word, soos met die vigs- en Zimbabwe-debatte, reageer hy soos 'n swart nasionalis wat die wittes en kolonialisme vir alles blameer. Hierdie swart nasionalisme moet glad nie met etniese politiek verwar word nie. Daarvoor is Mbeki te kosmopolities.

Mbeki, die afgeronde Britse heer en Mbeki, die geïrriteerde swart nasionalis. Watter een is die regte Mbeki?

Met ons eerste onderhandelinge in 1992 het ons die twee Mbeki's leer ken. Soos die Dakar-gangers was ons beïndruk met die gematigde intellektueel. In laatnag-gesprekke het jy egter te doen gekry met die onverbiddelike swart nasionalis.

---

[133] Geskryf voordat Mbeki by die ANC se Limpopo-konferensie teen Zuma verloor het.
[134] Professor Ali Mazrui van Kenia is professor by die Binghamton Universiteit in New York en het verskeie publikasies oor Afrika die lig laat sien. Vgl. ook Hermann Giliomee, *Die Afrikaners*, p. 629.

Die skrywer saam met doktor Frederik van Zyl Slabbert. Ons kan klaarkom sonder Anglo-Afrikane wat ons wil bepreek oor wat dit beteken om 'n "Afrikaan" te wees.

Mbeki se simpatieke styl kan jou maklik verlei om te ontspan en dan 'n ondeurdagte opmerking te maak. In so 'n geval sal jy onmiddellik met 'n klipharde individu te doen kry met 'n klomp ingewikkelde *hang-ups* oor ras en Westerse meerderwaardigheid. Ek glo Mbeki het in sy belangrike studente-vormingsjare kru Britse rassisme ervaar. Dit, plus die Britse media se eenogige inligting oor Afrikaners, het allerlei letsels gelaat. Onthou, toe hy in Brittanje aangekom het, was daar nog by sommige woonstelblokke tekens op wat gelui het: *No dogs, no Irish and no blacks!*[135]

Ná een van Mbeki se ras-oorheerste toesprake waarin hy ons as "kolonialiste van 'n spesiale soort" beskryf het[136], het ek vies en aggressief gereageer deur daarop te wys dat ek langer in Afrika is as Mbeki en Kader Asmal. Ek is van geboorte af hier, terwyl hulle, weliswaar weens omstandighede, elkeen dertig jaar lank buitelanders was. Mbeki is 'n Brit, Asmal 'n Ier en ek 'n regte Afrikaan, was my moedswillige opsom-

---

[135] Vgl. Lord Taylor of Warwick, swart Britse Lord, se boek met die titel: *No Blacks, No Irish, No Dogs* oor sy ervarings van rassisme in Brittanje.
[136] Vgl. hier Thabo Mbeki se Oliver Tambo-gedenklesing in 2000.

ming. In hierdie opsig stem ek honderd persent saam met Van Zyl Slabbert wat skryf: "Ek kan klaarkom sonder Anglo-Afrikane wat my wil be-preek oor wat dit beteken om ''n Afrikaan' te wees. Hulle kan gaan doppies blaas!"[137]

Gewapen met al hierdie feite en indrukke van Mbeki, neem ons afvaardiging en die regering se afvaardiging nou ons plekke in om die ronde tafel. Ná 'n grappie of twee begin Mbeki die gesprek deur almal welkom te heet. Hy stel my aan die woord aangesien ons die gesprek aangevra het.

Terwyl ek praat, sien ek hoe Mbeki 'n hardebandskrif op die tafel neersit. Boaan 'n skoon bladsy skryf hy *Freedom Front Plus*, met die datum daarby. Hy is hoogs intelligent, analities en hardwerkend. Soos 'n goeie tegniese bestuurder maak hy nou deurlopend notas.

Mbeki is eintlik 'n agter-die-skerms-man. Vir jare het hy, as Oliver Tambo se regterhand, hom agter die skerms bygestaan en later ook vir Mandela. Vir Mandela was die ekonomie nie so belangrik nie. Mbeki en Trevor Manuel het die formulering van die ANC se ekonomiese beleid bestuur. Hulle moet die erkenning kry vir een van die langste ekonomiese groeitydperke in ons geskiedenis.

'n Agter-die-skerms-president slaag moeilik en Mbeki sukkel om hierdie styl af te leer. Die prys wat hy hiervoor betaal, is dat die media na hom verwys as "die swygsame".

In my inleiding verduidelik ek aan Mbeki hoe ons ondersteuners voel en waaroor hulle ongelukkig is. As hy nie notas maak nie, sit hy met gevoude arms effens weggedraai van my af. As professor het ek nieverbale kommunikasie of liggaamstaal gedoseer. Sy gevoude arms en die wegdraai beteken dat hy glad nie van my kritiek hou nie. Ek praat oor groter polarisering wat ons ervaar en die rol wat regstellende aksie, naamsveranderinge en die bedreiging van Afrikanermonumente daarin speel.

Mbeki reageer deur na 'n groep Afrikanersakemanne te verwys wat hom onlangs besoek het. Hulle het vertel hoe goed dit tans met alle Afrikaners gaan.

Dit gaan finansieel baie goed met 'n klein klompie sakemanne, gee ek

---

[137] Van Zyl Slabbert, *Duskant die geskiedenis*, p. 78.

Onderhandeling is nie die enigste manier om opposisieprobleme op te los nie, maar as daar net een sukses met elke gesprek is, bly dit 'n sinvolle metode.

toe, maar met syfers wys ek op die groot toename in armoede by mense aan die onderkant van die ekonomiese leer. Ek verduidelik ook sommer aan hom van AGIP-sakemanne.[138]

Hy hou nie van my antwoord nie, maar is eerlik genoeg om te vertel hoe verbaas hy was toe hy in Pretoria-Wes arm Afrikaners gesien het. Hy het nie gedink daar is arm Afrikaners nie en hy vertel van sy verbasing toe hulle hom vriendelik genooi het om weer te kom kuier.

Waarom was hy verbaas? wonder ek. Omdat hy natuurlik 'n rassistiese anti-swart en anti-Mbeki reaksie verwag het. Soos Afrikaners sekere beelde van die ANC as terroristiese organisasie het, het Mbeki sy verdraaide beeld van gewone Afrikaners.

My ervaring met hom en ander exiles is dat hulle regtig nie die Afrikaner ken of verstaan nie. Hulle ken nie ons geskiedenis nie en verstaan nie die emosies van jare se wit-op-wit-stryd tussen Afrikanernasionalisme en Britse kolonialisme nie.

Volgens die meeste exiles is Afrikaners maar dieselfde as die wit ras-

---

[138] Vergelyk storie 31 oor die sakewêreld en politieke geldskenkings, p. 186.

siste waarmee hulle in Brittanje en in die VSA te doen gekry het. Hierdie buitelandse wit rassiste se argumente sal altyd as uitgangspunt hê dat swart mense minderwaardig teenoor wittes is.

In Mbeki se toesprake kom hy telkens na hierdie tipe debatte terug. Hy het 'n versameling van sulke kru wit rassistiese aanhalings uit die VSA en Brittanje wat hy telkens gebruik. Ek onthou hoe sy inleidende toespraak met ons eerste ontmoeting ure lank hierdie onderwerp behandel het. Dit het my aan die veertigerjare se politieke debatte in Suid-Afrika herinner. Sekere Suid-Afrikaners haak seker nog by sulke debatte vas, maar die meerderheid is lankal daar verby. Dit gaan vandag oor hoe verskillende groepe as gelykes, wit en swart, vreedsaam in een land kan saamwoon met 'n plek in die son vir elkeen.

Mbeki is nog aan die woord. Hy erken dat hy nie regtig die Afrikaner ken of verstaan nie. Dit is verrassend eerlik en tipies Mbeki. Nieverbaal vat hy aan my arm terwyl hy dit sê. So 'n gebaar probeer toegeneentheid en goedgesindheid oordra. Mbeki is op sy beste in klein gespreksituasies soos hierdie. Hy luister aandagtig en reageer op die oog af opreg en besorg. Dit neem maklik die wind uit jou seile. Daarteenoor hou hy nie van massavergaderings nie.

Ek het gesien hoe Mandela met 'n vol stadion van 70 000 mense baklei omdat hulle nie die Afrikaanse "Stem"-gedeelte van die nuwe volkslied sing nie.[139] Hy het selfs by Trevor Huddleston se begrafnisdiens die skare dit laat oorsing omdat dit die eerste keer nie reg was nie.[140]

Mbeki kan nie met 'n skare werk nie. Toe die skare by Peter Mokaba se begrafnis "Kill the Boer" sing, het hy hulle nie berispe nie. Die VF Plus moes 'n klag by die Menseregtekommissie lê om dit as haatspraak verklaar te kry. Mbeki het dit uiteindelik eers veroordeel nadat ek in 'n toespraak in die parlement hom daaroor aangeval het.[141]

Sy toesprake bestaan meestal uit tegniese syfers en emosielose argumente. 'n Televisiekameraman vertel my dat as Mbeki in 'n stadion 'n

---

[139] *Beeld*, 11 Mei 1994, p. 2, "Sing ook Die Stem, sê Mandela".
[140] *Die Burger*, 6 Mei 1998, p. 2, "Mandela laat volkslied weer sing ná Stem uitbly".
[141] *Hansard*, 18 Junie 2002, "Wat sal gebeur as ons tydens 'n boer se begrafnis 'Kill the Xhosa, kill the black man' sou sing?" vra doktor P.W.A. Mulder. *Hansard*, 19 Junie 2002, "Niemand mag vir die dood van boere vra nie … hulle is net sulke Suid-Afrikaners en Afrikane as ek," is Thabo Mbeki se reaksie.

groot skare toespreek, hulle net die mikrofoon voor hom en die kamera direk op hom gebruik. Al die ander word afgeskakel. Terwyl hy praat, is daar soveel lawaai van die toeskouers wat rondloop en op die paviljoene gesels, dat hulle dit liewer nie vir die televisiekykers wil wys nie.

"As Mbeki dan nie 'n 'people's' president is nie, hoe het hy president van die ANC geword?" was 'n billike vraag wat ek onlangs moes beantwoord.

Chris Hani was die gewildste leier. Die ANC-massas het geglo hy sal Mandela opvolg. Hani het graag in 'n kamoefleeruniform beweeg en so die beeld van die sterk rewolusionêr gehad. Mbeki se Westerse voorkoms en gematigde styl is presies die teenoorgestelde.

Nadat Hani dood is, was die opvolgstryd tussen Mbeki en Ramaphosa. Mbeki het nie eers probeer om op grondvlak gewild te word deur, soos ander ANC-leiers, takke toe spreek of groot vergaderings te reël nie.

Met sy kommunikasievaardighede het hy in persoonlike gesprekke vir Peter Mokaba, destydse jeugleier van die ANC en vir Winnie Mandela, leier van die ANC-vrouliga, oorreed om hom te ondersteun. Daarna het hy die steun van 'n paar invloedryke individue soos Jacob Zuma gekry. Die jeugliga, vrouliga en Zuma het Mandela onder soveel druk geplaas, dat hy nie anders kon as om Mbeki as adjunkpresident aan te wys nie. Ramaphosa was so kwaad en polities gekneus, dat hy nie die troosprys van Minister van Buitelandse sake wou aanvaar nie en die politiek verlaat het.

Ná die inleidende opmerkings afgesluit is, verduidelik ek watter ses spesifieke sake ons op ons agenda het. Benewens die naamsveranderinge en regstellende aksie wil ons verder praat oor misdaad, oor gevangenes wat onregverdig behandel word, selfbeskikking en die druk op Afrikaanse skole en universiteite. Oor elkeen van hierdie sake het ons 'n dokument opgestel wat die probleme identifiseer, met moontlike oplossings. Dit word uitgedeel. Waar die gesprek veronderstel was om net 'n uur te duur, duur dit twee uur.

Mbeki sluit ons gesprek af deur die trant en hoofpunte goed op te som. Hy was soos altyd 'n goeie luisteraar. Hy sit uiteen watter opvolgaksies deur die ministers teenwoordig onderneem moet word. Uit ervaring weet ek dat mens meestal tevrede is ná sulke gesprekke. Daarna moet jy deur middel van briewe druk op die betrokke ministers uitoefen, anders word die besluite nie uitgevoer nie.

Die Landboukollege-studente op Potchefstroom is trots om Pampoenboere in Afrikaans genoem te word. (Erkenning aan Frans Esterhuyse, *Beeld*, 1 Augustus 2005)

Danksy hierdie gesprek is die Afrikanergevangene, wat ek as voorbeeld van onregverdige aanhouding genoem het, kort daarna vrygelaat. Twee maande ná ons met die president oor wit armoede en regstellende aksie gepraat het, het die regering aangekondig dat die Umsobomvu-jeugfonds vir die eerste keer nou ook geld "eksklusief" op "arm wittes" gaan bestee.[142] Drie dae ná 'n vorige gesprek, waarin ons gekla het oor die besluit om al die klasse by die Potchefstroomse Landboukollege net in Engels aan te bied, is dit terugverander na die vorige beleid. Alles was onderhandelingsuksesse.

Sommige Afrikaners is baie snedig en krities oor gesprekke met die ANC. Al lewer so 'n gesprek net een of twee suksesse op, is dit steeds beter as wanneer jy magteloos buite die politiek op die regering skreeu en glo dit maak enige verskil. Onderhandeling alleen is nie die antwoord

---

[142] *Sake24, Beeld*, 19 Julie 2007, p. 1, "Fonds help arm wittes ook".

Wie is die regte Thabo Mbeki? (Erkenning aan Frans Esterhuyse, *Beeld*, 18 Desember 2004)

op al ons probleme nie, maar om dit as 'n politieke metode te ignoreer, is net so 'n fout.

Die volgende sittingsdag probeer mevrou Mayekiso dringend my aandag kry. Sy is nog besig met ons argument of Mbeki 'n swart Engelsman is of nie. Mbeki het sopas die raadsaal binnegekom.

"Kyk daar! Sien jy, hy loop met sy hande agter sy rug, net soos prins Philip van Brittanje. Hy is 'n swart Engelsman," verklaar sy triomfantlik.

Ek het dikwels op televisie na die arme prins Philip gekyk wat altyd 'n tree agter koningin Elizabeth moet loop. Mevrou Mayekiso is reg, Mbeki loop net so. Sulke afgemete treë met sy hande agter sy rug. Of dit alleen 'n afdoende bewys is dat hy 'n Engelsman is, weet ek darem nie.

Nou hoe en wie is Thabo Mbeki dan regtig?

Mbeki is 'n Britse "gentleman" met 'n M.A. in ekonomie van Sussex. In sy ontwerperspakke lyk hy soos 'n Britse sakeman of akademikus. Hy vermy etniese kleredrag omdat hy glo dit kan stereotiepe beelde bevestig van swart mense as minderwaardig. Mbeki is ook 'n swart nasionalis wat nie huiwer om die rassekaart te gebruik as hy dit nodig ag nie. Met sy Afrika-Renaissance-argumente veg hy teen die Westerse beeld van swart mense wat minderwaardig is en Afrika wat tot niks in staat is nie. Dit moet egter nie met 'n beklemtoning van etnisiteit verwar word nie.

Hy is ook 'n baie intelligente, hardwerkende maar koppige bestuurder-staatsamptenaar wat nie van kritiek hou nie. Hy verkies om agter die skerms te werk, wat meebring dat hy klein gespreksituasies suksesvol hanteer, maar nie slaag in massa-situasies nie.

Die regte meneer Mbeki is al bogenoemde persone saamgevoeg in een. Dit is wat dit so moeilik maak om hom te peil of om sy volgende aksie reg te voorspel.

29

Die ouditeur-generaal en 'n lawaai oor 'n haai

Meneer Shauket Fakie se toespraak het niemand beledig nie. Die probleem het ontstaan met meneer Venter se bedankingstoespraak.

Meneer Fakie het as Suid-Afrika se ouditeur-generaal by 'n APAC[143]-konferensie gepraat waarna oud-NP-minister Amie Venter hom bedank het.

Een van die beskuldigings wat gereeld teen wittes in die parlement gemaak word, is dat hulle nie die swart lede se name reg uitspreek nie. Dan word die rassekwessie opgehaal: "Julle sê mos alle swart mense lyk dieselfde."

Ek is behoorlik moeg vir die oorvereenvoudiging van alles as rassisme. Die vraag is of dit outomaties rassisme is as jy iemand van 'n ander ras se naam verkeerd uitspreek. Is dit rassisme om mense met mekaar te verwar? Ek het nog nooit gesê dat alle swart mense dieselfde lyk nie.

Alle mense, hoe gering ook al, se name is vir hulle belangrik. Deur 'n persoon se naam te onthou en dit reg uit te spreek, toon jy jou respek vir hom as 'n medemens. Maar almal van ons het al hiermee blapse begaan.

As ek dink hoe my naam deur swart lede in die parlement verdraai en verkeerd uitgespreek word, het ek rede om gegrief te voel. Ek glo dit is 'n taalprobleem eerder as 'n teken van rassisme. Daarom pla dit nie.

Onlangs nog het ek en swart lede van ons portefeuljekomitee gesukkel met die name van besoekende wit Poolse gaste. Spreek bietjie Czeslaw Kiszczak, Stanislaw Skrzeszewski en Wiesla Chrzanowski die eerste keer reg uit! Dit kan tog sekerlik niks met ras te doen hê nie.

---

[143] Association of the Public Accounts Committees.

Ek is al gewoond daaraan dat mense my en my broer Corné met mekaar verwar. Maar dat hulle my met ander lede van die VF Plus kan verwar, bly moeilik om te verstaan.

Pieter Groenewald en ek is nie familie nie. Ons lyk ook nie na mekaar nie. Hy is saam met my in die parlement en is die VF Plus se leier in die Noordwes-provinsie.

Tydens die verkiesing spreek Patricia de Lille 'n vergadering van oorwegend Afrikaners in Klerksdorp toe. Patricia probeer stemme in Pieter Groenewald se wêreld werf. Gedurende vraetyd vra Pieter aan Patricia om te verduidelik wat sy bedoel het toe sy in die parlement gesê het dat "Geloftedag (16 Desember) 'n skande van die geskiedenis is en moet plek maak vir dae soos Sharpeville – en Sowetodag".

Patricia reageer deur Pieter Groenewald as doktor Mulder aan te spreek en daarna haar standpunt te regverdig. Lyk alle wit mense dan dieselfde? sou ek met reg aan haar kon vra. Is Patricia nou 'n rassis omdat sy ons met mekaar verwar het? Sekerlik nie.

Die skrywer en Pieter Groenewald, VF Plus-parlementslid. Die foto is geneem by die grondwethof nadat hulle ernstig beswaar gemaak het teen die oorloopwetgewing en die hof daaroor 'n beslissing moes vel.

Belangrike persoonlike oorredingswerk word dikwels tydens 'n sitting gedoen deur informele gesprekke in die parlement se raadsaal. Pieter Groenewald het 'n ernstige saak oor die kommando's wat hy met Kader Asmal wil bespreek. Asmal is voorsitter van die parlement se Verdedigingskomitee. Omdat Pieter voor Asmal ook voorsitter van die komitee was, ken hy Verdedigingsake baie goed en is hy nie bang om sy sê in die komitee te sê nie.

Hy gaan sit langs Asmal in sy bank en verduidelik sy probleem. Solank jy so af en toe na die spreker wat aan die woord is en na die speaker kyk, sal die speaker jou nie aanspreek oor onnodige gesprekvoering of lawaai nie.

Asmal luister simpatiek en onderneem om aandag aan die saak te gee. Van ons grootste suksesse is al met sulke gesprekke behaal. Aan die einde van die gesprek sê Asmal dat hy ook 'n saak met hom wil bespreek.

"Ek het probleme met een van jou manne wat dit vir my soms baie moeilik in die komitee maak," begin hy.

President Thabo Mbeki en meneer Shauket Fakie. Agter sit die speaker, mevrou Baleka Mbete. Meneer Fakie se naam leen hom ongelukkig tot misverstande in Afrikaans.

Pieter verstaan glad nie waarheen die gesprek gaan nie. Hy luister hoflik verder.

Kader Asmal gaan voort: "Jou man, Pieter Groenewald, het nou die dag 'n toespraak gehou wat vir my 'n verleentheid by die ANC veroorsaak het." Hy kla verder oor Pieter se aanvallende optrede.

Dit is nou vir Pieter duidelik dat Asmal dink hy praat met Pieter Mulder as leier van die VF Plus. Hy dink hy kla "jou man, Pieter Groenewald" by die VF Plus-leier aan. Hy weet nie dat hy met Pieter Groenewald self praat nie!

Pieter het glimlaggend kennis geneem van Asmal se standpunte, gegroet en hom die verleentheid gespaar om sy blaps agter te kom.

Lyk alle wit mense dan werklik dieselfde? sou ek met reg in 'n debat kon vra as ek die swart parlementslede van rassisme wou beskuldig. Is Kader Asmal 'n rassis, of gaan dit hier oor gewone menslike foute wat ons almal al gemaak het?

Net so is Amie Venter nie 'n rassis, soos sommige beweer het, net omdat hy 'n fout met Shauket Fakie se naam gemaak het nie. Shauket Fakie is in elk geval nie 'n maklike of algemene naam in Suid-Afrika nie.

Meneer Abrie Oosthuizen, VF Plus-voorsitter, was teenwoordig en kan ook getuig dat Amie se bedoeling nie was om aanstoot te gee nie. Dit kon enigeen oorkom.

Wat presies het gebeur? In sy bedanking van die ouditeur-generaal het Amie Venter per ongeluk die letters in Shauket Fakie se naam omgedraai en hom as "Fauket Shakie" aangespreek. Toe hy die derde keer "Shauket Fakie" as "Fauket Shakie" uitspreek, moes die gehoor besef het dat hy hom verspreek het en nie wou aanstoot gee nie. Tog was daar steeds negatiewe reaksies.

Die Afrikaanse aksent waarmee hy die naam verkeerd gesê het, het waarskynlik bygedra tot die misverstand. As jy vir die ouditeur-generaal van die land, die man wat na al die staat se geld kyk, "Fokket Sharkie" sê, kan jy seker nie mense kwalik neem as hulle dit verkeerd interpreteer nie! 'n Stoute koerantopskrif oor die voorval sou wees: "Vloekende lawaai oor die staat se geldhaai was onbedoeld!"

Miskien moet ons vir Kader Asmal vra om die saak te beredder. Hy behoort te kan oordeel of dit nou rassisme, taalverskille, ouderdom of sommer net 'n normale menslike glips is?

30

Drie datums, Jacob Zuma en 'n blywende skikking

Eerste datum: Dit is November 1993 en dit is baie warm in Pretoria. Oor enkele maande moet die nuwe grondwet in werking tree. Ons gesprek met die ANC[144] oor die voorgestelde grondwet word warmer as wat Pretoria tans is. Selfbeheersing aan albei kante sorg dat niemand skreeu nie. Die stemme word net harder en klim subtiel 'n oktaaf.

Oorkant ons sit Thabo Mbeki as ANC-hoofonderhandelaar met Jacob Zuma, sy vertroueling en tweede in bevel, langs hom. Ons afvaardigings ontmoet mekaar by die Farm Inn net buite Pretoria.

Die ANC wil weet waarom hulle grondwetlike voorstelle vir ons onaanvaarbaar is. Ons verduidelik waarom 'n Afrikaanse skool, 'n hoofsaaklik Afrikaanse universiteit en beheer oor sake wat jou regstreeks raak, vir ons belangrik is. Dit is basiese regte wat internasionaal erken word en nie deel van hulle voorstelle is nie. Daarsonder is 'n blywende skikking nie moontlik nie.

Ons motiveer verder met internasionale voorbeelde en Verenigde Nasies-besluite. Mbeki hoor dit nie. Hy hoor net rassisme. Dit is omdat ANC-leiers swart is dat julle nie deur ons regeer wil word nie, is sy reaksie.

Ons vertel van Afrikaners se opstand teen die wit Hollandse regering in die agtiende eeu by Graaff-Reinet en Swellendam.[145] Ons vertel van

---

[144] Dit was gesprekke tussen die Afr. Volksfront en die ANC. Dit het los van die Kemptonpark-samesprekings van Cyril Ramaphosa en Roelf Meyer plaasgevind. Die ANC-span was Thabo Mbeki, Jacob Zuma, Essop Pahad, Penuell Maduna en soms Mathews Phosa. Dit het uitgeloop op 'n akkoord tussen die VF, die ANC en die regering wat op 23 April 1994, slegs enkele dae voor die verkiesing van 27 April 1994, geteken is.
[145] In 1795.

die republieke van Stellaland en Gosen,[146] van die ou Transvaalse en Vrystaatse republieke,[147] alles deel van die Afrikaner se weerstand teen wit Engelse oorheersing in die negentiende eeu.

Jacob Zuma kom nou aan die woord en probeer kalmeer: "In 1910 het julle 'n fout gemaak met Uniewording. Dit was 'n skikking tussen Afrikaners en Engelse – waar julle die swartes uitgelaat het. Hierdie fout het tagtig jaar se moeilikheid en stryd in Suid-Afrika veroorsaak. Ons moet nie nou in 1993 dieselfde fout maak met 'n skikking waar enige groep, soos die Afrikaners, uitgelaat voel en ons weer vir baie jare moeilikheid het nie."

Dit is wyse woorde waarmee ek saamstem. Die ideaal moet 'n werklik blywende skikking wees wat almal laat voel hulle is ingesluit en wenners.

Tweede datum: Dit is November 2007 en weer warm. Ek is op pad na Jacob Zuma se huis in Parktown Johannesburg. Dit is die huis waar die beweerde verkragting plaasgevind het waaraan hy onskuldig bevind is.

Baie het in die veertien jaar sedert November 1993 gebeur. Talle Suid-Afrikaners is ontnugter deur die skikking van 1994 en voel steeds uitgesluit. Zuma is nie meer Mbeki se vertroueling en tweede in bevel nie. Die spanning loop hoog omdat Zuma en Mbeki mekaar binne weke gaan pak in 'n emosionele verkiesingstryd om die presidentskap van die ANC.

Waarom doen ek moeite om met individuele leiers soos Mandela, Mbeki en Zuma gesprek te voer oor die sake wat ons ondersteuners raak? Mors ek nie my tyd nie, want 'n enkele ANC leier kan tog nie so 'n verskil maak nie?

"Een leier, op die regte plek en op die regte tyd, kan in die politiek 'n reuse-verskil maak," het my pa tydens 'n gesprek in my studentedae met my geargumenteer. Ek het heftig van hom verskil. As 'n student in die Staatsleer was ek toe vol teorieë oor hoeveel mense en drukgroepe almal 'n rol speel voor enige politieke besluit geneem kan word.

Hoe langer ek in die politiek is, hoe meer besef ek die waarheid van my pa se stelling. Een persoon kán 'n verskil maak.

---

[146] Dié republieke het in 1882 tot stand gekom.
[147] Tot stand gekom 1852 en 1854, tot niet ná die Britse oorwinning in die Anglo-Boereoorlog in 1902.

Toe Mandela in die openbaar gesê het dat die Springbok 'n belangrike sportsimbool is wat behoue moet bly, het dit die klimaat geskep waarbinne die Springbok tot nou oorleef het.

Die omgekeerde is ook waar. Toe Mugabe wilde stellings oor grond en die ekonomie maak, het hy 'n klimaat geskep waarbinne Zimbabwe se ekonomie binne enkele jare verongeluk is.

Dieselfde geld vir Mbeki as president. Hy argumenteer in toesprake dat Afrikaners "kolonialiste van 'n spesiale soort" is.[148] Die politieke klimaat wat hy hiermee skep, bring mee dat die ANC-burgemeester van Standerton redeneer dat Afrikaners eintlik nie in die land hoort nie en dat sy maar die Afrikanermonumente op die dorp kan afbreek![149]

Die afgelope veertien jaar het ek baie gesprekke en parlementêre debatte met Mbeki gehad. Sy uitsprake en nuusbriewe[150] het my oortuig dat hy nie werklik Afrikaners en hulle probleme verstaan nie – al luister hy aandagtig na ons en probeer positief reageer. Die vernaamste probleem is die wyse waarop hy die meeste sake deur 'n oorvereenvoudigde rassebril beoordeel. As Mbeki "Zimbabwe", die "Verenigde Nasies se standpunte oor selfbeskikking", "moedertaalonderrig", en "vigs" alles as rassisme en ingeboude wit meerderwaardigheid sien, maak dit sinvolle debat onmoontlik.

Oor rassisme by swart mense het ek Mbeki nog nooit hoor praat nie. Oor wittes het hy in 'n onderhoud sover gegaan as om te sê dat hy hulle sien as gestremde mense wat besmet is met hierdie siekte van rassisme en rassemeerderwaardigheid. Wittes moet daarom geduldig deur swartes gelei word om tot ander insig te kom.[151]

Mbeki se rassevooroordele het sy hartlike en "warm" verhouding met onder andere Van Zyl Slabbert, Progressiewe Party-parlementslid en politieke kommentator, permanent "afgekoel".

---

[148] Vergelyk Mbeki se Oliver Tambo-gedenklesing in 2000.
[149] In opdrag van die ANC-burgemeester van Standerton, raadslid Queen Radebe-Khumalo, is in April 2007 'n Afrikaner-gedenksteen vir die Groot Trek by die stadsaal vernietig.
[150] Vergelyk byvoorbeeld Mbeki se weeklikse ANC-nuusbrief van 16 Maart 2007 oor rassisme waarin hy onder andere die woord "kaffir" elf keer gebruik, of sy Steve Biko-gedenklesing in September 2007!
[151] Mark Gevisser se boek, *Thabo Mbeki, The Dream Deferred*, p. 786.

Meneer Zuma is soos gewoonlik vriendelik en hartlik tydens 'n gesprek enkele weke voor hy tot ANC-president verkies is.

Kort voor hy adjunkpresident sou word, voer Mbeki 'n gesprek met Van Zyl Slabbert. Hy vra aan hom wat hy sal doen as hy, soos Mbeki nou, adjunkpresident van Suid-Afrika sou word. Slabbert is 'n jare lange vriend van Mbeki en het ook die Dakar-gangers gelei om met Mbeki gesprek te voer. Van Zyl Slabbert antwoord: "Ek sou 'n aantal komitees van deskundiges in sekere sleutelareas aanstel om my gedurig daaraan te herinner hoeveel ek nog moet leer …"[152]

Hierdie antwoord beëindig onverwags hulle hartlike verhouding. Sy goeie advies is blykbaar deur Mbeki geïnterpreteer as dat hy reken 'n swart man is nie bekwaam genoeg om die land alleen te regeer nie en daarom moet hy adviseurs aanstel!

Terwyl ek in Zuma se straat indraai, wonder ek of sy politieke standpunte, sedert hy afgedank is, verander het. As hy as ANC-president verkies sou word, sal sy standpunte die politieke klimaat vir baie jare bepaal. Tydens die 1993-onderhandelinge het ek hom en Mathews

---

[152] Van Zyl Slabbert in sy boek *Duskant die Geskiedenis*, p. 69.

Phosa ervaar as die ANC-leiers met die meeste begrip vir taal, kultuur en die Afrikaner. Hy was anders as Mbeki, wie se opleiding in Brittanje, en sy jare in die buiteland, meegebring het dat hy kontak met Afrikaners en baie van Suid-Afrika se werklikhede verloor het.

Ek parkeer voor Zuma se huis. Sy huis is omring met 'n hoë muur. Die polisiebeampte by die hek verseker my dat my motor veilig is. Met die aantal polisiebeamptes wat oor die muur vir my en my motor loer, moet ek aanvaar hy is reg!

By die hek moet ek my identiteitsnommer aan die polisie gee. Ek aanvaar dit word gebruik om daagliks aan Mbeki te rapporteer wie hier kuier! Buiten die drie swart motors wat daar rondstaan, is daar verskeie polisielyfwagte, asook lyfwagte in privaat uniforms.

Ons word na binne geneem. Dit is 'n ruim huis met baie lig en groot, oop vensters. Zuma is besig met 'n ander afvaardiging. Terwyl ons wag, kan ek nie anders as om te dink aan die stories wat in die verkragtingshofsaak vertel is nie. Dit het alles hier gebeur.

Toe die ander afvaardiging vertrek, herken ek van die bekende, ryk, swart sakemanne wat baie tevrede by ons verbystap.

Ek het Zuma laas gesien by 'n funksie by die Uniegebou kort voor hy as adjunkpresident afgedank is. Die spanning tussen hom en Mbeki was toe al voelbaar. Toe ek hom by daardie geleentheid groet, het hy 'n grap gemaak oor sy probleme en oor hoe ons as opposisie ook sy bloed soek en sy loopbaan probeer beëindig.

Ek het in dieselfde trant gereageer: "Ek het ervaring van hierdie tipe politieke probleme en kan gratis advies gee," het ek hulp aangebied.

Nuuskierig wou hy weet wat my advies sou wees. Ek het hom aangeraai om na die ooreenkomste tussen die huidige Mbeki-Zuma-botsing en die P.W. Botha-Connie Mulder-botsing en Inligtingsdebakel van die sewentigerjare te gaan kyk.

In albei gevalle is hofsake, skinderstories en staatsmiddele gebruik in 'n geveg tussen leiers om beheer van die party. (Aanklagte van verkragting en omkopery was darem nie deel van die Inligtingsdebakel nie!)

Hy het lekker gelag en onderneem om te gaan kyk.

Zuma kom nou by die syvertrek ingestap. Hy het duidelik maerder geword. Ons groet en ek herinner hom dat ons mekaar laas by die Uniegebou-funksie gesien het. Hy onthou dadelik my verwysing na die Inligtingsdebakel en noem 'n paar ooreenkomste wat intussen bygekom het.

Ons gaan sit by die eetkamertafel agter in die ontvangsvertrek. Omdat ons net 'n halfuur het, noem ek die sake wat ek met hom wil bespreek. Ek is gefrustreerd omdat hy baie styf en korrek op my vrae reageer – so asof hy met die media praat en elke woord weeg.

Die halfuur is verby en ons stap buitentoe. Buite is hy skielik die ou joviale en spontane Zuma wat ek ken. Nou reageer hy anders en sê dat die sake wat ek daar binne genoem het, so belangrik is dat ons mekaar beslis weer moet sien.

Waarom die verandering? Dit is beslis moontlik dat sy huis deur Mbeki se intelligensiediens afgeluister word. Zuma behoort te weet, hy was op stuk van sake die ANC se intelligensiehoof voor 1994. Dit verklaar waarom hy binne die huis so polities korrek praat, maar buite baie meer spontaan.

Omdat hy baie besig is so kort voor die belangrike ANC-kongres aanvaar ek dat ons opvolggesprek eers ná die kongres sal plaasvind.

Ek is verbaas toe sy kantoor kort daarna skakel en 'n volgende ontmoeting reël. Die datum word bepaal, maar die plek sal sy kantoor eers kort voor die afspraak laat weet.

Tien dae later ontmoet ons weer. Eers baie kort voor die afspraak is daar 'n kriptiese boodskap oor waar ons moet ontmoet. Dit is by 'n sakevriend se huis nie ver van Zuma sy eie huis af nie. Dit bevestig my vermoedens oor gesprekke in sy huis.

In die sakevriend se huis is hy ontspanne, joviaal en gemaklik. Terwyl ons Engelse tee drink, blameer ons die Britte wat Europese dasse en baadjies op Zoeloes en Afrikaners in warm Afrika-weer afgedwing het. Dit lei daartoe dat ek hom vertel van Andries Pretorius, Afrikaner-Voortrekkerleier, wat in 1852 tien Zoeloe-gesante op sy plaas naby die Magaliesberg in Transvaal ontvang het. Dit was nadat hy uitgetree het. Hulle leier was Nongalaza, 'n hoofindoena van Mpande, die Zoeloekoning. Hulle het in opdrag van die Zoeloe-koning Pretorius se hulp kom vra om die Engelse uit Natal te verjaag.

"As die Zoeloes en die Afrikaners saam optree, kan hulle die Engelse in een nag opeet," was die boodskap. Pretorius het onderneem om ná die winter na Natal te reis om die saak met die Zoeloe-koning te bespreek.

"Tot dan moet die assegaaie vasgehou word," was sy boodskap. Pretorius is egter in 1853 dood voor hy die gesprek kon voer.[153]

Zuma ken die Zoeloe-geskiedenis goed en noem die verskillende hoofindoenas of eerste ministers op van vorige Zoeloe-konings. Ons informele gesprek oor die tee eindig by die feit dat die Britte, as deel van hulle onderdrukkende koloniale beleid, beide die Zoeloe-koning en die Boerevegters van die Anglo-Boereoorlog as straf na die onherbergsame eiland St. Helena gestuur het.[154]

Die formele gesprek hierna is indringend en duur twee uur terwyl sy lyfwag hom telkens kom aanjaag vir sy volgende afspraak. Ons bespreek die komende ANC-presidentsverkiesing, die oorgangstydperk daarna en ses sake wat veral Afrikaners regstreeks raak.

Zuma verduidelik dat hy 'n trotse Zoeloe is en daarom begrip het vir Afrikaners wat sterk voel oor hulle taal en geskiedenis. "Alleen deur hierdie feite te erken en te aanvaar, kan ons saamwerk in Suid-Afrika," is sy standpunt. Dit is 'n heeltemal ander benadering as dié van Mbeki. Natuurlik is dit moontlik dat hy voor die ANC-verkiesing almal na die mond praat, soos die media beweer. Tog is dit presies dieselfde standpunte wat ek Zuma veertien jaar gelede hoor stel het en wat Mbeki nog nooit gehuldig het nie.

In 'n mediaverklaring ná ons ontmoeting beskryf ek die gesprek as "opbouend en insiggewend". Ek verwys ook na Zuma se standpunte oor taal en kultuur en sy siening oor eenheid en verskeidenheid wat ek positief en gebalanseerd gevind het.

Soos die spanning voor die ANC-leierskapverkiesing opbou, word Zuma histeries in die media gekritiseer. Sy biograaf[155] het oor hom geskryf: "Zuma is geen engel nie. Hy is net baie menslik." Tog hou ek van hom en kom nog altyd goed met hom oor die weg. Om hom op hierdie tydstip af te jak en te ignoreer, soos die DA en ander sogenaamde "linkses" doen, is beslis polities kortsigtig.

---

[153] In Gustav Preller se boek *Andries Pretorius*, p. 476–479.
[154] Dinuzulu, seun van die Zoeloe-koning Cetswayo, is deur die Britte na St. Helena verban in 1890. Hy het vir sewe jaar op die eiland gebly. Meer as 6 000 Boere-krygsgevangenes van die Anglo-Boereoorlog is van 1899 tot 1902 deur die Britte op St. Helena aangehou.
[155] Jeremy Gordin, joernalis, se biografie van Jacob Zuma.

Ek is moeg vir hierdie oneerlike "linkses". Jy herken hulle aan die feit dat hulle elke gesprek begin deur te vertel dat hulle nie rassisties is nie. Daarna is hulle blatant rassisties en onverdraagsaam in alles wat hulle doen en sê. Uit elke sin daarna blyk hulle meerderwaardige minagting vir enige persoon wie se kultuur of waardes van hulle durf verskil.

Hulle is gou om te spog met al die swartes in hulle vriendekring, maar dan blyk dit uit hulle verdere gesels dat slegs swartes wat foutloos Engels praat en 'n Westerse leefstyl handhaaf, welkom is! Almal wat nie hieraan voldoen nie, word in die grofste rassistiese terme beskinder en as onbeskaaf afgemaak.[156]

Dit is met hierdie tipe mense en hulle dubbele standaarde wat Pieter-Dirk Uys gespot het deur te sê: "Hulle emigreer uit Suid-Afrika om twee redes: 1. Hulle hou nie van apartheid nie en 2. kan die swartes nie uitstaan nie!"

Op die oomblik is dit onduidelik wie die ANC-verkiesing gaan wen. As ek 'n toekomstige president van die land kon kies, sou dit nie 'n ANC-lid wees nie. Ek het wel meer as 'n jaar gelede aan 'n groep Namibiese boere voorspel dat Zuma gaan wen. Die meeste joernaliste en politieke kommentators verskil ernstig van my. Hulle voorspel dat Mbeki maklik gaan wen. Oor 'n paar weke sal ons weet wie se aanvoeling reg was.

Derde datum: Dit is Desember 2007. Dit is koel en reënerig by die ANC se Limpopo-konferensie. Tot die skok en verbasing van baie is Jacob Zuma so pas as nuwe ANC-president verkies. Hy het Mbeki oortuigend geklop.

Oorblufte politieke kommentators probeer op televisie verduidelik waarom hulle voorspellings verkeerd was. Fyn waarneming van die kongresgangers bevestig waarom my aanvoeling reg was.

Baie van die Mbeki-ondersteuners het by die kongres aangekom in nuwe BMW's, Mercedesse en Hummers. Hulle is die nuwe swart middelklas. In 1994 het die wit sakewêreld, tot Mbeki se nadeel, na hom as hulle "kontak in die ANC" verwys. Hierdie wit sakewêreld, die nuwe swart middelklas in hulle Duitse motors, en 'n gedeelte van die Oos-

---

[156] Vergelyk byvoorbeeld Andrew Malone se artikel in die Britse *Daily Mail*, "Machine-gun man takes over ANC", 19 Desember 2007.

Die kontras is opvallend. (Erkenning aan *Beeld* 12 Junie 2006)

Kaapse Xhosas was Mbeki se magsbasis. Dit was nie genoeg om Zuma te wen nie.

Die Zuma-ondersteuners het in oorvol busse wat ure lank gery het, aangekom. Hulle sing entoesiasties Zuma se masjiengeweerlied terwyl hulle met die hande 'n teken maak wat in sokker vir 'n plaasvervanger gebruik word. Daarmee bedoel hulle dat dit tyd is vir 'n plaasvervanger in Mbeki se plek. Hulle is die armes, die verontregtes en dié wat kwaad is vir Mbeki, asook die Zoeloes van KwaZulu-Natal. Hierdie magsbasis was baie groter as Mbeki s'n.

Of Zuma sy hofsake gaan oorleef en president van Suid-Afrika gaan word, is op hierdie tydstip nie duidelik nie. Die wyse waarop hy al die terugslae tot nou oorkom het, voorspel dat hy 'n goeie kans moet hê om wel ook hierdie probleme te oorkom.

Die koerante berig hoe Zuma verlede week in 'n netjiese, Westerse pak klere buitelandse sakemanne in Europa beïndruk het. Die buitelandse joernaliste is egter verward oor hoe dieselfde Zuma onbeskaamd Zoeloe kan wees met sy twee vroue en tradisionele Zoeloe-drag.

In Afrika is 'n ernstige akademiese debat aan die gang oor modernisering en Afrika-waardes. Mbeki worstel ook hiermee. Hoe om te *modernize* sonder om te *Westernize*. Afrika-akademici debatteer oor hoe jy modern kan wees en steeds jou Afrika-waardes behou. Die Keniaanse satirikus, Binyavanga Wainaina, skryf: "… as ek in my hart kyk, vind ek Enid Blyton[157] stry met Ngugi wa Thiongo.[158] My Presbiteriaanse ouma swaai 'n samoerai se swaard na my toordokter-oupa."

Hierdie verskille, maar ook ooreenkomste tussen mense, moet ook in Suid-Afrika raakgesien en gerespekteer word. Zuma se waardes is nie my waardes nie. Die blywende skikking waarvan Zuma in 1993 gepraat het, sal moet ruimte maak vir my waardes en sy waardes voor dit 'n blywende skikking sal wees. Ons sal moet ooreenkom hoe die Afrika- en Westerse geesteswêrelde albei geakkommodeer kan word. Dit kan 'n blywende skikking word.

Ek het verkeerdelik gedink dat Mbeki, met sy Westerse opleiding, dit kan doen. Hy kon nie, omdat hy self worstel om sy Westerse voorkeure met sy Afrika-wortels te versoen.

Sal Zuma dit kan doen as hy president word? Ek weet nie. Net die tyd sal leer. Maar ek glo steeds dat enkele leiers van verskillende kante, op die regte plek en op die regte tyd, sake in 'n nuwe rigting kan stuur om so 'n reuse-verskil in die politiek te maak. Daarom is dit realisties om voort te gaan met gesprekke met Zuma en sy nuwe span.

Daarenteen sal dit 'n fout wees om sulke gesprekke as die enigste antwoord vir al ons probleme te sien. Terwyl ons gesprek voer, moet ons voortgaan met eie planne vir ons probleme en om groter beheer oor ons toekoms te kry.

By die kerk is almal die Sondag ná Zuma se verkiesing baie bekommerd. Is dit toevallig dat die dominee oor die "toekoms" en uit Psalm 146 preek? Ons slotsang is die berymde Psalm 146: "Van die mens bly niks behoue, sonder asem word sy mond. Stel in hom dan geen vertroue,

---

[157] Enid Blyton is 'n baie bekende Britse jeugskrywer en een van die wêreld se gewildste skrywers met meer as 800 boeke in 90 tale.
[158] Ngugi wa Thiongo is 'n Keniaanse skrywer en akademikus wat in Kenia in die tronk was oor sy menings. Hy voel baie sterk oor Afrika se tale en kulture wat nie tot hulle reg kom nie en dat Afrika se mense se denke gedekoloniseer moet word. Vergelyk Liesl Louw se artikel in *Beeld*, 14 Desember 2007.

selfs die magtigste word grond. Al sy planne gaan tot niet. Hoe kan hy jou redding bied?"[159]

Terwyl ons die vers sing, betrap ek my dat ek ewe sondig wonder of die vers nou op Mbeki of op Zuma van toepassing is.

Hierna sing die bekommerde, hoofsaaklik Afrikanergemeente met oorgawe vers drie: "Salig hy wat in die lewe, sonder hulp en sonder raad, as hom alles wil begewe, vlug tot God, sy Toeverlaat; en ook in die swartste nag op die Here alleen bly wag."[160]

"Werk en bid," het die ou mense gesê.

In stilte voeg ek my eie stukkie bid by die dominee se slotgebed: "Here, as dit u wil is dat die Afrikaners tot niet moet gaan, is dit goed. Maar as ons nog 'n taak het, maak ons asseblief wys, maak ons sterk en gee ons krag."

---

[159] Berymde Psalm 146 vers 2, soos deur professor T.T. Cloete.
[160] Berymde Psalm 146 vers 3, soos deur professor J.D. du Toit, Totius.

31

As Afrikaanse predikante betoog ... hoef hulle nie te toyi-toyi nie

As gevolg van sy rok het ek nie dadelik die bekende sakeman by die onthaal herken nie. Wat 'n verspotte gesig! Ek moet keer sodat ek nie hardop lag nie.

Die vorige keer toe ek hom gesien het, het hy 'n duur donker pak, 'n deftige hemp en 'n ingevoerde das aangehad. Dit was voor 1994 by 'n NP-minister se onthaal vir prominente sakelui.

By vanaand se funksie het dieselfde sakeman 'n Nigeriese vollengterok aan. Hy beweeg gemaak joviaal tussen die swart gaste en ANC-ministers deur, knoop geselsies aan en maak asof hy nog maar al die jare so aantrek.

Ek wonder wat het hy onder die rok aan! Hy lyk uiters ongemaklik daarin. Sy bolmagie is duidelik sigbaar soos die materiaal daaroor span en hy trek voortdurend aan die rok om dit beter te laat sit. Hy vermy alle Afrikaners – veral die oud-NP-ministers wat vanaand hier teenwoordig is. By die vorige onthaal het hy hulle natuurlik omhels van vriendelikheid. Nou, nadat die ANC oorgeneem het, is dit polities nie korrek om saam met Afrikaners gesien te word nie – veral nie oudministers nie.

Onwillekeurig dink ek aan die advies wat 'n Zambiese opposisieparlementslid onlangs aan my gegee het. Dit was tydens 'n konferensie in Dar es Salaam oor opposisiepolitiek in Afrika.

"In Afrika is opposisiepartye se grootste probleem die mense wat aan die AGIP-party behoort," het hy my met groot erns gewaarsku. "Ondersteuners van die AGIP-party kom uit alle beroepe, maar die meeste is besigheidsmense," het hy bygevoeg.

"Ons het nie 'n AGIP-party in Suid-Afrika nie," het ek verduidelik.

Hy het lekker gelag en geantwoord: "Nee, julle het. Ek het hulle al ontmoet."

In Engels het hy toe aan my verduidelik dat AGIP staan vir *Any Government In Power*.

Dit is mense wat oornag hulle politieke lojaliteit verander. Hulle ondersteun altyd die regering van die dag, ongeag wie dit is en ongeag wat hulle beleid is.

In Suid-Afrikaanse terme beteken dit dat as die AWB more die land sou regeer, die AGIP-mense onmiddellik hulle Nigeriese rokke sal inruil vir kakienommertjies! Daarom is hulle vir 'n opposisieparty niks werd nie. Hulle ondersteun elke nuwe regering met net soveel entoesiasme as wat hulle die vorige een ondersteun het. Die nuwe regeringslede word gewoonlik genooi vir luukse plesierritte op hulle seiljagte of vir 'n naweek op hulle jagplaas. Dan gee hulle natuurlik mildelik geld – maar net aan die nuwe regerende party met die hoop om later voordeel vir hulleself daardeur te verkry.

Deur die jare het ek baie maatskappye besoek om geld te kollekteer. Sonder genoeg geld kan geen politieke party aan verkiesings deelneem nie. Dit was opvallend hoe die AGIP-maatskappye, waar jy natuurlik geen geld kry nie, se gange en direksieraadskamers ná 1994 van voorkoms verander het.

Ek hou van Afrika-kuns en het Afrika-skilderye in my huis. Ná 1994 se verkiesing het ek egter nie al my skilderye vervang met Afrika- en township-stukke nie. AGIP-mense en AGIP-maatskappye het dit wel gedoen.

Teen die houtpanele van hierdie maatskappye se raadskamers was daar voor 1994 skilderye van die vorige voorsitters en direksielede. Skilderye van grys here met dun snorre en duur klere wat vanuit swaar rame streng na jou gekyk het. Nou is die skilderye weg. In die plek daarvan is daar nou net township-kuns teen die swaar houtpanele; gebuigde draadhangers en skilderye wat met Coke- en Fanta-blikke gemaak is. Ek het dit nie teen die kunsstukke nie, maar teen die oneerlikheid en politieke opportunisme van AGIP-mense en AGIP-maatskappye.

Gelukkig is alle maatskappye nie so nie. Daar is maatskappye wat besef dat jy die demokrasie vernietig wanneer jy net die regerende party sterker maak met geldskenkings. By hierdie maatskappye kry opposisie-

Verkiesings het vandag baie duur geword en net die plakkate kos al etlike duisende rande. (Foto: Alan Murdoch)

partye wel geld "om die demokrasie in stand te hou", soos hulle dit regverdig. Hulle worstel almal om 'n billike formule te vind waarvolgens hulle die geld tussen die verskillende opposisiepartye en die regerende party kan verdeel.

Jaarliks besoek ek van hierdie maatskappye en probeer vergeefs hulle oorreed om die geld gelykop te verdeel omdat politieke partye se uitgawes in 'n verkiesingsjaar almal dieselfde is.

Om landswyd aan die 2004-verkiesing deel te neem, moes 'n politieke party 'n deposito van R420 000 betaal. Dit geld vir die ANC as die grootste politieke party asook vir die kleinste politieke party wat deelneem. Daarna moes jy nog plakkate, koerant- en radioadvertensies betaal. 'n Radioadvertensie by 'n groot radiostasie kos ongeveer R5 000 vir 'n 30 sekonde-flits.[161] Dit is wat jy betaal vir elke keer wat dit uitgesaai word. 'n Volbladadvertensie in 'n Sondagkoerant kos meer as R200 000 vir elke plasing. Daarom word fondsinsameling al hoe belangriker soos die verkiesing nader kom.

As deel van ons fondsinsameling sien ek vir Bobby Godsell, grootbaas van Anglo Gold, kort voor die 2004-verkiesing. Soos altyd is hy aangenaam en vriendelik met baie begrip vir my argumente. Hy stem saam oor die belangrike rol wat die VF Plus in die politiek speel en dat veelpartydemokrasie versterk moet word. Hy verstaan ook my argument dat baie VF Plus-lede werkers by sy maatskappy is en so help om sy winste te verseker. Tog het hulle ongelukkig geen geld vir die VF Plus nie.

Hulle het wel besluit om R960 000 aan die ANC en die DA elk te gee. Waar die ANC tans 62% steun het teenoor die DA se 9% steun, pas hulle die gelykop-beginsel in sekere mate toe. Hulle gee ook R640 000 aan doktor Buthelezi se IVP en dieselfde bedrag aan generaal Holomisa se UDM.

Die NNP, soos die VF Plus, kry niks, al het hulle tans vyf keer meer setels as die UDM. Watter "formule" Anglo Gold gebruik het om by hierdie bedrae uit te kom, weet nugter alleen. As ek die "formule" moet probeer ontsyfer, beteken dit dat hulle, as 'n hoofsaaklik Engelse maatskappy, geen geld aan politieke partye met 'n hoofsaaklik Afrikaanse beeld gee nie. Hulle gee wel geld vir die DA, met 'n oorwegend Engelse beeld, en aan partye met 'n swart beeld – ongeag die partye se grootte of prestasies.

Hierna besoek ek meneer Cyril Ramaphosa, miljoenêr-sakeman. Hy dien nog op die ANC-strukture en sy maatskappye gee volgens my inligting baie geld aan die ANC. Ek wil hom toets ten opsigte van demokrasie en die belangrike rol van opposisiepartye. Hy ontvang my vriendelik in sy Johannesburgse kantoor. Ons ken mekaar van die onderhan-

---

[161] Dit is 2004 se syfers.

delinge af en praat lekker politiek. Toe ons by geld kom, is daar skielik baie verskonings. Volgens hom gee hulle maatskappye aan geen politieke party geld nie. Ek glo dit baie moeilik.

Nou bly die "histories Afrikaanse" maatskappye soos Sanlam en ABSA oor. Die afgelope vyf jaar het ek Sanlam elke jaar besoek om geld te vra. Waar ek elke jaar by ABSA geld ontvang het, het Sanlam se base aan my verduidelik dat hulle net geld in 'n verkiesingsjaar gaan skenk. Twee jaar voor die 2004-verkiesing het Sanlam my versoek om hulle te help riglyne opstel oor hoe geld tussen die politieke partye verdeel moet word. Ek het baie moeite gedoen en 'n lang memorandum daaroor vir hulle opgestel.

Sanlam het nou 'n klein komitee saamgestel wat hulle direksie oor 'n formule moet adviseer. Ek ry 400 km om die voorsitter van hierdie komitee te spreek en 'n verdere memorandum aan hom te oorhandig. Ek vertel hom van my frustrasies met die Bobby Godsells en Cyril Ramaphosas en dat 'n opname wys dat amper 80% van ons ondersteuners Sanlam-ondersteuners is.

"Oor 'n week moet ons die R420 000 verkiesingsdeposito betaal en ons eerste R300 000-kontrak vir radioadvertensies onderteken. Die hoeveelheid verkiesingsgeld ingesamel op daardie tydstip sal bepaal of ons aan die verkiesing gaan deelneem en of ons enige radioadvertensies gaan hê," verduidelik ek.

"Daar is tans gerugte dat die ANC groot bedrae geld van Ghaddafi van Libië en van Maleisië kry. Niemand weet of dit waar is nie omdat politieke partye hulle skenkings geheim mag hou. Maar hoe kompeteer ons daarmee?" vra ek aan hom.

Sanlam se skenking kom uiteindelik by ons kantoor aan. Hulle het besluit om aan die ANC R700 000 te gee. Daaruit betaal die ANC maklik hulle verkiesingsdeposito van R420 000. Dan bly daar nog amper R300 000 oor waarmee hulle vir sestig radioadvertensies kan betaal.

Aan ons skenk Sanlam R10 000. Wat 'n skok en 'n vernedering! Dit is die soort bedrag wat ons gewoonlik by 'n goedgesinde boer kry. Die R10 000 gaan nie help om die R420 000-deposito te betaal nie en sal net twee 30 sekonde-radioadvertensies een oggend in RSG se Monitorprogram kan koop.

Aan generaal Holomisa se UDM, wat net soveel setels as die VF Plus in die parlement het, skenk Sanlam R50 000. Sanlam se "formule" is ook vir my duister!

Ek is baie kwaad en vuur my dagbestuur aan toe die saak daar bespreek word. Die lede hou warm toesprake van hoe Sanlam in 1918 deur Afrikaners vir Afrikaners gestig is en nou sy rug op sy aanvanklike mark draai.

Ons besluit om die geld terug te gee en met 'n betoging voor Sanlam se hoofkantoor die hele probleem van ongelyke skenkings onder die aandag van kiesers te bring.

Dit is 'n mooi Kaapse oggend toe ons vir die betoging opdaag. Ons kom in 'n saal naby Sanlam se hoofkantoor bymekaar. Daar is meer mense as wat ek verwag het. Corné Mulder, ons Wes-Kaapse leier, lok 'n geskokte stilte uit toe hy op die verhogie aan hulle demonstreer hoe 'n mens toyi-toyi. Daar is 'n verligte lag toe hy verduidelik dat hy net gekskeer en dat toyi-toyi nie verpligtend is nie!

Ons het van die polisiekommissaris toestemming gekry om te betoog en Corné lees die polisie se voorwaardes aan die mense voor.

"1. Indien enige winkelvensters of motors beskadig word, moet ons die koste dra."

As ek so kyk na die mense wat vir die betoging opgedaag het, is ek beslis nie bekommerd dat daar enige skade sal wees nie. Die teenwoordiges sluit professionele mense, sakemanne, boere en drie Afrikaanse dominees in. Ek is eerder bekommerd oor die feit dat ons geen ervaring van betogings het nie en dit dalk te stil en stemmig mag gaan!

"2. Ons mag nie nader as 'n seker afstand van Sanlam se gebou kom nie.

"3. Ons mag nie die verkeer ontwrig nie.

"4. Ons moet 'marshalls' hê wat die skare beheer en aan die kante van die betoging beweeg.

"5. Die 'marshalls' moet uitkenbare armbande dra."

Ons het nie "marshalls" nie. Waar kry ons marshalls?

Tydens oorloë in die negentiende eeu het Afrikaners selfs hulle generaals demokraties met 'n stemming aangewys. Meestal met katastrofies gevolge omdat die gewildste man nie noodwendig die bekwaamste militêre leier is nie.

Die VF Plus se baie demokratiese "betogers" wil nou ook stem om die marshalls aan te wys. Dit was seker voorspelbaar dat die drie dominees gekies sou word. Elke dominee en die ander marshalls kry 'n rooi armband om die arm sodat hy of sy as 'n marshall uitgeken kan word.

Met die dominees aan die kante beweeg ons oor die straat na die Sanlam-gebou. Die mense swaai aggressief hulle plakkate rond. Hulle is regtig kwaad. Ek was verniet bekommerd dat hulle te stemmig sou wees. Van die plakkate lees: *Sanlam-bedryfswins R2 miljard; gee VF Plus R10 000* en *Sies, Sanlam, sies!*

Toe ons om die hoek stap, is ons oorbluf oor die groot hoeveelheid mediamense wat ons inwag. Hulle dink duidelik dat hier 'n storie is en dat ons dalk 'n punt beethet.

Die betogers kom soos ooreengekom tot stilstand 'n ent van Sanlam se gebou af. Ek en Leon Louw, my sekretaris, stap verder en oorhandig ons besware en die tjek aan Sanlam se verteenwoordiger. Daarna breek die betoging op. Sonder skade en baie vreedsaam, sou die media kon skryf.

Die openbare reaksie hierna is oorweldigend. Ons telefone hou nie op lui nie. Meer as 99% van die reaksies is positief. Enkele Sanlam-verteenwoordigers is baie kwaad vir ons. Ek is jammer vir hulle, want die doel was nie om Sanlam finansieel seer te maak nie maar om die

Van die plakkate en slagspreuke wat gebruik is in die betoging teen Sanlam.

onregverdigheid van 'n ongelyke verkiesing onder kiesers se aandag te bring. 'n Tyd later het 'n senior Sanlam-bestuurder op die lughawe aan my gesê dat hulle bereken het dat hulle ongeveer R200 miljoen verloor het in bedrae geld wat mense onttrek het.

Die koerante reken dat ons R10 000 teruggegee het, maar baie meer as R100 000 se waarde in publisiteit deur die aksie in ruil daarvoor gekry het. Simpatieskenkings stroom ook in sodat ons uiteindelik finansieel baie beter daaraan toe is.

Dalk verbeel ek my – maar dit was hierna beslis makliker om by ander maatskappye geld vir die verkiesing te kry. Betogings, ook deur Afrikaners, help en het deel geword van die nuwe politiek ná 1994.

Ons het die verkiesingsdeposito betaal, radioadvertensies en plakkate kon betaal en was een van net drie partye wat groei in die verkiesing getoon het.

32

Quebec en die Noord-Kaap; pasop vir die koning

"Een van die moeilikste dinge in die wêreld is om betekenis akkuraat van een persoon na 'n ander oor te dra," het Lewis Carrol, skrywer van *Alice in Wonderland*, geskryf.

As dit moeilik is in jou moedertaal, is dit soveel moeiliker in 'n tweede taal. 'n Voorbeeld: In Schweizer-Reneke, waar ek parlementslid was, praat die meeste boere Afrikaans en Tswana. Engels is daar nie 'n tweede taal nie, maar 'n vreemde taal!

Twee mansonderwysers moes Klerksdorp toe gaan vir 'n verpligte Wiskunde-opknappingskursus. Die twee Wiskunde-onderwyseresse van die Rooms-Katolieke Kloosterskool daar naby moes ook die kursus bywoon. Hulle bel en vra of hulle kan saamry.

Vroeg die oggend laai die Afrikaanse manne die Engelse nonne op. Die nonne sit agter in die motor. Die manne kuier lekker voor in Afrikaans, maar voel ná 'n tydjie skuldig dat hulle nie met die nonne kuier nie. Dit was 'n baie koue wintersoggend met alles buite spierwit geryp.

Die een man draai na agter, kyk die nonne in die oë en sê: "It is a good morning for rape" – wat in sy kop "ryp" gespel word!

Hy het later vertel dat hy nie kon verstaan waarom hulle die res van die rit so stil was nie. Toe hy, ewe ordentlik, met hulle oor die koue weer wou praat, nogal in Engels om hulle tegemoet te kom, het hulle oë net groot geword, hulle het styf teen mekaar geskuif, mekaar se hande vasgegryp en nie "boe" of "ba" gesê vir die res van die rit nie. Hy wonder of hulle geloof hulle verbied om met vreemde mans te praat!

Nog 'n voorbeeld: In die Afrikaans-Engelse politieke stryd van die veertigerjare was daar die eentalige Engelse politikus wat Afrikanerstemme wou wen. Ná 'n Engelse heildronk oor die verloop van die oorlog het hy tweetalig probeer afsluit: "In conclusion we all sing together: 'God save the King.'" Toe herhaal hy dit in sy swaar Engelse aksent: "Ten slotte ons saam sing almal: God pasop vir die koning!"

Taalgevegte en -misverstande, wat deur die ware stories hierbo geïllustreer word, loop dwarsdeur Suid-Afrika se geskiedenis. Omdat baie glo dat die grondwet van 1996 alle tale beskerm, raak hulle geïrriteerd met voortgesette taalgevegte.

Gereeld moet ek hoor: "Die taalbakleiery is nou totaal onnodig. Solank ons Afrikaans praat, sal die taal nie agteruitgaan nie."

Hoekom is hierdie standpunt naïef en heeltemal verkeerd?

Omdat die geskiedenis bewys dat 'n taal wat sy hoë funksies verloor, daarna geleidelik minder bruikbaar word en uiteindelik alles verloor.

Prakties gestel: Waar 'n taal, by wyse van spreke, net in die kombuis gepraat word (lae taalfunksies) maar nie meer in die hof, in die parlement en by die universiteit gehoor word nie (hoë taalfunksies), gaan die taal maklik binne enkele geslagte tot niet.[162]

Oksitaans was 'n gewilde taal wat deur 'n groot aantal mense in Frankryk gepraat is. Die Franse regering het Frans gekies as die enigste amptelike taal. Omdat Oksitaans daardeur alle hoë taalfunksies verloor het – en spreekwoordelik daarna net in kombuise gepraat is – het die taal geleidelik veld begin verloor.[163]

In 1904 het die digter en skrywer, Frederic Mistral, nog die Nobelprys vir Letterkunde in Oksitaans gewen. In 1930 was daar slegs 14 miljoen Franse oor wat nog Oksitaans kon praat en vandag is daar minder as vier miljoen. Hierdie sprekers is meestal oud en erken dat hulle kinders oorwegend Franssprekend is.

Die patroon waarop een taal 'n ander vernietig, is meestal dieselfde. In die eerste fase word die verloortaal (Oksitaans) se mense gedwing om tweetalig te word. Hulle het die tweede taal nou nodig om kontrakte te kan opstel, in die hof te kan verskyn en universiteit toe te kan gaan. Die wentaal (Frans) se sprekers bly natuurlik eentalig.

---

[162] Kennis van professor Jaap Steyn se boek, *Tuiste in eie taal*, wat spesifiek oor hierdie sake handel, is eintlik noodsaaklik vir enige persoon wat sinvol aan die taaldebat en oor die toekoms van Afrikaans en veeltaligheid in Suid-Afrika wil deelneem.

[163] Vergelyk ook die geskiedenis van die taal Wallies in Wallis en Skots-Gaelies in Skotland in hulle oorlewingstryd teen Engels.

In die volgende fase begin ouers hulle kinders na skole stuur wat in die wentaal (Frans) onderrig gee. Die ouers hoop om daarmee te keer dat hulle kinders dieselfde taalfrustrasies as hulleself in die howe en by die werk sal hê. Op hierdie wyse is die verloortaal (Oksitaans), wat ook die moedertaal is, binne enkele geslagte tot niet.

Die enigste redding is wanneer die verloortaal (Oksitaans of Afrikaans) sy hoë taalfunksies kan behou. Dit word ongelukkig nie sonder taalgevegte reggekry nie.

Die Franse taal in Kanada is 'n goeie voorbeeld hiervan. Ek het Montreal, die hoofstad van die Quebec-provinsie, besoek om meer van hulle taalstryd te leer.

Die meeste Kanadese praat Engels. Frans, wat deur net 23% van die bevolking gepraat word, het die taal geword wat geleidelik al hoe meer veld verloor het. Tot 1974 was Quebec die enigste Kanadese provinsie wat amptelik tweetalig was. Die ander agt provinsies was eentalig Engels. Die Quebecse digter, Fernand Quelette, het daaroor geskryf: "In 'n tweetalige milieu is daar geen saambestaan nie, daar is net volgehoue aggressie van die meerderheidstaal," in hierdie geval Engels.[164]

Onder druk het die Franssprekendes met "taalgevegte" begin. Deur wetgewing is gesorg dat Frans nie meer net in die kombuis gepraat word nie maar ook in die hof en in die parlement. Frans is tans die amptelike taal van Quebec.[165]

Soos Frans al hoe meer hoë taalfunksies in die provinsie Quebec gekry het, het die taal daar begin groei.[166] Tans woon 90% van alle Franssprekende Kanadese in Quebec met minder as vyf persent in die ander provinsies.[167]

Die Franse suksesverhaal is nie sonder konflik nie. So is daar in Quebec wette wat Franssprekende kinders verbied om na Engelse skole

---

[164] Jaap Steyn, *Tuiste in eie taal*, p. 90.
[165] In 1974 is Wet 22 aanvaar wat Frans die enigste amptelike taal in Quebec gemaak het. Hierdie maatreëls is in 1977 uitgebrei met Wet 101 wat Frans verpligtend gemaak het in die besigheidsektor.
[166] Die eerste wette wat Frans bevorder het, is reeds in 1910 in Quebec aanvaar. Die Lavergne-wet het bepaal dat bus- en treinkaartjies naas Engels voortaan ook in Frans gedruk moes word.
[167] Die klein New Brunswick-provinsie is die enigste provinsie wat hiervan afwyk.

te gaan en wat maatskappye verplig om Frans as werkstaal te gebruik. Die regering het selfs vereis dat besighede se uithangborde slegs in Frans moet wees.[168] Hierdie voorskrif het hofsake uitgelok en moes in 1993 gewysig word. Dit bepaal nou dat as so 'n uithangbord voor 'n winkel tweetalig is, dan moet die Franse letters twee keer groter as die Engelse letters wees![169]

"Benadeel julle nie die Franse taal met al die maatreëls nie?" het ek aan hulle gevra. Hulle antwoord was eenvoudig: "Ons sorg net dat die Franse taal in Quebec in dieselfde posisie geplaas word as wat Engels in al die ander Kanadese provinsies is."

Tydens my besoek het ek die taal-emosies aan eie lyf gevoel. Ek kon min verstaan van 'n uitstalling waar die byskrifte slegs in Frans was. Gelukkig word daar aan die einde kleurskyfies vertoon wat alles opsom in Frans of Engels. Ek druk die knoppie teen die muur om na die Engelse kommentaar te luister.

Die volgende oomblik verskyn daar drie Franse tieners. Hulle kyk my uitdagend aan, stap na die muur en druk die Franse knoppie. Hulle luister nie na die kommentaar nie, maar beweeg om die draai na die volgende vertrek. Ek wag 'n rukkie en druk weer die Engelse knoppie. Onmiddellik is die drietal terug, skuur teenaan my verby, druk weer die Franse knoppie en daag my met hulle oë uit om iets aan die saak te doen. Die tartende wyse waarop hulle opgetree het, het net weer aan my bevestig watter emosies taal, en veral die miskenning van jou eie taal, by mense kan wakker maak.

Suid-Afrika, met sy elf amptelike tale, is glad nie hiervan vrygeskeld nie. In 1997 het professor Neville Alexander, wat vir tien jaar 'n politieke gevangene op Robbeneiland was, soos volg gewaarsku: "Mense en die regering verstaan nie hoe gevaarlik taal kan word as dit verkeerd hanteer word nie. Die Regering behoort taalkwessies 'n prioriteitsaak te maak."[170]

Teoreties waarborg die grondwet die gelykheid van alle tale.[171] Ons

---

[168] Wet 178 en 101 bevat maatreëls hieroor.
[169] Wet 86 van 1993 soos deur Robert Bourassa se regering gemaak. Die eienaars van die winkel "The Lyon and the Walrus" het hierteen 'n hofsaak gemaak, maar verloor.
[170] *Rapport*, 31 Januarie 1997, p. 7, professor Neville Alexander, "Ongeduld neem toe oor taalkwessie".
[171] S.A. Grondwet, artikel 6.

Saam met meneer Abrie Oosthuizen, VF Plus-voorsitter, ná nog 'n taalgeveg.

voorspellings dat die regering Engels eensydig gaan bevorder, is vroeg reg bewys. 'n Voorbeeld: Soos alle nuwe provinsies, moes die Noord-Kaap besluit wat die afkorting op hulle nommerplate gaan wees. Omdat sewentig persent van die Noord-Kaapse mense Afrikaans praat, was "NK" die logiese keuse. Wat die keuse nog makliker gemaak het, is dat in Tswana, die tweede grootste taalgroep in die provinsie,[172] die afkorting ook "NK" is.[173]

In 1997 stel professor Carel Boshoff van die Vryheidsfront in die Wetgewer voor dat die afkorting op die Noord-Kaapse nommerplate "NK" moet wees. Die ANC stel "NC" vir *Northern Cape* voor. Minder as drie persent van die Noord-Kapenaars is Engelssprekend.

---

[172] Noord-Kaap se bevolking volgens 1996-sensus: 69,3% Afrikaans; 19,9% Tswana; 6,3% Xhosa en 2,4% Engels.

[173] In Tswana word die *Kapa* van Noord-Kaap met 'n "K" gespel. In Xhosa, die vierde grootste Noord-Kaapse taal, is dit ook 'n "K" vir *Koloni*.

Ná die oorhandiging van 'n spesiale toekenning aan die VF vir die party se werk om veeltaligheid in Suid-Afrika te bevorder, saam met meneer M.B. Kumalo, voorsitter van die Pan Suid-Afrikaanse Taalraad en meneer Mosibudi Mangena, minister van wetenskap en tegnologie.

Omdat soveel ANC-lede die dag afwesig is, het hulle nie 'n meerderheid nie en word "NK" goedgekeur. Dit veroorsaak groot konsternasie met koerantopskrifte wat lees: "Vryheidsfront maak Noord-Kaap Afrikaans."[174] 'n Spesiale opvolgvergadering word gereël, waar die ANC hulle meerderheid gebruik om "NC" af te dwing sonder enige werklike argumente.[175] Wat die besluit ten gunste van "NK" nog makliker behoort te gemaak het, is die feit dat alle swart/wit-emosies uit die besluit geneem is deurdat die meerderheid van die Noord-Kaapse Afrikaanssprekendes nie wit is nie.

In die Vrystaat, met sy oorwegend Sotho- en Afrikaanse bevolking, is

---

[174] *Beeld*, 17 September 1997, p. 1, "Vryheidsfront maak Noord-Kaap Afrikaans".
[175] *Volksblad*, 2 Julie 1998, p. 6, "Noord-Kaap nommerplaat amptelik in Kby bekend gestel."

die nommerplaatdebat herhaal. Abrie Oosthuizen van die Vryheidsfront se klag hieroor by die Pan Suid-Afrikaanse taalraad was suksesvol, maar die besluite is nie verander nie. Die Vrystaat sit vandag met die Engelse afkorting "FS".

Op die oog af is dit natuurlik minder belangrike sake, maar dit verskil nie van die Franse in Quebec se verloortaal-probleme nie.

Chris Barnard, bekende Afrikaanse skrywer, som die regering se taalbeleid soos volg op: "As Engels die oorhand (in Suid-Afrika) kry, is dit meer as net Afrikaans wat in die slag gaan bly. Tien inheemse tale gaan verdwyn. Die enigste uitheemse taal (Engels) gaan bly en al elf dele van die koek kry, miskien 'n hoflike windjie breek en verder stap Afrika in."[176]

Die Pan Suid-Afrikaanse Taalraad het in 2002 'n spesiale toekenning aan die VF gedoen vir die party se deurlopende werk om veeltaligheid in Suid-Afrika te bevorder. Die VF is die enigste politieke party wat nog so 'n toekenning gekry het. In sy motivering van die toekenning het meneer M.B. Kumalo, voorsitter van die Taalraad, verwys na die VF se sukses om die Engelse kennisgewingborde by die parlement veeltalig te kry; die VF se webblad wat in agt tale is; die VF se sukses om die sensusvorms in alle tale beskikbaar te kry asook toesprake, soos my C.R. Swart-lesing by die Vrystaatse Universiteit, wat in Afrikaans, Engels en Sotho beskikbaar gestel is.

Weerstand bring sukses. Jammer vir die mense wat moeg is vir taalstryd, maar "hef aan" lê nog voor. Anders bewoord: As ons nie "pasop vir die koning" nie, gaan die meeste tale in Suid-Afrika nog "geryp" word!

---

[176] *Beeld*, 25 April 2005, p. 6, "ATKV vereer vier 'Afrikone' in M'langa."

33

Minderhede, Wounded Knee en Louis Farrakhan

"Is u bereid om vanmiddag deel te neem aan 'n radiodebat met Louis Farrakhan?" vra die regisseur van 'n bekende geselsradiostasie heel formeel oor die telefoon aan my. Die debat is vanmiddag net ná vyfuur.

"U kan sommer telefonies deelneem, dan is dit nie nodig om ateljee toe te kom nie. Net asseblief nie van 'n selfoon af nie. Die kwaliteit is nie goed genoeg vir 'n debat nie," verduidelik die regisseur.

Dit is altyd 'n risiko om aan so 'n debat deel te neem – veral met hierdie Louis Farrakhan. Min Suid-Afrikaners ken hom.

Farrakhan is 'n militante swart Moslemleier van Amerika wat verlede jaar die miljoenman-optog van hoofsaaklik swart mans in Washington gereël het.[177] As die leier van die Nasie van Islam besoek hy Suid-Afrika vir 'n paar dae.[178] Hy is bekend vir sy rassistiese uitsprake teen wittes en ek gaan my waarskynlik vasloop in 'n woedende anti-wit-tirade. Dit is wat hy gewoonlik in sy Amerikaanse toesprake doen. Hy het nog onlangs uitgevaar oor hoe moord en lieg deel is van alle wit mense se samestelling.

Aan die ander kant weet ek dat hy in Suid-Afrika soos 'n vis op droë grond sal wees. Sy argumente gaan nie hier werk nie.

As deel van my universiteitstudie in Amerika[179] het ek 'n kursus in Afro-Amerikaanse retoriek gevolg. Daarin het ons die toesprake van swart Amerikaanse leiers soos Martin Luther King en Malcolm X bestudeer. In die doktorale besprekingsklas was ek telkens verbaas oor die

---

[177] Die optog het in September 1995 plaasgevind.
[178] Louis Farrakhan het Suid-Afrika van 26 tot 28 Januarie 1996 besoek.
[179] Die studie was aan die Universiteit van Wisconsin, Madison in die VSA.

ooreenkomste tussen hierdie sprekers se toesprake en sommige Afrikanerleiers s'n. Dit het daarin gelê dat albei groepe minderhede is op hulle kontinente. Albei groepe redeneer oor waar hulle inpas en hoe hulle moet oorleef as 'n sigbare minderheid.

So 'n debat met Farrakhan kan tog interessant wees, dink ek. En om telefonies deel te neem, beteken min moeite van my kant af.

"Ek is beskikbaar en julle kan my by hierdie nommer skakel," antwoord ek die regisseur.

Hy klink bietjie verbaas dat ek so maklik ja gesê het.

"Weet u wie Louis Farrakhan is?" vra hy nou.

"Is hy nie 'n Amerikaanse predikant nie?" hou ek my dom.

Die radioregisseur probeer my nou opsweep met 'n klomp rassistiese uitlatings wat Farrakhan onlangs oor wittes gemaak het. Dit is duidelik dat die radiostasie hoop om my en Farrakhan aanmekaar te sit vir 'n wilde, rassistiese swart/wit-debat.

Die regisseur wat met my skakel, is Afrikaans, maar die omroeper wat die program gaan aanbied, is Engels. Uit vorige debatte het ek hom leer ken as 'n tipiese, meerderwaardige Britse Engelsman wat neerkyk op Afrikaners en dink jy kom dit nie agter nie. Hy sal graag die debat wil gebruik om my en alle Afrikaners as rassisties en agterlik voor te stel. As hy my en Farrakhan as die radikales aan die twee kante van die politieke spektrum kan voorstel, dan kom die vriendelike Engelse, wat hy verteenwoordig, in die middel voor as die redelikes en die gebalanseerdes van hierdie wêreld. Ek is nie van plan om daarmee saam te speel nie.

Die Britte en die Amerikaners se meerderwaardigheid oor hulle eie geskiedenis en die dubbele standaarde in hulle kritiek op ons en ander se geskiedenis stuit my nog altyd teen die bors. In my nagraadse besprekingsklas in Amerika was die meerderheid studente selfversekerde wit Amerikaners, met 'n paar uitgesproke Afro-Amerikaners en 'n baie intelligente *Native American* daarby. 'n Native American is 'n Amerikaanse Indiaan soos ons dit in Hollywood se *Cowboys and Indians*-flieks leer ken het.

Ek kon my verluister aan die heftige debatte tussen die drie groepe oor hulle geskiedenis. Dit is waar ek al die Afro-Amerikaanse argumente, waarmee meneer Farrakhan waarskynlik vanmiddag sal kom, gehoor het. Waar ek aan die debatte deelgeneem het, het ek my telkens aan die

Native American en selfs aan die Afro-Amerikaners se kant bevind. Hulle is albei minderheidsgroepe wat in die verlede onderdruk en in die Indiane se geval, berekend uitgewis is.

Die Indiaan, wie se naam interessant genoeg John was, het moeite gedoen om my van Wounded Knee en van Kaptein Simeon Ecuyer te vertel.

In 1763 het die Delaware-Indiane die soldate in Fort Pitt vir dae omsingel en van buite afgesny.[180] Kaptein Simeon Ecuyer, die bevelvoerder binne die fort, se plan was eenvoudig. Hy het 'n sakdoek en twee komberse na buite gestuur as 'n geskenk aan die Indiane vir die winterkoue.

Wat hy natuurlik nie aan die Indiane gesê het nie, was dat die komberse en sakdoek uit die pokke-hospitaal van die fort gekom het! Binne weke het die pokke soveel Indiane gedood dat die gevegte verby was en die Indiane se grond beskikbaar was vir wit setlaars. Hierdie plan kon werk omdat inenting teen pokke reeds aan die Europeërs, maar nie aan die Indiane nie, bekend was.[181]

John se stories oor Wounded Knee het veroorsaak dat ek moeite gedoen het om self te gaan kyk. Tot my gesin se irritasie het ons van die hoofroetes afgedraai en kilometers op stowwerige grondpaaie en deur verwaarloosde Indiaanse reservate gery tot daar.

In 1890 het 'n stam Indiane hulle aan die Amerikaanse leër oorgegee. Hulle het hulle tente by Wounded Knee opgeslaan met 'n wit vlag aan 'n paal as teken van die oorgawe.

Kolonel Forsyth van die Amerikaanse leër het sy soldate rondom die Indiaanse kamp laat stelling inneem. Vier primitiewe masjiengewere[182] is opgestel. Die soldate het die Indiaanse mans opdrag gegee om uit hulle tente te kom en hulle wapens op 'n hoop neer te lê.

Nadat die Indiaanse mans dit gedoen het, was Forsyth nie tevrede nie. Hy het die mans in 'n semisirkel voor hom laat sit en sy soldate opdrag gegee om die tente, waar die vrouens was, deur te soek vir nog wapens. Die vroue het luid geprotesteer toe hulle klere en beddegoed deur die soldate uit die tente gegooi is.

---

[180] Vandag is die stad Pittsburgh daar.
[181] 'n Hollander, Jan Ingenhaus, het inenting teen pokke ontwikkel en die kennis is in 1721 na Engeland gebring. Bron: www.hvk.org/articles/0304/49.html
[182] Dit was Hotchkiss-gewere. Bron: www.dickshovel.com/hill.html

Skrywer en sy dogters Heleen en Suzanne op die slagveld in South Dakota in die VSA waar die slag van Wounded Knee tussen die Indiane en die Amerikaanse leër plaasgevind het. Op die bord kan duidelik gesien word hoe die woord "battle" toegeplak en met "massacre" vervang is.

Toe die soldate daarna die mans hardhandig begin deursoek, het 'n gestoei ontstaan en is 'n skoot afgevuur. Die masjiengewere het van alle kante losgebrand en die ongewapende mans en vroue onder die wit vlag doodgeskiet. Die vrouens en kinders het na 'n klofie gevlug waar die soldate hulle agtervolg en een-een doodgeskiet het. Die lyke is later oor 'n afstand van twee myl gevind.

Vanweë 'n sneeustorm is daar eers drie dae later 'n groep mense gestuur om die lyke te gaan begrawe. Hierdie groep het ná die tyd vertel van die grusame gesig van dooie, ongewapende vroue en kinders met tot 15 skote in een kinderlyk. Ná drie dae in die sneeu is vier babas nog lewend by hulle dooie ma's gekry.

Verskillende syfers word gegee, maar daar word bereken dat tot 300 Indiaanse mans, vroue en kinders so doodgeskiet is.

Die bevelvoerder en soldate het hierna 'n verslag aan Washington gestuur oor die dapper veldslag wat hulle teen die gevaarlike Indiane gewen het. Twintig soldate het Amerika se hoogste medalje vir dapperheid hiervoor ontvang.[183]

In 1990 is die slag in die VSA herdenk. Kort voor meneer Farrakhan na Suid-Afrika gekom het, is daar 'n beweging in die VSA begin om die 20 medaljes tot "oneervolle medaljes" te verklaar.[184]

By die plek waar die slagting plaasgevind het, is 'n groot bord opgerig. Die oorspronklike trotse opskrif van die bord het gelui: *The Battle of Wounded Knee*. Bo-oor die woord "battle" is nou 'n houtbord geplak waarop staan "massacre". Die bord lees nou: *The Massacre of Wounded Knee*.

Een van die debatspunte in my Amerikaanse klas was of die botsings tussen die wit Amerikaners en die Indiane 'n stryd om wit oorlewing, of wit oorheersing was, of bloot Indiaanse uitwissing.

As ek dink aan die pokke-komberse en Wounded Knee, was dit myns insiens die berekende uitwissing van die plaaslike bevolking. Daar is ook verskeie historiese aanhalings wat dit bevestig.[185] In die debat vanmiddag met meneer Farrakhan kan ek verwag dat hy ook hierdie argument op die Afrikaner se geskiedenis van toepassing sal maak. "Julle wittes het Suid-Afrika binneval met slegs een doel voor oë: om die plaaslike bevolking uit te wis."

Ek verskil ernstig hiervan en gebruik gewoonlik die bevolkingsgetalle om op hierdie tipe argument te antwoord. Vyf gebiede buite Europa is in die vorige eeu deur Europeërs geregeer. In al vyf gebiede het die inheemse bevolking 100% van die bevolking uitgemaak toe die Europeërs daar aangekom het. Vandag is die inheemse bevolkings van hierdie vyf

---

[183] Volgens amptelike Amerikaanse Kongresrekords het die "Slag" van Wounded Knee op 29 Desember 1890 in die Badlands South Dakota plaasgevind. Die veldslag was tussen Lakota Sioux Indiane onder leiding van Chief Big Foot en die U.S. 7th Cavalry onder leiding van kolonel James W. Forsyth.

[184] Bron: www.dickshovel.com/WKmasscre.html

[185] Jeffrey Amherst skryf in hierdie tyd: "Could it not be contrived to send Small Pox among those disaffected tribes of Indians? We must on this occasion use every stratagem in our power to reduce them ... put a most Effectual Stop to their very being." (Besoek www.geocities.com/comm500years/NEOhio.html) vir meer inligting.) L. Frank Braun skryf as koerantredakteur: "In order to protect our civilization ... we must wipe these untamed and untamable creatures from the face of the earth." (*Aberdeen Saturday Pioneer*, January 3, 1891).

vorige Britse kolonies soos volg: Amerikaanse Indiane: 0,8%; Australiese Aborigenes: 1%; Kanadese Indiane en Inuït: 1,5%; Nieu-Seelandse Maori's: 9% en Suid-Afrika se swart bevolking: 80%.

Waarom verskil Suid-Afrika se syfer so drasties van die ander as hierdie lande se ontstaansgeskiedenis almal dieselfde was?

My verklaring was nog altyd dat die hoofdoelwit van die Amerikaners en die Britte in die ander kolonies deurlopend oorheersing was wat onafwendbaar tot die uitwissing van die inheemse bevolking gelei het.

Hoewel oorheersing beslis ook in Suid-Afrika plaasgevind het, was die hoofdoelwit nie die uitwissing van die ander nie. In ons geskiedenis is allerlei planne, party baie lomp, vir die oorlewing van almal langs mekaar gemaak. Hoe anders verklaar mens Piet Retief se poging tot 'n ooreenkoms oor grondverdeling met Dingaan? Hoe anders verklaar jy die groot verskille tans in inheemse bevolkingsgetalle tussen die vyf voormalige Britse kolonies?

Natuurlik is hierdie standpunt van my tans polities baie inkorrek en pas dit nie die ANC en die Farrakhans wat 'n ander geskiedenis probeer vestig nie. Ek sal vanmiddag dit argumenteer en die verskille tussen die twee lande se geskiedenisse uitwys, beplan ek.

Net ná vyf lui die telefoon. Dit is die radiostasie. Ek is aangevuur en gereed.

Groot is my teleurstelling toe ek verneem dat die radiostasie nie meneer Farrakhan kon oorreed om aan die debat deel te neem nie. Ek het die hele dag in my gedagtes my Amerikaanse argumente en debatte herhaal en geoefen vir vanmiddag se debat. Die Britse omroeper gaan nou maar met my alleen 'n onderhoud voer oor meneer Farrakhan se besoek.

"Hoe voel die VF oor meneer Farrakhan se besoek aan Suid-Afrika?" is sy eerste vraag.

"Ek is bly dat hy self kom kyk na wat in SA gebeur. Dit is altyd beter om eerstehandse kennis op te doen," reageer ek versigtig.

"Meneer Farrakhan het in die VSA sterk standpunt ingeneem teen wittes en die wit regering. Hoe voel jy as witte daaroor?" is die omroeper se tweede vraag.

Soos ek verwag het, stuur hy nou die gesprek die rassisme in.

"My ervaring van meneer Farrakhan in die VSA was dat hy daar deurlopend veg vir die regte van die Amerikaanse minderhede wat onderdruk word. Dit is nou die Afro-Amerikaanse minderheid en die Native Americans," antwoord ek en voeg moedswillig by: "Daar is verskeie minderheidsgroepe in Suid-Afrika wat tans op allerlei maniere deur die regering onder druk geplaas word. Een daarvan is die Afrikaanssprekendes. Sover dit die Afrikaanse taal betref, is dit nie 'n rassekwessie nie omdat die meerderheid Afrikaanssprekendes nie wit is nie. Ek verwelkom meneer Farrakhan se besoek omdat ek aanvaar dat hy, as 'n konsekwente aktivis, onder andere vir die regte van minderhede soos die Afrikaanssprekendes hier kom veg."

Daar is 'n ongemaklike stilte aan die ander kant. Die Britse omroeper het duidelik verwag dat ek 'n ander hoek sou kies. Hy het skielik nie 'n opvolgvraag nie. Uit die bloute beëindig hy die onderhoud.

Soos ek voorsien het, was meneer Farrakhan se besoek aan Suid-Afrika nie 'n sukses nie. Sy boodskap van 'n wit meerderheid wat 'n swart minderheid uitbuit en onderdruk, werk in die VSA, maar nie in Suid-Afrika met 'n ANC-meerderheidsregering nie. Meneer Farrakhan se anti-wit-vooroordele is egter so groot dat hy nie ratte kan wissel om wel vir die minderhede hier op te kom nie.

Beeld skryf ná sy vertrek: "Van al die talle buitelanders wat Suid-Afrika sedert Mei 1994 besoek het, is die besoek van eerw. Louis Farrakhan waarskynlik een van dié wat die gouste vergeet sal word. Dit is omdat die leier van die Nasie van Islam nie veel te sê het vir hoofstroom Suid-Afrika nie."[186]

---

[186] *Beeld*, 1 Februarie 1996, p. 13.

34

Plakkate, slagspreuke en die "nuwe" politiek

'n Student en 'n plakkaat is moeilikheid.

In die tyd toe die HNP nog aan verkiesings deelgeneem het, het hulle *Stem vir Jaap Marais*-plakkate orals opgesit.

Die volgende nag het die studente die plakkaat "effens" gewysig. Dit is natuurlik 'n ernstige oortreding en strafbaar.

Die volgende oggend staan daar onder die foto van Jaap Marais se gesig: *tem vir aap Marais*. Die studente het die "S" van "stem" en die "J" van "Jaap" uitgevee!

'n Soortgelyke plakkaat met die onderskrif: *Die Leier* is na *Die eier* verander deur die "L" uit te vee!

Met die ontwerp van 'n plakkaat moet in ag geneem word hoe dit dalk teen jou gebruik en misbruik kan word.

In 'n stadsraadsverkiesing in Pretoria het die HNP besluit om 'n eenvormige plakkaat vir al sy kandidate te gebruik. *Hou Pretoria wit* is as slagspreuk boaan die plakkaat geskryf met onderaan: *Stem ...*

Elke kandidaat vul dan net sy naam in, byvoorbeeld: *Hou Pretoria wit; Stem Nel*. Ongelukkig vir die HNP was hulle kandidaat in die een wyk meneer Swart. Sy plakkaat het toe gelui: *Hou Pretoria wit. Stem Swart!* Die media het heerlik foto's hiervan geneem en met die veldtog gespot.

In Despatch was die VF Plus se kandidaat in 'n stadsraadsverkiesing Kritzinger Mey. Op sy plakkate het groot gestaan: *Stem vir Mey*. Sy opponent het die dag met die stemming by die hek na die stemlokaal gestaan en 'n laaste poging aangewend om die kiesers te oorreed om vir hom te stem. Elke kieser wat verbygeloop het, het hy gegroet en gesê: "Stem asseblief vir my!"

Die VF Plus-kandidaat Mey het gewen. Hy glo dat die opponent se laaste poging hom beslis gehelp het.

Richard Nixon, 'n vorige Amerikaanse president, se slagspreuk vir sy verkiesing was: "Nixon is the one!"

Sy opponent kon nie die slagspreuk oortref nie. Hy het toe dertig jong vroue voor die grootste televisiestasie se kantore laat staan, elkeen met 'n Nixon-plakkaat. Wat die vroue met mekaar in gemeen gehad het, was dat almal baie vér en duidelik swanger was! Groot foto's van die swanger dames met die slagspreuk *Nixon is the one* het die volgende dag in al die media verskyn!

Slagspreuke hoef nie net te vermaak nie. Toe Ted Kennedy, die jongste van die Kennedy-broers, homself beskikbaar gestel het vir die presidentskap, het 'n skerp bewoorde slagspreuk hom in sy spore gestuit.[187]

Ted het 'n ongelukkige verlede. Een aand, ná 'n partytjie, het hy met 'n sekretaresse oor 'n bruggie gery en met sy motor in die water beland. Ted het uit die motor gekom, maar die sekretaresse het verdrink.[188] Die ware feite oor waarheen hy met die dame op pad was, het nooit uitgekom nie.

Ted het sy veldtog begin deur sy opponent met slagspreuke aan Watergate, die Amerikaanse afluisterskandaal, te verbind. Die opponent het geantwoord met net een slagspreuk wat groot op advertensieborde en op bufferplakkers aangebring is: *Nobody drowned at Watergate!* Ted het kort hierna aangekondig dat hy onttrek as presidentskandidaat.

Elizabeth Taylor, bekende Hollywoodse rolprentster, se sewende huwelik was met John Warner, 'n Amerikaanse politikus.[189] In sy verkiesingsveldtog het hy haar bekendheid as rolprentster baie doeltreffend gebruik om stemme vir homself te werf. Sy arme opponent het nie 'n antwoord hiervoor gehad nie. Uiteindelik het hy 'n gepaste slagspreuk gekry: *Why should Elizabeth Taylor's seventh choice be our first!*

Dit is nie net in Amerika waar mooi vroue gebruik word om kiesers

---

[187] Ted Kennedy het in 1976, ná die dood van sy broers John en Bobby, aangedui dat hy beskikbaar is as Amerikaanse presidentskandidaat vir die Demokratiese Party.
[188] Mary Jo Kopechne het in 1969 in Kennedy se motor verdrink by Chappaquidick.
[189] Elizabeth Taylor was in volgorde getroud met: Conrad Hilton Jr, Michael Wilding, Michael Todd, Eddie Fisher, Richard Burton (twee keer), John Warner en Larry Fortensky.

Hierdie skets en slagspreuk het gehelp om 'n oorwinning in 'n Randfonteinse tussenverkiesing te behaal.

te beïnvloed nie. My broer Corné het dit in Randfontein gedoen. Corné verloor sy eerste verkiesing in die kiesafdeling Gezina, 'n voorstad van Pretoria. Kort daarna word hy weer genomineer in Randfontein. Ons begin sy veldtog met 'n plakkaat wat lui: *Stem vir 'n wenner, stem vir Corné Mulder.*

Hierdie slagspreuk het sy opponent baie geïrriteer – veral in die lig van Corné se nederlaag kort tevore in die Gezina-kiesafdeling. Hy reageer deur onder elkeen van ons "wenner-plakkate" 'n plakkaat te plak wat in groot letters vra: *Wat van Gezina?*

Dit was 'n slim reaksie, maar ongelukkig te slim vir die kiesers. Die meerderheid kiesers het glad nie verstaan waarna die opponent se plakkaat verwys nie. Op stuk van sake is Gezina relatief ver van Randfontein af.

As finale reaksie het Corné 'n skets van 'n mooi meisie laat maak. Die onderskrif het gelui: *Wat van Gezina? Ek is Gezina en ek stem vir Corné.* Die skets is oral in Randfontein versprei en die kiesers het vir dae hieroor gepraat. Ons glo dat dit beslis 'n rol gespeel het in Corné se groot oorwinning hierdie keer.

Corné se verkiesing het plaasgevind toe daar nog in kiesafdelings gestem is en plakkate van die plaaslike kandidaat alles oorheers het. Vandag word hoofsaaklik plakkate van die leiers se gesigte gebruik. Dit vereenvoudig verkiesings tot 'n tipe referendum tussen leiers. Navorsing wys ook dat min kiesers weet wie die nommer twee-kandidaat is of wat die beleid is van die party waarvoor hy of sy stem.

'n Gesprek tydens die 2004-verkiesing met 'n dame wat ek goed ken en wat vir Patricia de Lille stem, bevestig hierdie navorsing.

Sy weet nie wat Patricia se party se naam of beleid is nie en ken nie die naam van enige ander kandidaat op Patricia se kandidatelys nie.

"Hoekom stem jy dan vir Patricia?" vra ek.

"Omdat ek van haar hou," antwoord sy. So eenvoudig is dit vir haar en vir die talle kiesers wat in die nuwe politiek op hierdie wyse stem!

Toe Patricia se party in Kaapstad se metroraad met die ANC saamwerk,[190] bel dieselfde dame my geskok, pak af teen Patricia en verduidelik dat sy nou by die VF Plus wil aansluit.

"Waarom wil jy nou by ons aansluit?" vra ek nuuskierig.

"Omdat ek op die oomblik meer van jou as van Patricia hou!" antwoord sy ewe eerlik. Beleid en ander ingewikkelde politieke sake speel steeds geen rol by haar nie.

Op 'n dag wil Hennie Botha van Stilfontein dringend met my praat. Hy is weer kwaad vir die DA nadat hy vir hulle gestem het. Ek weet nie hoekom hy daaroor met my wil praat nie. Uit nuuskierigheid staan ek hom tog te woord.

"Nou hoekom wil 'n DA met my praat?" begin ek die gesprek grappig versigtig.

"Nee," ontken hy dit heftig. "Ek is nie 'n DA nie, ek het net vir Tony Leon gestem. Jy weet, Doktor, die hele Stilfontein was vol van Leon se

---

[190] Die ID van Patricia de Lille het ná die 2006- plaaslike verkiesing met die ANC saamgewerk in 'n poging om beheer van die Kaapse Metroraad te kry.

Pieter Groenewald (VF Plus-leier in Noordwes), 'n onbekende protesteerder, Pieter Mulder, Piet Smit (Afrikaanse sanger) en Theo Venter (voorsitter van Aksie Potchefstroom) tydens 'n protesoptog oor die stad se voorgestelde naamverandering.

plakkate en ek hou baie van hom," verduidelik hy. "Maar nou sit nie Tony Leon nie, maar hierdie ander DA-mamparra in die stadsraad. Ek ken die mamparra al jare, het saam met hom gewerk en hou niks van hom nie. Die ergste is dat my stem hom daar gebring het. Hoe kan ons dit regmaak?" vra hy aan my.

Nou, ná die verkiesing, kan ek nie veel daaraan doen nie. Hennie dink duidelik nog in terme van die "ou" politiek en verstaan nie die nuwe kiesstelsel nie.

Om te help, gee ek tydens ons gesprek aan hom 'n artikel waarin ek ses verskille tussen die "ou" en "nuwe" politiek opsom:

1a. In die "ou" politiek was goeie organisasie en huis-tot-huis-stemwerwing belangrik. Die kieser het vir 'n kandidaat gestem wat hy persoonlik ken of iewers in die kiesafdeling kon ontmoet het.
1b. In die "nuwe" politiek stem mense vir 'n kandidatelys en 'n politieke leier wat hulle nog nooit ontmoet het nie en slegs deur die media sal leer ken. Dit gee baie mag en invloed aan die media.

Die skrywer (heel regs), Abrie Oosthuizen (heel links; VF Plus-voorsitter), en Biong Deng (tweede van regs; die Verenigde Nasies se Menseregtekommissaris in Suidelike Afrika).

2a. In die "ou" politiek was dit belangrik om vergaderings te hou waartydens die kiesers die kandidaat verder kon leer ken deur vrae aan hom te vra.

2b. Omdat die media soveel belangriker geword het in die "nuwe" politiek, is vergaderings grootliks vervang met "roadshows" of media-aksies. Vergaderings sorg nie vir interessante, bewegende televisieprentjies nie. Daarom haal 'n optog oor die verandering van Potchefstroom se naam eerder die televisie-aandnuus as 'n vergadering daaroor.

3a. In die "ou" politiek is fondse ingesamel met stryddae, verkopings, donasies en ledegeld.

3b. In die "nuwe" politiek word fondse ingesamel met besoeke aan groot maatskappye en ryk individue. Met telefoonveldtogte word moontlike donateurs gevra om aftrekorders te teken, terwyl staatsgeld ook 'n rol speel.

4a. Stemdag het in die "ou" politiek 'n spesifieke atmosfeer gehad met baie helpers, rosette, tente, koeksisters, koffie en motors wat kiesers aanry om te kom stem.

4b. In die "nuwe" politiek is min van hierdie dinge oor. Stemdag is koud en onpersoonlik met ge-inkte duime, ID-dokumente en blou-en-wit baniere van die Onafhanklike Verkiesingskommissie.

5a. In die "ou" politiek het 'n ontevrede kieser berekend van die stembus af weggebly om so sy protes te wys deur 'n lae stempersentasie te veroorsaak.

5b. 'n Opposisiekieser wat in die "nuwe" politiek so wegbly of nie registreer nie, stem onbewustelik vir die opponent omdat die nuwe proporsionele kiesstelsel so werk![191]

6a. In die "ou" politiek is daar heftig geargumenteer teen inmenging deur die Verenigde Nasies in Suid-Afrika se sake.

6b. In die "nuwe" politiek word internasionale instrumente deur die opposisie gebruik om druk op die regering te plaas en 'n mediaboodskap oor te dra.

Of die artikel Hennie gehelp het, weet ek nie. Wat ek wel weet, is dat politici wat nie hierdie nuwe metodes aanleer nie, nie polities lank oorleef nie. Dit verklaar waarom baie van die "ou" politieke partye en "ou" politici nie lank ná 1994 uitgehou het nie.

---

[191] Met 'n eenvoudige som kan verduidelik word waarom 'n wegblystem tot voordeel van die opponent is. Ter wille van die voorbeeld aanvaar ons net tien kiesers het gestem. Die persentasies wat elke party gekry het, word dan uit tien bereken. As die ANC ses stemme gekry het en die opposisie vier, dan kry die ANC 60% van die parlementslede in Kaapstad en die opposisie kry 40%. Bly een opposisiestemmer weg, het die ANC steeds ses stemme. Die opposisie het nou net drie stemme. Die ANC word bevoordeel omdat die som nou uit nege en nie meer uit tien gemaak word nie. Die ANC het ses uit nege of 66%. Die opposisie het drie uit nege of 33%. Sonder dat die ANC enige stemme bygekry het, het die ANC skielik 6% meer parlementslede in Kaapstad. Die wegblykieser se protesstem het dus veroorsaak dat die ANC baie beter vaar!

35

ANC-vroue en konsentrasiekampe

"Dankie dat ek nie 'n ongelowige of 'n vrou is nie," is 'n gebed wat Joodse mans in Christus se tyd gebid het.

Ek moes al na baie ligsinnige debatte oor vroue in die parlement luister. Debatte waarin aanhalings soos hierbo gebruik word om die "stryd" tussen die geslagte as 'n humoristiese skyngeveg voort te sit. Maar die geveg kan ook dodelik ernstig word.

Dit is einde Oktober 1996 en ons het sopas so 'n ernstige vrouedebat in die parlement gehad. Die debat het gehandel oor die wet wat aborsie op aanvraag moontlik sal maak. Daar is klaar gestem en 'n doodse stilte daal in die raadsaal neer terwyl almal wag dat die speaker die uitslag bekend maak. Sy kondig aan dat die wetgewing met 210 stemme teen 87 aanvaar is.

'n Gejuig klink op uit die ANC-banke. Daarna begin die vroue ritmies hande klap en sing.

Ek is 'n bietjie verslae ná die debat. Nie verslae oor die uitslag van die stemming of oor die sang nie. Die uitslag van die stemming het ek gister al voorspel en aan die sang is ons gewoond, maar verslae oor die oorweldigende emosie waarmee die vroue gedebatteer het.

Die uitroepe van "slagters" en "moordenaars" uit opposisiebanke raak weg teen die vroue se juigende sang. Hierdie wet bepaal dat 'n minderjarige meisie, so jonk as twaalf jaar, sonder toestemming van haar ouers by 'n hospitaal kan instap en 'n aborsie kan kry as sy daarom vra. Suid-Afrika se wette verbied kinders jonger as 18 in restaurante se rookarea, maar laat twaalfjariges toe om oor 'n aborsie te besluit!

Suster Bernard Ncube is 'n ANC-parlementslid en 'n ampsdraer in die Rooms-Katolieke kerk. Baie van die kerk se lede was deel van die optog van 10 000 Christene wat in Mei saam met ons na die parlement gemarsjeer het en baie sterk standpunt ingeneem het teen aborsie.[192] Die optoggangers het gepleit vir die lewe van onskuldige babas. Suster Ncube, met haar Katolieke kappie op, het sopas vir die wet gestem en sing, dans en klap nou lustig saam.

In ander debatte het verskeie ANC-vroueparlementslede trots oor hulle Christenskap getuig. Daarom het ek groot gewetenswroeging en verdeeldheid verwag. Tydens die debat – en ook nou met die singery – sien ek geen teken daarvan nie.

Oor die opregtheid waarmee hulle hulle Christenskap verklaar het, twyfel ek nie – maar dit was duidelik uit hierdie debat dat aborsie en Christenskap deur hulle as totaal aparte sake gesien word.[193]

In Amerika is die aborsiedebat ook 'n baie emosionele debat. Maar die argumente daar is heeltemal anders. Ek was duidelik verkeerd toe ek gedink het dat ons in die Amerikaanse trant debat sou voer.

In Amerika gaan die argumente oor sake soos: Wanneer begin lewe? Begin lewe by bevrugting of by geboorte? Die debat gaan oor die Bybel wat sê: "Die Here het my voor my geboorte al geroep; toe ek nog in my moeder se liggaam was, het Hy my op my naam genoem."[194]

"Geboorte is nie die begin van die lewe nie. Dit is net 'n drastiese verandering in lewenstyl," het advokaat Eberhard Bertelsman in die Suid-Afrikaanse hof geargumenteer teen aborsie.

As teenargumente het ek al die wreedhede van onwettige aborsies verwag. In Suid-Afrika word tot 300 000 onwettige aborsies elke jaar uitgevoer. Etlike duisende Suid-Afrikaanse vroue sterf as gevolg hiervan. Wettige aborsies is al wat dit kan verminder en daarom is so 'n wet nodig.

Ek besef dat my verslaentheid daarin lê dat die Suid-Afrikaanse parlementêre debat nie op hierdie sake gefokus het nie.

Die ANC-vroue se argumente was deurgaans dat die klem nie moet val op aborsie of op die ongebore baba nie, maar op die reg van die vrou

---

[192] 3 Mei 1996.
[193] Jennifer Ferguson is 'n uitsondering. As ANC-lid het sy aangetoon het dat sy buite stemming gaan bly.
[194] Jesaja 49:1

om 'n keuse oor haar liggaam te mag maak. Dit was hoofsaaklik 'n debat oor vrouebemagtiging met min verwysings na die moreel-etiese probleme. My kru afleiding is dat in Afrika baie vroue nie enige keuse, beheer of seggenskap het by die seksdaad nie. Hierdie wet gee aan vroue beheer terug oor die onbeplande gevolge van die seksdaad – daarom is dit bemagtiging!

Ons VF-spreker het gesê dat 'n ervare regter nie in Suid-Afrika die doodstraf oor 'n skuldige, wrede reeksmoordenaar mag uitspreek nie. Daarteenoor kry 'n jong, onervare, twaalfjarige kind volgens hierdie wet die reg om die doodstraf te mag uitspreek oor haar onskuldige ongebore baba.

Die ANC-vroue het woedend hierop gereageer. "As 'n man weet en verstaan jy niks van ons wêreld nie!" skreeu hulle tussenwerpsels. Soos altyd maak hulle dan 'n draai by apartheid as teenargument.

Toe die VF-spreker ná sy toespraak terug is in sy bank, begin een van die ANC-vroue wat naby ons sit aan hom verduidelik waarom ons niks van hulle wêreld verstaan nie.

Sy kom van Noord-KwaZulu-Natal en vertel hoe die mans in haar dorpie alleen vergadering gehou het om te besluit of 'n kraan met lopende water aangelê moet word. "Vroue is gewoond om water aan te dra en so 'n kraan gaan hulle bederf en lui maak," was die argument wat die deurslag teen 'n kraan gegee het.

"Ons het 'n dubbelbed en 'n matras in die huis," vertel sy verder. "Die dubbelbed en matras word net gebruik wanneer my man, wat in Johannesburg werk, 'n naweek huis toe kom. Wanneer hy teruggaan Johannesburg toe, word die matras opgerol en weggepak. Daarna slaap ek weer op die grond."

Ek luister met verbasing. Sy is op stuk van sake 'n parlementslid met 'n goeie salaris.

Ek onthou nou ook weer die reaksie van 'n ander vroueparlementslid. Trots het ek haar van my dogters vertel en gekla dat ek nie eers "lobola" gaan kry as hulle eendag trou nie. "Lobola is sleg," reageer sy heftig. "Dit maak dat die man glo hy het jou gekoop en daarom mag hy jou slaan."

Die debat het nie my aborsiestandpunte verander nie. Dit het wel aan my groter insig gegee in hoe erg die diskriminasie en onderdrukking

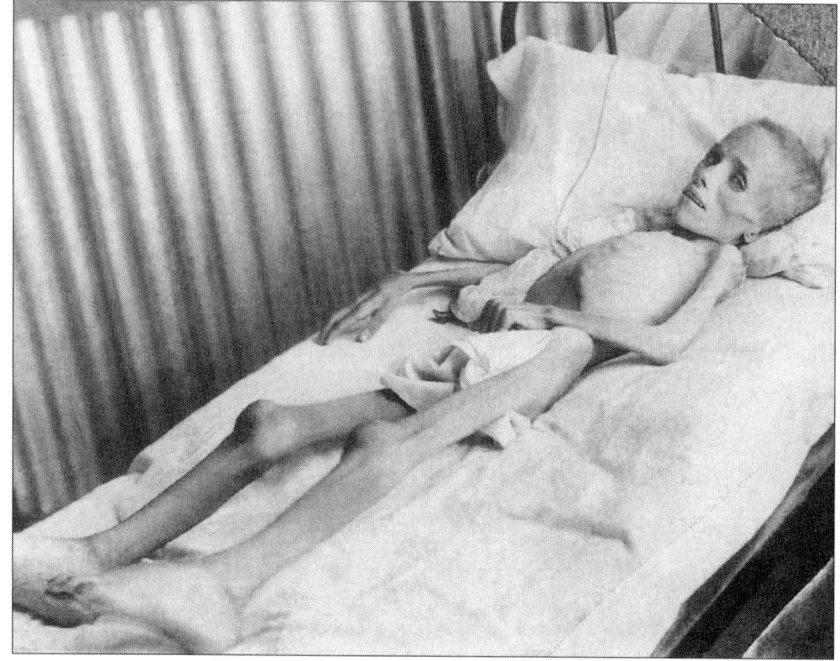

'n Uitgeteerde Lizzie van Zyl in 'n Britse konsentrasiekamp met 'n porseleinpop wat sy by Emily Hobhouse gekry het. Lizzie was sewe jaar oud toe sy in Mei 1901 in die konsentrasiekamp dood is. (Erkenning aan die Anglo-Boereoorlog-museum, Bloemfontein, en Paul Alberts, *Die smarte van oorlog*, p. 175.)

teen vroue steeds is. Die skokkende feit dat een uit ses vroue in Suid-Afrika vermoor word deur die man met wie sy 'n seksuele verhouding het, onderstreep dit.

Afrikanervroue het ook 'n stryd gehad – maar dit was tog anders. Olive Schreiner het geskryf dat die Boerevroue feministe was lank voordat dit in Europa mode geword het.[195]

Toe die Voortrekkermans in 1841 op hulle eie besluit het om die Britse anneksasie van Natal maar te aanvaar, het die vroue onder leiding van die gedugte Susanna Smit ontplof en 'n gesprek met die Britse gesant Henry Cloete geëis. "Liewer kaalvoet oor die Drakensberge as weer onder Engelse beheer," sou Susanna gesê het. Cloete was geskok dat Afrikaanse vroue soveel vryheid toegelaat word en so uitgesproke is. Hy skryf in sy

---

[195] Herman Giliomee, *Die Afrikaners*, p. 631–632.

Die skrywer by die hoofbeeldegroep by die Vrouemonument. Dit beeld 'n toneel uit van 'n seuntjie wat op pad na 'n konsentrasiekamp sterf (soos deur Emily Hobhouse in haar dagboek beskryf).

dagboek: "These women are a disgrace to their husbands!" Wat 'n interessante kompliment vir die "vrydenkendheid" van daardie Afrikanervroue.

Hierdie Boerevroue sou later die smart en lyding van die Britse konsentrasiekampe ervaar. Nege keer meer vroue en kinders is in daardie kampe dood as mans op die slagveld.

Emily Hobhouse het as Engelse vrou van Brittanje gekom om klere en poppe uit te deel en te veg dat omstandighede in die konsentrasiekampe verbeter. Ek onthou hoe ek bewoë geraak het toe ek Emily se beskrywing van die sterwende kind by Springfontein gelees het.[196]

Vanweë die Britte se swak organisasie is 'n aantal vroue en kinders op Springfontein se stasie afgelaai waar hulle weke lank moes wag om verder na 'n konsentrasiekamp geneem te word. Daar het hulle klein skuilinkies van seil gemaak teen die nattigheid en koue.

Emily vertel: "Na so 'n skuiling is ek een nag geroep. Daar het 'n

---

[196] Rykie van Reenen, *Emily Hobhouse, heldin uit die vreemde.*

Emily Hobhouse se graf by die Vrouemonument. Wat dit merkwaardig maak, is dat 'n Britse vrou saam met Afrikanerhelde begrawe is.

moeder op haar trommeltjie gesit, met haar siek kind op haar skoot. Sy het niks gehad om hom te gee nie, en hy was duidelik besig om te sterf ... Ek het nog by die (Britse) kampkommandant 'n bietjie brandewyn laat vra om te kyk of ons hom nie daarmee kon bybring nie, maar hy wou niks gee nie. Saam het ons toe in eerbiedige stilte toegekyk hoe die kleintjie sy laaste asem uitblaas ...

"Die moeder het haar nie verroer nie, sy't nie gehuil nie. Dit was haar enigste kind. Met droë oë maar 'n krytwit gesig het sy bewegingloos daar gesit en gekyk – nie na die kind nie, maar ver, ver weg in die afgronde van smart wat anderkant trane lê.

"'n Vriendin het agter haar gestaan en die hemel tot getuie geroep van die tragedie; ander om haar het gesnik – sy niks nie.

"Die hele tragiek van oorlog lê vir my opgesluit in daardie toneel van kinderlyding en vrouesmart," sluit Emily af.[197]

---

[197] Rykie van Reenen, *Emily Hobhouse, heldin uit die vreemde*, p. 104–105.

Die stoet by Emily Hobhouse se begrafnis met die tien meisies en een seun wat almal na haar vernoem is, aan die voorpunt. (Erkenning aan die Anglo-Boereoorlog-museum, Bloemfontein, en Paul Alberts, *Die smarte van oorlog*, p. 268)

Hierdie toneel van Emily is gekies as tema vir die hoofbeeld by die Vrouemonument in Bloemfontein. Anton van Wouw het die beeld gemaak. Emily het kontak met hom in Rome behou waar hy die beelde gemaak het.

"Die kind lyk of hy rustig lê en slaap, hy lyk nie dood nie!" het sy hom in Rome gekritiseer. Sy raai hom daarop aan om te gaan kyk na dooie kinders of na die Piëta-beeld, van Christus wat dood op Maria se skoot lê.

Emily Hobhouse is in 1926 in Brittanje dood. Net enkele Afrikanerhelde, soos president Steyn, generaal De Wet en vader Kestell is by die Vrouemonument in Bloemfontein begrawe, maar daar is besluit dat sy ook daar begrawe moes word. Afrikanervroue het uit dankbaarheid aan haar gesorg vir 'n spesiale begrafnis.

Die begrafnisoptog het honderd skoolmeisies, almal in wit klere en met palmtakke, ingesluit. Aan die voorpunt van die stoet was 'n groepie meisies wat almal na Emily vernoem is.[198] Hulle ma's het hulle so genoem uit dankbaarheid teenoor wat Emily vir hulle beteken het.[199] Dit het ook een kortbroekseun met die naam Emil Hobhouse ingesluit.

Ons het, ná die aborsiedebat, nog baie debatte oor die vrou in die parlement gevoer. Plek vir ligsinnige grappies oor die verhouding tussen mans en vroue is daar nie meer in hierdie debatte nie.

By die eerste gepaste geleentheid ná die aborsiedebat het ek aan die ANC-vroue in 'n toespraak vertel van Emily Hobhouse en die Afrikaner-vroue se stryd en lyding.[200] Die stilte waarmee hulle geluister het en die bewoë reaksie van sommige agterna was 'n aanduiding dat ek tog daarin geslaag het om iets van ons geskiedenis en ons vroue se stryd aan hulle oor te dra.

---

[198] Een van die meisies was Hobby Schoeman van Oudshoorn wat later die ministersvrou Hobby le Roux sou word. Die Hobby-noemnaam kom van die Hobhouse-deel van haar naam.
[199] Rykie van Reenen, *Emily Hobhouse, heldin uit die vreemde*, p. 3–4.
[200] Vergelyk P.W.A. Mulder se toespraak in *Hansard*, 26 Maart 1997.

36

Hoekom was generaal De la Rey nie by Magersfontein nie?

"Hoe ver is dit nog na die plek waar generaal De la Rey die Britte so ver gewen het?" vra die student voor in die bus aan my.

"Ongeveer 70 km!" skreeu ek aan haar. Sy bedoel waarskynlik Magersfontein. Ek skreeu omdat dit al manier is om bokant die lawaai van die dieselenjin en die harde musiek in die bus gehoor te kan word.

"De la Rey het beroemd geword vir sy rol by Magersfontein, maar hy was nie tydens die geveg daar nie," probeer ek bo die lawaai aan haar verduidelik.

"Hoe kon hy beroemd word vir 'n geveg waar hy nie teenwoordig was nie?" vra sy nou.

Ek beduie na die raserige enjin en die harde musiek en wys dat ek dit liewer later oor die mikrofoon sal verduidelik.

Ek is saam met ongeveer sestig studente op pad vanaf Hopetown na Kimberley.[201] As deel van ons jeugaktiwiteite neem ons studente na bekende geskiedkundige plekke. Vandag se studentegroep is hoofsaaklik Tukkies, Pukke en Kovsies. Ons het gisteraand op Orania geslaap en is nou op pad na die slagveld by Magersfontein.

Voor ons in die bus geklim het, het die studente luidrugtig die nuwe trefferlied[202] van Bok van Blerk oor generaal Koos De la Rey gesing. Die koorgedeelte "De la Rey, De la Rey, sal jy die Boere kom lei? De la Rey, De la Rey," is 'n regte oorwurm wat aanhou deur jou kop maal. Die

---

[201] Dit is op die N12 van Kaapstad na Johannesburg oor Kimberley.
[202] Bok van Blerk het meer as 100 000 CD's verkoop binne die eerste weke ná die verskyning daarvan. Dit het alle vorige rekords oortref.

studente sing dit uitbundig en met oorgawe terwyl hulle die biere in hulle hande heen en weer swaai.

In die bus speel hulle klipharde punkrock-musiek oor die luidsprekers. Die swart teerpad lê pylreguit voor ons uit. Links en regs van die pad lê die Karoowêreld plat, geel en winterdroog tot op die horison. Jy kan so ver vooruit sien dat die wit stippellyne in die verte 'n vaste wit lyn word daar waar dit lyk of die twee skouers van die pad bymekaar kom.

Ek het gisteraand aan een van die studente gevra wat hy van generaal De la Rey weet.

"De la Rey was 'n dapper en goeie generaal wat – so dink ek – in een van die wêreldoorloë vir ons teen die Duitsers geveg het!" antwoord hy.

Die "dapper en goeie generaal"-gedeelte kry hy waarskynlik uit Bok van Blerk se liedjie en die "veg teen die Duitsers" kom beslis van te veel televisie en oorlogsfilms kyk.

Ek kan hom sy gebrek aan kennis nie kwalik neem nie. Al hierdie studente het begin skoolgaan in die tyd ná 1994. Dit is die tyd toe die Afrikaner berekend uit die geskiedenisboeke geskryf is. In die *Turning Point*-reeks, wat nou vir geskiedenis in skole gebruik word, is daar net ses reëls oor die aard van die Anglo-Boereoorlog met geen vermelding van enige Boereleier of -held nie.

Dit is om hierdie rede dat ons die jeugaksies loods. Die studente het my gevra om saam te ry en dan oor die bus se luidsprekerstelsel die verskillende Anglo-Boereoorlog-veldslae langs die pad uit te wys. Ek beplan om my kommentaar kort te hou, want uit ervaring weet ek dat jongmense nie noodwendig in die geskiedenis belangstel nie.

Die bordjie, *Kimberley 90 km*, flits verby. Regs van ons kan jy nou vir die eerste keer 'n paar plat koppies sien. Dit is Belmont[203] waar van die eerste gevegte tussen Boer en Brit in 1899 plaasgevind het. Ek verduidelik oor die mikrofoon dat die Boere hier verloor het.

Toe ek weer die musiek wil aanskakel, keer hulle my.

"Waarom het die Boere hier verloor?" wil hulle weet.

Ek verduidelik hoe die Boere altyd verkies het om hulle in koppies in te grawe sodat hulle die vyand van ver af kan sien. By Belmont het die

---

[203] Die Slag van Belmont het plaasgevind op Donderdag 23 November 1899.

Saam met 'n studentegroep by die Magersfontein-slagveld waar die Boere vroeg in die Anglo-Boereoorlog 'n reuse-oorwinning behaal het.

Britte eers die koppies met hulle nuwe kanonne voos gebombardeer. Daarna het hulle vir die donker gewag om tot onder die koppies te marsjeer. Die Boere kon hulle hoor aankom, maar kon nie sien waar om te skiet nie. Die oggend met skemerlig bestorm die Britte die koppies. Die Boere, wat nie van stormlope met bajonette gehou het nie en baie minder as die Britte was, moes terugval. Die Britte het dieselfde patroon by Graspan[204] gevolg teen generaal Koos de la Rey se burgers.

Nou reën die vrae. Hulle stel werklik belang.

Waar het generaal De la Rey orals geveg? Was generaal De la Rey getroud? Het hy kinders gehad? Hoe is hy dood?

Terwyl ek van die vrae beantwoord, begin groen bome op die horison sigbaar word. Dit beteken ons kom nader aan die Modderrivier waar die slag van Tweeriviere plaasgevind het.[205]

---

[204] Die Slag van Graspan het plaasgevind op Saterdag 25 November 1899.
[205] Omdat die Modderrivier en die Rietrivier hier saamvloei, is dit bekend as die slag van Tweeriviere. Die slag het op Dinsdag 28 November 1899 plaasgevind.

Kimberley 38 km, lees die bordjie toe ons die brug oor die rivier nader.

Die Boere het hierdie slag gewen danksy generaal De la Rey se nuwe taktiek. Omdat hier nie koppies is nie, het hy die Boere in die rivier laat stelling inneem. Die steil rivierwal het 'n natuurlike loopgraaf gevorm en hulle kon net oor die rand van die wal sien hoe die Britte oor die gelyk vlakte na hulle aangemarsjeer kom. Omdat jy gelyk met die grond skiet, is jou kans beter om iemand in die marsjerende massa te tref terwyl die rivierwal jou beskerm teen die Britse kanonvuur.[206] Vanaf Modderrivier het die Boere teruggeval na Magersfontein.

Ons draai nou regs van die teerpad af. Dit is omtrent 10 km grondpad na Magersfontein toe. Die bus skop 'n wit stofwolk agter op. In die verte begin Magersfontein se koppies sigbaar word. Soos ons nader kom, kan die reusagtige Keltiese Kruis bo-op die kop gesien word. Die kruis is ná die oorlog opgerig ter nagedagtenis aan die groot aantal Skotte wat hier gesneuwel het. Die Highland-regimente is amper heeltemal uitgewis. Die opskrif op die monument lui: *Scotland is poorer in men, but richer in heroes.*

Die bus stop by Magersfontein en almal klim uit. By die uitkykplatform verduidelik ek hoe die slag verloop het.

Generaal De la Rey het voorgestel dat die Boere nie hulleself in die koppies ingrawe nie. By Belmont het hulle geleer hoe die Britte die kanonne op die koppies rig en dan in die donker tot onder die koppies marsjeer. Hy stel voor dat hulle die Modderrivier-slag naboots deur voor die koppies slote te grawe waarin hulle beskerm is teen die kanonkoeëls. As die Britte in die nag op die koppies afmarsjeer, soos by Belmont, loop hulle hulle in die loopgrawe vas.

Generaal Piet Cronjé, as die senior offisier, verskil hiervan. Hy wil in die koppies ingrawe. De la Rey stuur 'n boodskap aan president Steyn om die probleem te kom help oplos. Steyn verstaan De la Rey se plan en gee hom gelyk.

Omdat die Britse generaal Methuen by Modderrivier in die boud gewond is, kan hy moeilik perdry en moet hy wag dat dit beter word. In

---

[206] Militêr word onderskei tussen boorvuur en skeervuur. Boorvuur is van byvoorbeeld bo-op die koppie na een punt onder op die grond. Skeervuur trek gelyk met die grond en kan meer as een persoon tref.

die Britse bronne oor die geveg word daar natuurlik nooit geskryf waar presies die arme generaal gewond is nie! Dit sorg dat die Boere amper twaalf dae tyd kry om De la Rey se loopgrawe te grawe.

Sondagmiddag 10 Desember begin die Britse kanonne die Magersfontein-koppies, waar hulle aanvaar die Boere is, vir ure onder die bomme steek. Soos De la Rey voorspel het, is die Boere veilig voor die koppies in hulle loopgrawe. Die bombardement is 'n duidelike waarskuwing dat die aanval daardie nag sal plaasvind.

Kort ná middernag begin die Britte in die donker na Magersfontein-koppies marsjeer. Die beroemde Skotse Black Watch-regiment, onder aanvoering van generaal Andy Wauchope, marsjeer voor. Toe dit vieruur die oggend skemerlig begin word, loop die Britte hulle onverwags vas in meer as 8 000 Boere[207] se gelyktydige geweervuur uit die loopgrawe. Omdat dit so naby en so reg voor die Britte is, is die gevolge vir hulle verskriklik. Generaal Wauchope, die Skotse bevelvoerder, is binne die eerste paar minute dood. Van die 25 Skotse offisiere is 18 vroeg dood. Die Britse verliese is baie groot. Die geveg duur die hele dag en die Britte ly 'n verpletterende nederlaag.

Vanaf die uitkykplatform kan gedeeltes van De la Rey se 19 km lange loopgrawe nog steeds gesien word. Ek wys aan die studente waar generaal Wauchope dood is en waar die Skandinawiërs, wat aan die Boerekant geveg het, dood is.

Die student wat voor in die bus gesit het, wil meer weet. Sy herhaal die vraag wat sy vroeër in die bus gevra het: "Hoekom word De la Rey as die held van Magersfontein beskou as hy nie hier was tydens die veldslag nie?"

"De la Rey word as die held beskou omdat sy briljante plan – loopgrawe voor die koppies – gesorg het dat die Boere wen. Hoewel hy nie die dag met die geveg hier was nie, het hy die Britte se taktiek perfek reg voorspel," verduidelik ek.

---

[207] Die Britte het ongeveer 12 500 man gehad en nog 2 500 ondersteuningstroepe. Die Britte het ongeveer 35 kanonne gehad teenoor die Boere se vyf kanonne plus nog vyf "pom-poms". Bron: Kolonel Geo. R. Duxbury, *Die Slag van Magersfontein*, p. 14, Publikasie van die SA Nasionale Museum vir Krygsgeskiedenis, Johannesburg, Januarie 1975.

Agt kinders van generaal Koos en mevrou Nonnie de la Rey. Links agter staan Jacobus en regs Adriaan (Adaan). (Erkenning aan die Anglo-Boereoorlog-museum, Bloemfontein, en Paul Alberts, *De la Rey; 'n Stryd vir Vryheid*, p. 526)

Sy is nie tevrede nie.

"Waar was generaal De la Rey dan toe die geveg by Magersfontein plaasgevind het?" vra sy nou.

"Die generaal was by sy vrou Nonnie," antwoord ek haar.

Nonnie de la Rey beskryf in haar boek hoe hartverskeurend dit was om met die uitbreek van die oorlog afskeid te neem van haar man Koos en haar twee seuns, Adriaan en Jacobus wat toe 18 en 16 jaar oud was. Sy beskryf Adriaan as 'n sagte, tere, mooi en liewe kind wat die familie liefdevol Adaan genoem het. Sy het nie gedink hy is vir oorlog bedoel nie.

Sondag 26 November word Adaan 19 jaar oud. Sy pa is so besig met sy militêre pligte dat Adaan hom daaraan moet herinner dat hy verjaar. Op Lichtenburg by die kerk wonder Nonnie hoe dit met haar liewe Adaan op sy verjaarsdag in die veld gaan.

Twee dae later vind die slag by Tweeriviere plaas waar die Boere in die rivieroewer stelling ingeneem het. Sedert vroeg die oggend beweeg generaal De la Rey op en af langs die linie om sy manne aan te moedig. Adaan wil by sy pa bly. Hy beweeg orals saam. Dit is gevaarlik om so binne en buite die rivieroewer te beweeg.

Met sononder val daar 'n bom baie naby aan hulle. Adaan is baie bekommerd oor sy pa en vra of sy pa getref is. Die generaal is nie getref nie, maar 'n bomskerf het Adaan se regtersy ingedring. Dit is moeilik om te bepaal hoe ernstig dit is.

Sy pa lê hom neer op 'n stil plek. Ná die kanonne en die kommando onttrek is, gaan De la Rey sy seun haal. Daar is geen ambulans of rytuig beskikbaar nie. Die generaal draai sy seun in 'n kombers toe en neem hom na die naaste hospitaal op Jacobsdal.[208] Hulle kom vieruur die oggend daar aan. Die dokter sê dat hy ná ontbyt sal probeer om die bomskerf te verwyder.

Nonnie skryf dat sy om die een of ander rede daardie nag so onrustig is dat sy nie kan slaap nie. In 'n poging om rustig te word, bid sy vir krag, wat ook al gebeur. Die laaste telegram wat sy gekry het, het gelukkig vertel dat alles nog goed gaan.

Adaan het die hele nag net 'n bietjie water oor sy lippe gehad. Hy is waarskynlik weens bloedverlies baie dors. Die verpleegster gee hom die oggend in die hospitaal koffie. Adaan vra sy pa om hom regop te tel en te help om die koffie te drink, want hy het nie meer baie krag nie. "Vader, lê my maar neer," is Adaan se laaste woorde. Daarna sterf hy terwyl hy in sy pa se arms lê.

De la Rey is verslae. Hy het in die Volksraad geargumenteer dat hulle eers nog moet probeer onderhandel en die oorlog moet probeer vermy. Toe van die ander Volksraadslede daarop sinspeel dat hy bang is, het hy geantwoord: "Ek sal my plig doen soos die Volksraad verlang, en u sal my nog in die veld aantref lank nadat u en die spul wat met hul monde oorlog voer, landuit gevlug het."

---

[208] Daar was 'n Duitse Rooi Kruis-veldhospitaal op Jacobsdal. Die Britse Rooi Kruis het tydens die Anglo-Boereoorlog nie by die Rooi Kruis-beleid gehou deur almal te versorg nie. Hulle het net die Britte versorg. Hulle het selfs die ongehoorde ding gedoen om van die Boere se ambulanse, wat geskenke uit die buiteland was, af te vat. Twee van hierdie ambulanse was van Rusland.

Nou, in een van die eerste veldslae, moet hy sy seun opoffer. De la Rey se woorde in die Volksraad sou bewaarheid word toe hy een van die min was wat tot aan die einde nog geveg het toe baie ander al oorgegee het of landuit was.

Die oggend kry Nonnie op die plaas weer 'n telegram van haar man: *Vanoggend het ons dierbare en geliefde seun Adriaan in my arms gesterf van 'n wond wat hy gister in 'n hewige geveg opgedoen het en hy sal vandag te Jacobsdal ter aarde bestel word.*

Die Sondag ná Adaan se dood betuig almal simpatie by Lichtenburg se kerk. Vir die preek kies ds. Du Toit die gedeelte uit Openbaring 21 vers 7 wat lui: "... Ek sal vir hom 'n God wees, en hy sal vir My 'n seun wees." Hy gebruik die teks om vir Nonnie te troos met die boodskap dat die Here Adaan meer nodig het as ons hier op aarde.

Nonnie kan nie langer op die plaas stilsit nie. Sy brand om by haar man en seun uit te kom en vertrek nog daardie week na Kimberley.

By Magersfontein is De la Rey se plan uitgevoer en is die Boere se loopgrawe gereed. Die Britte roer egter nie vanweë hulle generaal se lastige boudwond. Toe De la Rey hoor sy vrou is op pad en die Britte val nie aan nie, ry hy in Kimberley se rigting haar tegemoet. Dit moet 'n hartseer ontmoeting gewees het.

Nonnie vertel hoe sy en De la Rey die swaar kanonvuur vanaf Magersfontein kon hoor. Die veldslag het begin en De la Rey is nie daar nie.

Nonnie wil nou Adaan se graf sien. Hulle ry Jacobsdal toe. Sy is teleurgesteld toe sy daar net 'n hoop grond sien. Daarvandaan is hulle na die hospitaal. Sy hoop om van sy klere te kry wat hy gedra het voor hy dood is. By die hospitaal word hulle na 'n groot kamer geneem waar die klere van al die gesneuweldes is. Generaal De la Rey kry Adaan se broek. Hy herken dit aan die plek waar die bomskerf in is. Die verpleegster wat na Adaan omgesien het, probeer Nonnie troos deur aan haar te vertel hoe geduldig en tevrede Adaan tot aan die einde was.[209]

Ek kyk na die jong studentegesigte voor my. Jy kan 'n speld hoor val.

---

[209] Nonnie het nog baie ontberinge tydens die oorlog gehad wat sy in 'n dagboek aangeteken het. *Myne omswervingen en beproevingen gedurende den oorlog* deur J.E. (Nonnie) de la Rey is in 1903 in Amsterdam uitgegee.

Die gedenkteken 'n paar kilometer vanaf Magersfontein vir die Boere wat by Magersfontein en die veldslae in die omgewing gesterf het.

Die studente sit doodstil en luister na my verduideliking oor waar die generaal was.

Vanaf Magersfontein ry ons na die gedenkteken wat opgerig is vir die Boere wat hier gesterf het.

By die ingang is Adaan se grafsteen. Die studente steek almal daar vas en lees dit aandagtig. *Ter gedachten aan Adriaan Johanes Gysbertus de la Rey: zoon van Generaal de la Reij. Geboren 26ste November 1880. Gesneuweld te Tweerivier op 29ste November 1899. God zegt dat zoon behoort aan mij: Openbaring 21 vs 7.*

Die grafsteen vertel skielik 'n hele storie. Dit vertel van 'n sagte en geliefde seun; van sy verjaarsdag drie dae voor sy dood; van sy ma Nonnie wat die teks waarmee ds. Du Toit in Lichtenburg haar getroos het, op

By Adaan, generaal De la Rey se oudste seun, se grafsteen by die Boeregedenkteken naby Magersfontein.

die grafsteen laat aanbring het; van 1880 tot 1899 wat 19 jaar is. Die meeste van die studente is dieselfde ouderdom.

Almal wil 'n foto hê by Adaan se grafsteen. Daar is niks van die uitbundige luidrugtigheid oor nie. Daarna beweeg hulle in stilte, amper gewyd na die ander grafstene. Ek moet hulle aanjaag bus toe. Ons moet nog ver ry.

Hulle vra of hulle net weer "De la Rey" kan sing voor ons in die bus klim. Hulle vorm 'n sirkel en sing dit saam. Hoewel dit dieselfde studente as vanoggend is, klink die De la Rey-lied skielik baie anders.

Ek weet nie hoekom ek 'n knop in my keel kry nie. Ek kyk na al die pragtige jong mense en wonder wat die toekoms vir hulle in Suid-Afrika inhou. Hulle sing uit volle bors, maar tog is dit gedemp. Asof hulle elke woord weeg. Daar is nou geen biere wat vrolik rondgeswaai word nie.

Toe president Paul Kruger dood is, het die Franse hulde aan hom gebring met die boodskap: *Aan die leier van 'n klein volk, wat staan vir 'n groot idee.*

Baie het met die Afrikaners gebeur vanaf Adaan se dood tot vandag. Gaan die Franse boodskap weer waar word vir hierdie jongmense?

37

'n Afrikanerbrug tussen Afrika en Europa

Daar is 'n doodse stilte in die parlement se groot raadsaal terwyl die Wes-Afrikaanse president na die podium stap om ons toe te spreek. Hy is lank en skraal met 'n sterk gesig.

Omdat ons as VF Plus-parlementslede al verskeie amptelike toere na Afrika meegemaak en kongresse in Afrika-hoofstede bygewoon het, is ek nuuskierig oor wat hy gaan sê.

Dit lyk of alle bekende leiers 'n draai by "Nelson Mandela se parlement" wil kom maak. President Bill Clinton as Amerikaanse president, Jasser Arafat die Palestynse leier, koningin Elizabeth van Brittanje, Fidel Castro van Kuba en Kofi Annan, Sekretaris-generaal van die Verenigde Nasies, is maar 'n paar van die internasionaal bekendes wat die parlement die eerste paar jaar ná die 1994-verkiesing toegespreek het.

In die leiers se toesprake word gewoonlik lank aandag aan *aparthate*, aan *appetite*, aan *part hide*, aan Afrikaners en aan die "wrede verlede" gegee. Ek aanvaar dit sal vandag weer dieselfde wees.

Die president begin deur te vertel hoe hy as kind daarvan gedroom het om Suid-Afrika te besoek. Daarom is dit vir hom 'n besondere dag om vandag hier te kan staan. Daarna prys hy Suid-Afrika "as die ekonomiese reus van Afrika". Die ANC-parlementslede is so in hulle skik met die stelling dat hulle almal opstaan en hande klap.

Terwyl ek ook opstaan en klap, vra ek myself af: Waarvoor klap al 490 parlementslede nou eintlik hande?

Ons klap hande omdat Suid-Afrika die ekonomiese reus van Afrika is.

Hoekom is Suid-Afrika die ekonomiese reus van Afrika? Is dit omdat ons soveel minerale het?

Nee. Angola en die Demokratiese Republiek van die Kongo het meer mineralerykdom as Suid-Afrika.

Is ons die ekonomiese reus van Afrika omdat ons met groot kundigheid olie uit steenkool kan maak?

Nee. Sasol se bietjie olie is maar 'n druppel in die emmer teen Nigerië se reuse-hoeveelhede natuurlike olie.

Is ons die ekonomiese reus omdat ons sulke goeie landboutoestande in Suid-Afrika het? Ons voer immers kos na Afrika en ander lande uit.

Nee. Alle grond- en klimaatstudies wys dat Suid-Afrika 'n semidroë woestynland is met min landboumoontlikhede. Lande soos Mosambiek, Zimbabwe en Malawi, met volop vrugbare grond en deurlopende reënval, het baie meer landboupotensiaal as Suid-Afrika.

Nigerië met sy olie en Egipte met sy toerisme – is hulle nie ekonomies sterker as Suid-Afrika nie?

Nee. Suid-Afrika is ekonomies meer as twee keer so sterk soos Nigerië en amper drie keer so sterk soos Egipte.[210] Suid-Afrika is ekonomies veel sterker as die gemiddelde Afrika-staat. Daarbenewens het ons die beste paaie-, krag- en telefoonnetwerke in Afrika en is ons aandelebeurs een van die tien grootste aandelebeurse in die wêreld. Amper die helfte van alle teerpaaie in Afrika is in Suid-Afrika.

As Suid-Afrika nie die rykste minerale, die meeste olie of die beste landboutoestande in Afrika het nie, waarom is ons dan die ekonomiese reus in Afrika?

Kan dit wees dat Afrikaners en ander wittes se teenwoordigheid die afgelope 350 jaar 'n positiewe verskil help maak het? As dit so is, klap ons hande vir alle inwoners van Suid-Afrika, wit en swart, wat oor baie jare aan hierdie land gebou het.

Dit verskil drasties van die giftige anti-Afrikaner- en anti-wit-toesprake waarna ons gereeld in dieselfde raadsaal moet luister. Toesprake wat vertel dat die Afrikaners presies dieselfde as die Nazi's van Duitsland is en dat die wittes wat van Europa gekom het, net sleg was vir Suid-Afrika.

---

[210] Die bruto binnelandse produk van die lande is met mekaar vergelyk. Volgens die World Bank World Development Indicators 2007 het Suid-Afrika in 2005 'n bruto binnelandse produk van $239 543 miljoen gehad en Nigerië $98 951 miljoen.

Ek is nie bewus daarvan dat die Nazi's hospitale en universiteite vir die Jode gebou het nie! Waarom sou hierdie "Nazi's" Baragwanath-hospitaal by Soweto gebou het? Dit is die grootste hospitaal in Afrika. In 1948 het Suid-Afrika elf universiteite gehad. Ná die vorige NP-regering die bewind oorgeneem het, is nog tien universiteite gebou.[211] Van hierdie tien nuwe universiteite is net een, die Randse Afrikaanse Universiteit (RAU), gebou vir die ondersteuners van die NP. Die ander is vir ANC-ondersteuners gebou.

Die handeklap in die raadsaal word nou sagter en eindig met een laat klap. Dit laat my aan Bob Geldof, Ierse rocksanger en aktivis, dink. Hy hou gereeld konserte om geld in te samel vir die arm kinders van Afrika. Tydens die konsert vra hy dan doodse stilte van die gehoor. In die stilte begin hy stadig en ritmies sy hande klap. Soos die handeklappe deur die saal eggo, verduidelik hy aan die gehoor dat met elke handeklap, een kind in Afrika sterf.

Is dit werklik so erg?

Ja. Die Afro-pessimiste is ongelukkig in baie opsigte reg.[212] Afrika is die enigste kontinent in die wêreld waar die inkomste per kop die afgelope twintig jaar minder geword het. Amper die helfte van die inwoners van Afrika leef vandag van minder as $1 per dag.

Kibera naby Nairobi is die grootste krotbuurt in Afrika. In 'n gebied van net vier vierkante kilometer woon meer as 600 000 Keniane in die grootste armoede denkbaar.

Daar was nooit apartheid in Kenia nie en die land is amper vyftig jaar onafhanklik.[213] Afrikaners en kolonialisme kan dus nie blameer word nie.

Is dit net in Kenia waar mense so arm is?

Nee. Katanga, wat net so groot soos Frankryk is, is een van die Demokratiese Republiek van die Kongo (DRK) se tien provinsies. Uit die lug is Katanga pragtig donkergroen en lyk dit baie vrugbaar. Berekeninge

---

[211] www.southafrica.info/about/education/universities.htm en *South Africa 1979, Official Yearbook*, p. 677–720.

[212] Vergelyk Martin Meredith se boek, *The State of Africa; a History of Fifty years of Independence*.

[213] Kenia het op 12 Desember 1963 onafhanklik geword.

wys dat as jy in Katanga sou boer soos die Afrikanerboere in die Vrystaat boer, jy genoeg kos sal produseer vir al die mense in Oos- en Suidelike Afrika. Vivienne Walt het as Amerikaanse joernalis die vlugtelingkwessie in Katanga ondersoek.[214] Sy het bevind dat tien vlugtelinge per week daar van honger sterf. Haar artikel het die gepaste titel: "Starving in a land of plenty".

Die Afro-pessimiste vra: "Waarmee het die mense van die DRK lig gemaak voordat hulle kerse begin gebruik het?" En die antwoord? "Met elektrisiteit!"

Vir die 250 000 mense van die stad Kindu in die DRK is dit nie snaaks nie. Hulle sal jou vertel dat hulle met elektrisiteit lig gemaak het en selfs 'n rolprentteater gehad het. Vandag word die stad met kerse belig omdat daar geen elektrisiteit meer is nie.[215]

Hulle kon met die trein binne drie dae in Lubumbashi kom wat 1 000 km ver is. Die treinspoor en die pad is nou tot niet. 'n Rit na Lubumbashi duur nou tot 'n maand. Waar die boere van Kindu piesangs en grondbone met vragmotors uitgevoer het, verarm hulle op die oomblik omdat jy net 'n beperkte hoeveelheid produkte op jou kop uit die stad kan dra.

Ná die Wes-Afrikaanse leier se toespraak in die parlement gesels ek met een van die lede van sy afvaardiging. Dit is sy eerste besoek aan Suid-Afrika.

"Ons vlieg altyd na Duitsland om goedere te gaan koop. Suid-Afrika lyk net soos Europa. Duitsland is so ver van Afrika af. Ons kan nou hierheen vlieg," verduidelik die Afrika-sakeman opreg opgewonde aan my.

Ek verbaas my altyd oor die blatante dubbele standaarde van sommige Afrika-leiers, ons ANC-jeugliga se leiers ingesluit. In hulle toesprake is alles van die Weste en van Europa sleg en word dit verdoem. As jy egter na hulle lewenstyl kyk, dan is dit opvallend dat hulle gek is na 'n Skandinawiese selfoon, 'n Duitse BMW en Italiaanse Gucci-modes wat hulle verkieslik in Europa koop.

Hoe vergelyk die DRK met Duitsland? Sewe Duitslande pas in die DRK in terwyl die twee lande se bevolkingsgetalle baie dieselfde is. Die

---

[214] Vivienne Walt se artikel in *Time*, 3 April 2006, "Starving in a land of plenty", p. 26–27.
[215] *Sunday Times*, 8 April 2007, p. 13.

Op Afrika se paaie is teëspoed te wagte. Corné Mulder se parlementêre toergroep langs 'n pad in Ghana ná hulle in 'n ongeluk betrokke was.

DRK is amper net so groot soos Europa. Duitsland het 230 000 km geteerde paaie teenoor die DRK wat minder as 3 000 km het.[216] Alle ander paaie in die DRK word as gruispaaie aangedui.

As jy al in Afrika gereis het, sal jy weet wat dit beteken wanneer die kaart 'n Afrika-pad as 'n gruispad aandui. Dennis Beckett beskryf dit as 'n goeie pad om tenks op te toets.[217] Asbakkies val uit, moere draai los. Gelukkig is daar 'n verskriklike stofwolk agter jou, anders sou jy stukke van jou bande en van die motor in die truspieël gesien het. Dat die stukke weg is, ontdek jy eers wanneer jy jou bestemming bereik.

Moet ook glad nie gerus wees wanneer die kaart die pad as geteer aandui nie. Van die tweerigtingpaaie wat as geteer aangedui word, is die

---

[216] Suid-Afrika beslaan die helfte van die oppervlakgrootte van die DRK met 74 000 teerpaaie en 288 593 gruispaaie (2007-syfer). In 2006 het die DRK 2 794 geteerde en 150 703 gruispaaie gehad. *The World Factbook*, www.cia.gov/library/publications/the-world-factbook/index.html
[217] Dennis Beckett in *Rapport*, 12 Julie 1998, p. 13.

padskouers dikwels so opgebreek dat daar eintlik net een teerbaan in die middel oor is.

Op 'n amptelike besoek in Afrika was die parlementêre groep waarvan my broer Corné 'n lid was, op so 'n pad in 'n ongeluk betrokke. Die ongeluk was tussen die taxi-bussie waarin hulle gery het en 'n vragmotor. In baie Afrika-lande is daar nie vlugte tussen stede in dieselfde land nie. As jy tussen die stede wil vlieg, vlieg jy eers na Parys in Frankryk en dan terug na die ander Afrika-stad. Die alternatief is om per taxi tussen stede te ry – dikwels op sulke opgebreekte teerpaaie. Dit was presies wat die Suid-Afrikaanse groep gedoen het. Gelukkig is niemand in die ongeluk beseer nie. Nadat almal uitgeklim en die skade bekyk het, het hulle die rit teen dieselfde roekelose spoed op die enkelbaanpad voortgesit!

Naas paaie is telefone gewoonlik 'n goeie aanduiding van 'n land se ontwikkeling en lewenstandaard. Duitsland het 'n goed ontwikkelde telefoonnetwerk met 56 miljoen vastelyntelefone. Alle Duitse gesinne het telefone. Die DRK het 'n baie swak netwerk met net 11 000 vastelyntelefone. Dit is een telefoon vir elke 6 000 mense.[218]

Is daar hoop vir Afrika? Wanneer gaan die DRK 'n telefoonnetwerk soos Duitsland hê? Hoeveel dekades gaan dit duur om genoeg telefoonkabels te lê sodat elke DRK-gesin 'n telefoon kan kry? Waar gaan die DRK elektriese krag vandaan kry om stede soos Kindu weer van krag te voorsien? Dit lyk na 'n onmoontlike taak.

Die sakeman het sy gesprek met my afgesluit deur die wens uit te spreek dat Afrikaners sal help dat Afrika meer soos Europa en Suid-Afrika kan word. "Julle moet help, want Afrika is so ver van Europa af," sluit hy moedeloos af.

Hoe ver is Afrika van Europa af?

Eintlik is Afrika en Europa nie ver van mekaar nie. As jy 'n brug bou oor die Middellandse See by die Straat van Gibraltar, is dit maar 14 km! In die Skandinawiese lande is daar reeds sulke lang brûe gebou.

Bestaan daar 'n moontlikheid dat Europa so 'n brug na Afrika sal bou? Dis onwaarskynlik. Gegewe die toename in anti-Afrika-rassisme in Europa

---

[218] Duitsland- en DRK-syfers vir 2007, *The World Factbook*, www.cia.gov/library/publications/the-world-factbook/index.html

die afgelope tyd, sal ek weddenskappe aangaan dat Europa nie in so 'n brug belangstel nie.

Hoe kan Afrika en Europa dan nader aan mekaar kom?

Die Wes-Afrikaanse sakeman is reg. Afrikaners en Europeërs wat hulle permanente tuiste in Afrika gemaak het, kan so 'n simboliese brug bou. Afrikaners het Europese wortels, maar is reeds meer as 350 jaar in Afrika. Ons ken Afrika se probleme en sy mense. Die meeste van die produkte en dienste wat ons in Suid-Afrika ontwikkel het, is gemaak en aangepas vir Afrika-toestande. Die rol wat ons in Suid-Afrika gespeel het om die land "die reus van Afrika" te maak, en waarvoor die parlementslede onwetend hande geklap het, kan ons ook in Afrika speel.

In 2003 is die VF plus genooi om Vodacom se afskopfunksie in Kinshasa in die DRK by te woon. Baie Amerikaanse en Europese maatskappye het in Afrika misluk omdat hulle nie weet hoe om in Afrika agterstallige skulde in te vorder nie. In Suid-Afrika het die selfoonbedryf die "pay as you go"-konsep hiervoor ontwikkel. Vodacom het op hierdie wyse miljoene selfone sonder kontrakte of rekeninge in Suid-Afrika verkoop. Hulle het nou dieselfde vir die DRK beplan.

Kinshasa lyk soos Beiroet ná die jare lange burgeroorlog wat daar gewoed het. Die paaie is vol gate, die geboue is vervalle en dit lyk of 'n vernietigende leërmag deur die stad beweeg het. Die verskil tussen Beiroet en Kinshasa is dat Kinshasa se skade hoofsaaklik deur verwaarlosing veroorsaak is. Kinshasa is die perfekte voorbeeld van hoe 'n stad lyk waarvan die infrastruktuur jare lank net so gelaat is.

Vodacom het per vliegtuig verf vanaf Suid-Afrika laat kom om die saal waar die funksie gehou is, uit te verf. Die messe, vurke en alle eetgerei, asook die fontein voor die gebou, is uit Suid-Afrika.

Vodacom was dadelik 'n groot sukses in die DRK. Binne enkele jare was daar miljoene selfoongebruikers waarvan 99% voorafbetaalde gebruikers is.

In die DRK is dit vandag nie meer nodig om telefoonkabels te lê sodat elke gesin, soos in Duitsland, toegang tot 'n telefoon kan kry nie. Vir die eerste keer kan Kongolese tussen stede, waar daar tans geen pad- of spoorverbinding is nie, met mekaar praat. Die nuwe selfoonnetwerk, wat van satelliete gebruik maak, maak dit moontlik. Die DRK het 'n tegnologiesprong gedoen en miljoene mense telefonies met mekaar verbind son-

Saam met meneer Alphonse Nahindavya-Ndanga, 'n senior parlementslid van Burundi ná suksesvolle samesprekings oor die toestande in Burundi. Die stryd in daardie dele van Afrika tussen die Tutsi-minderheidsgroep met ekonomiese mag en die Hutu-meerderheidsgroep, toon baie ooreenkomste met die geskiedenis en verdelings in Suid-Afrika.

der om ooit 'n volledige kabelnetwerk te bou. Die volgende stap is internettoegang vir Kongolese deur nuwe selfoontegnologie.

MTN van Suid-Afrika het dieselfde sukses in Nigerië behaal. In die eerste jaar in Nigerië het MTN van 300 000 tot een miljoen selfoongebruikers gegroei. Dit is ongekende sukses en winste vir 'n Suid-Afrikaanse maatskappy.[219] MTN is tans die vernaamste selfoonverskaffer in vyf Afrika-lande naamlik Rwanda, Uganda, Swaziland, Kameroen en Nigerië. Vodacom het dieselfde sukses in die DRK en in ander Afrika-lande soos Tanzanië en Mosambiek behaal.

Wat van die arme inwoners van Kindu in die DRK wat nie elektriese krag het nie? Sonder krag kan hulle nie deel in die skielike selfoonontploffing in die DRK nie. Suid-Afrikaanse ingenieurs werk hieraan. Tans is Eskom in 33 Afrika-lande betrokke.

Gaan ons meer Suid-Afrikaanse steenkool verbrand ten einde krag aan die Kongo te kan lewer? Dit gaan lugbesoedeling in Suid-Afrika honderd keer vererger.

Nee. Die nuwe kragnetwerkskema vir Afrika word gebou met die

---

[219] *Sake24, Beeld*, 3 September 2006, p. 12, "MTN se waagstuk in Nigerië werp vrugte af". MTN se winsgrens in Nigerië in 2006 was 56%. Volgens 'n aandele-ontleder is dit ongekend vir die Suid-Afrikaanse aandelebeurs.

'n Spotprent van die skrywer, Tony Leon, Mangosuthu Buthelezi, Marthinus van Schalkwyk en Thabo Mbeki. (Erkenning aan Frans Esterhuyse, *Beeld*, 20 Maart 2004)

Inga-waterversnellings[220] in die DRK as fokuspunt. Dit is skoon hidroelektriese krag. As die Inga-projek se krag volledig ontwikkel word, sal daar genoeg elektriese krag wees om die hele Afrika van krag te voorsien met nog genoeg krag oor vir uitvoer na Europa!

Volgens die Suid-Afrikaanse ingenieurs wat tans aan die ontwikkeling van die skema werk, vorm die stroomversnellings en watervalle in die Kongorivier by Inga die beste hidro-elektriese bouterrein in die wêreld. As die projek slaag, gaan dit al die kragprobleme van Afrika oplos en die grootste skema van sy soort in die wêreld wees. Inga-krag, wat oor duisende kilometer se kragdrade na Suid-Afrika gestuur word, gaan steeds goedkoper wees as son- en windkrag wat in Suid-Afrika opgewek word.[221]

---

[220] Inga is geleë in die Kongorivier tussen Matadi en Kinshasa. Die projek word in vier fases, van Inga 1 tot Inga 4 aangepak.
[221] www.encyclopedia.com/doc/1G1-132874052.html en
http://strategis.ic.gc.ca/epic/site/imr-ri.nsf/en/gr125945e.html

Daar is talle soortgelyke voorbeelde van Suid-Afrikaanse maatskappye se suksesse in Afrika. Shoprite Checkers het tans die grootse voedselwinkel-netwerk in Afrika met amper 200 winkels in vyftien lande. Suid-Afrikaners bedryf Kameroen se spoorweë en ons bou paaie en brûe in Malawi en Mosambiek. Deur MultiChoice en die SABC bereik Suid-Afrikaanse televisieprogramme en nuus reeds 48 Afrika-lande terwyl Media24 tydskrifte verkoop in Nigerië en Kenia.

So in die stilte het Suid-Afrika binne tien jaar ná 1994 een van die toplande met beleggings in Afrika geword. Suid-Afrikaanse maatskappye het reeds geslaag om die lewenstandaard van baie Afrikane te verbeter.

As ek op hierdie wyse oor Afrika praat, kritiseer sommiges my as totaal onrealisties en 'n dromer. Spotprente is al hieroor van my geteken.

Ek is 'n dromer, maar ook baie realisties oor Afrika se probleme. Ek is kwaad vir Afrika se korrupsie en magsmisbruik. Ek is moeg vir Afrika-konflikte en jong mans in kamoefleeruniforms wat vol bravade agter op 'n bakkie staan met 'n swaar masjiengeweer in die hand en bande vol koeëls om die nek. Ek is moedeloos gekyk na Afrika-babas wat met vlieë om die mond, dowwe oë en uitgeteerde lyfies lê en hoop op kos.

Maar ek glo dat dromers die wêreld laat beweeg. Praktiese mense is so besig om prakties te wees, dat hulle nie verder as hulle eie klein wêreldjie kan sien nie. Anton Rupert het gesê dat hy wat nie in drome glo nie, nie 'n realis is nie.

Toe Bob Geldof weer voor 'n gehoor stadig hande klap en verduidelik dat elke keer as hy klap, 'n swart kind in Afrika sterf, het 'n siniese persoon uit die gehoor geskreeu: "Hou dan op om jou hande te klap!"

Hy kon ook gesê het: "Hou op om jou hande te klap en doen iets aan die probleme." Sommige doen iets aan die probleme. Ander onttrek hulle en hoop die probleme gaan weg.

As Afrikaners eerlik oor hulle posisie nadink, het hulle op die oomblik nie baie keuses nie. Óf jy emigreer, óf jy raak betrokke en help om vir die Afrikaner 'n plek in die Afrika-son te skep. Dit kan nie in isolasie gedoen word nie. As Afrika tot niet gaan, dan is Suid-Afrika in die moeilikheid. As Suid-Afrika tot niet gaan, is die Afrikaner in die moeilikheid.

"Julle kan nooit brugbouers in Afrika wees nie vanweë julle geskiedenis," was 'n Britse joernalis se siniese reaksie toe ek my drome oor Afrikaners se rol in Afrika aan hom verduidelik.

Is hy reg? Wat is die houding teenoor Afrikaners in die res van Afrika? Afgesien van Suid-Afrika, is ek orals in Afrika nog net positief ontvang.

Tydens 'n onlangse kongres in Dar es Salaam kom sit 'n Tanzaniese parlementslid etenstyd langs my aan tafel. Hy sê hy wil ernstig met my praat.

"Julle in Suid-Afrika moet nie ontslae raak van julle Afrikanerboere wat kos produseer nie. Ons sal wat wou gee om van daardie boere hier in Tanzanië te kon kry," sê hy.

Ek stem heelhartig met hom saam, maar verduidelik aan hom dat hy die boodskap aan die ANC-parlementslede wat by die tafel langs ons sit, moet gaan oordra.

Gewone Afrikane is moeg vir politieke retoriek. Hulle waardeer enige kundigheid wat kan help om Afrika te ontwikkel. In Suid-Afrika word politieke retoriek en anti-Afrikanerpropaganda nog in oormaat gebruik om die brose ANC bymekaar te hou. Dit is jammer en kortsigtig.

Voor die Tanzaniese parlementslid na die ANC-tafel verskuif, vra hy

Saam met meneer Stephen Namusyule van Kenia by 'n parlementêre konferensie in Dar es Salaam oor opposisiepolitiek in Afrika.

my visitekaartjie. Hy kyk na die VF Plus-logo op my kaartjie en vra waarom ons oranje en groen, soos die Ivoorkus, as kleure gebruik.

Ek verduidelik hoe oranje ons Europese en Hollandse afkoms aandui terwyl die groen Afrika simboliseer. Negentig persent van die Afrikalande het groen in hulle vlae. Ons het Europese wortels, maar is nou vas aan Afrika. Omdat hy die Hollandse sokkerspan in hulle oranje kleure bewonder, verstaan hy onmiddellik. Ek hoor hom laat die aand nog opgewonde die kleuresimboliek aan sy kollegas verduidelik.

Bestaan daar 'n moontlikheid dat ons oor 'n paar dekades weer hande sal klap – nie net vir Suid-Afrika as ekonomiese reus nie, maar vir suksesse in Afrika en vir die rol wat Afrikaners daarin gespeel het? Beslis ja, mits ons in Afrika nie bedreig voel en gedwing word om ons energie na binne in plaas van na buite aan te wend nie. Want die moontlikhede in Afrika is onbeperk …

Bibliografie

Alberts, Paul. *Die smarte van oorlog*. Brandfort: Kraal-Uitgewers, 2005

Breytenbach, J.H. *Komdt. Danie Theron, Baasverkenner van die Tweede Vryheidsoorlog*. Kaapstad: Nasionale Boekhandel, 1950

Brown, Dee. *Bury My Heart at Wounded Knee: An Indian History of the American West*. Vintage Publishers, 1970. ISBN 0-8050-6669-1

De Klerk, F.W. *Die laaste trek – 'n nuwe begin; die outobiografie*. Kaapstad: Human & Rousseau, 1998

De Villiers, Dirk en Johanna. *Paul Sauer*. Kaapstad: Tafelberg-Uitgewers, 1977

Elder, Bruce. *Blood on the Wattle: Massacres and Maltreatment of Australian Aborigines since 1788*. Australië: National Book Distributors, 1996

Gevisser, Mark. *Thabo Mbeki; The Dream Deferred*. Johannesburg: Jonathan Ball, 2007

Giliomee, Hermann. *Die Afrikaners – 'n biografie*. Kaapstad: Tafelberg-Uitgewers, 2004

Gumede, William. *Thabo Mbeki and the battle for the soul of the ANC*. Kaapstad: Zebra Press, 2005

Die Huisgenoot. "Danie Theron." Desember 1920. p. 336

Izedinova, Sophia. *A Few Months with the Boers; The War Reminiscences of a Russian Nursing Sister*. Vertaal deur C. Moody. Johannesburg: Perskor, 1977

Maharaj, Mac, Editor. *Reflections in Prison: Voices from the South African Liberation Struggle*. Kaapstad: Zebra Press, 2001

Meredith, Martin. *The State of Africa; a History of Fifty years of Independence*. Johannesburg: Jonathan Ball Publishers, 2005

Linder Wolf. Swiss *Democracy; Possible solutions to conflict in multicultural societies*. Londen: Macmillan Press, 1994

Preller, Gustav S. *Andries Pretorius; Lewensbeskrywing van die Voortrekker Kommandant-generaal.* 1937

Raath, A.W.G. *De la Rey; 'n Stryd vir Vryheid.* Fotografiese redakteur: Paul Alberts. Brandfort: Kraaluitgewers, 2007

Roberts, Ronald Suresh. *Fit to Govern; The Native Intelligence of Thabo Mbeki.* Johannesburg: STE Publishers, 2007

Scholtz, Leopold. *Beroemde Suid-Afrikaanse Krygsmanne.* Kaapstad: Rubicon-Pers, 1984

Steyn, J.C. *Tuiste in eie taal; die behoud en bestaan van Afrikaans.* Kaapstad: Tafelberg-Uitgewers, 1980

Van den Heever, C.M. *Generaal J.B.M. Hertzog.* Johannesburg: A.P. Boekhandel, 1944

Van Every, Dale. *Disinherited: The Lost Birthright of the American Indian.* New York: William Morrow, 1980. ISBN 0-380-S1326-9

Van Niekerk, Attie. *Saam in Afrika.* Kaapstad: Tafelberg, 1992

Van Reenen, Rykie. *Emily Hobhouse; Heldin uit die Vreemde.* Kaapstad: Tafelberg-Uitgewers, 1970

Van Zyl Slabbert, Frederik. *Duskant die geskiedenis.* Kaapstad: Tafelberg-Uitgewers, 2006

Register

Aborigenes, 83, 84, 86, 115–121, 122, 206
aborsie, 215–217, 222
ABSA (bank), 190
Adams, Jerry, 102
Addis Abeba, 16, 17, 30, 31
Afrika, 12, 13, 15, 16, 28–34, 42, 79, 91, 92, 118, 130, 131, 145, 147–150, 152, 162, 163, 170, 184, 186, 200, 217, 232, 234–245
    tale, 24, 147, 156
    politiek, 90
    tyd, 127, 128
Afrikaan, 32, 33, 163, 164
Afrikaanse
    skole, 167
    taal, 23, 33, 153, 154, 156, 181, 195, 196, 198, 200, 207
    universiteite, 167, 236
Afrikanergeskiedenis, 70, 75
Afrikanermonumente, 164, 177
Afrikanernasionalisme, 165
Afrika-Renaissance, 152, 162, 170,
Afro-Amerikaners, 100, 201–203, 207
Afro-pessimiste, 236, 237
Afro-Saksers, 162
AK47, 160
Akasiapark, 49–55
Alexander, Neville, 197
Algerynse Arabier, 73
Amerika, 28, 32, 46, 52, 55–57, 59, 100, 166, 201, 202, 204–207, 209, 216 *sien ook* VSA
Amerikaanse Indiane, 203–206
Amerikaners, 55, 58, 62, 81, 202, 205, 206

ANC, 7, 9, 11, 14, 15, 24, 25, 31, 37, 52, 53, 61–64, 70, 76, 78, 80, 81, 83–89, 91–93, 100–102, 105, 108, 109, 113, 115, 116, 119–121, 123, 125, 129, 131–134, 137, 138, 141, 143, 146, 148, 149, 153, 155–162, 164, 165, 167, 168, 170, 174–182, 186, 189, 190, 198, 199, 206, 207, 211, 214–217, 222, 234, 236, 237, 244
ANC-konferensie Limpopo (2007), 162, 182
Anglo Gold, 189
Anglo-Afrikane, 163, 164
Anglo-Boereoorlog, 60, 69–72, 80, 176, 181, 218, 221, 224, 225, 228, 229
Angola, 235
Annan, Kofi, 234
APAC (Association of the Public Accounts Committees), 171
apartheid, 51, 80, 112, 138, 144, 182, 217, 236
Arabiere, 33, 73
Arafat, Jasser, 102, 234
armoede, 33, 120, 165, 168, 236
Asië, 12, 118
Asiërs, 83, 86
Asmal, Kader, 61, 163, 173, 174
ATKV (Afrikaanse Taal- en Kultuurvereniging), 63, 200
Australië, 19, 29, 33, 34, 82–86, 115–119
"ambassade", 83, 115–118, 122
vlag, 115, 116, 117, 119, 121, 122
Australiëdag, 116
Australiese Erfeniskommissie, 117

Barnard, Chris, 200
Baske, 98
Batavia, 29
BBC-TV, 101
Beckett, Dennis, 238
Beeld, 34, 75, 98, 101, 102, 110, 128, 134, 136, 138, 146, 153, 156, 157, 166, 168, 169, 183, 184, 199, 200, 207, 241, 242
Beijing, 9, 14, 15
Beiroet, 240
Belfast, (Noord-Ierland) 99
België, 98
Belmont, 224, 226
Bertelsman, Eberhard, 216
betogings, 24, 25, 105, 191–193
Biebouw, Hendrik, 29, 34
Black Watch-regiment, 227
Blyton, Enid, 184,
BMW (motor), 64, 182, 237
Boshoff, professor Carel, 198
Botany Bay, 116
Botha, P.W., 76, 77, 78, 80, 81, 105, 160, 179
Brits (Suid-Afrika), 127
Britse, 20, 60, 72–74, 80, 82, 90, 91, 102, 113, 160–163, 169, 182, 184, 202, 206, 207, 218, 219, 220, 226, 227, 229, 243
    kolonialisme, 71, 165
    koningshuis, 39,
    parlement, 36, 37
Brittanje, 20, 32, 33, 59, 60, 71, 73, 80, 86, 138, 163, 166, 169, 179, 219, 221, 234
Bulgare, 73
Burundi, 241
Bush, George W., 28, 30, 31
Buthelezi, Mangosuthu, 35, 38, 39, 87–89, 91, 92, 144, 189, 242
Buys, Flip, 60
Bybel, 19, 41, 216
    Jesaja, 41, 216
    Matteus, 123
    Openbaring, 230, 231
    Psalms, 184, 185
    Spreuke, 18, 123

C.R. Swart-lesing, 200
Calvinisme, 29
Canberra, 85, 86, 115, 117, 122

Carrol, Lewis, 194
Carter, Jimmy, 28
Castro, Fidel, 234
Chikane, Frank, 77
China, 9, 11–14, 16, 18, 33, 121, 152
Chinese, 9–15, 18, 83, 84, 121, 147
    regering, 9, 14
Christelik, 41, 42
Christenskap, 216
Christus, 41, 42, 123, 215, 221
Churchill, Winston, 60
CIA (Central Investigation Agency), 57
Clinton, Bill, 55–59, 61, 234
Clinton, Hillary, 56
Cloete, Henry, 218
Coetzee, J.M., 29, 34
Corbett, Michael, 35
Cronjé, generaal Piet, 72, 226

DA (Demokratiese Alliansie), 53, 64, 93, 123, 153, 154, 156, 158, 181, 189, 211, 212
Dakar-gangers, 160, 161, 162, 178
Dar es Salaam (Tanzanië), 186, 244
De Beer, Sam, 105
De Klerk, F.W., 44, 61, 91, 98, 104, 105, 106, 136
De Klerk, Willem, 47
De la Rey, Adriaan (Adaan), 228, 229, 230, 231, 232, 233
De la Rey, generaal Koos, 94, 223–230
De la Rey, Nonnie, 228–231
De Lange, Dalien, 157
De Lille, Patricia, 172, 211
De Wet, generaal Christiaan, 94, 221
De Wildt, 32
demokrasie, 97, 187–189
Den Haag (Nederland), 120
Deng, Biong, 213
Despatch, 208
didjeridoe, 83, 118
Dingaan (Zoeloe-koning), 95, 206,
Dinizulu (Zoeloe-koning), 39
diplomate, 139, 140
diskriminasie, 113, 150, 217
doodstraf, 11, 66, 217
DP (Demokratiese Party), 31, 104, 106, 134, 153
Drakensberge, 218

249

DRK (Demokratiese Republiek van die Kongo), 236–242
Du Plessis, Barend, 44
Du Preez, Max, 161
Du Toit, Koos, 23
Du Toit, Z.B., 76, 77
Duitsers, 51, 52, 71, 73, 81, 127, 128, 129, 131, 147, 182, 224, 229, 237, 239
Duitsland, 128, 131, 235, 237–240

Ebrahim, Gora, 14–18
Ecuyer, Simeon, 203
Egipte, 17, 18, 235
eie sake, 97, 98, 99, 102, 119, 121
Eikenhof (Johannesburg), 70, 73, 75,
ekonomie, 18, 147, 151, 164, 165, 169, 177, 234, 235, 241, 245
Elizabeth II (Britse koningin), 169, 234
emigrasie, 182, 243
Engelse, 32, 36, 53, 70–74, 156, 160, 161, 162, 169, 176, 180, 189, 194–197, 200, 202, 218, 219
    taal 9, 11, 23, 24, 49, 53, 70, 72, 79, 80, 83, 84, 100, 140, 141, 143, 144–147, 153–156, 168, 182, 187, 194–198, 200, 202
Eskom, 241
Ethiopië, 16, 17, 18, 30
etniese, 99, 119, 162, 169
Euro–Afrikaan, 34
Europa, 28, 29, 34, 42, 119, 147, 149, 152, 183, 205, 218, 235, 237–239, 240, 242
Exiles, 20, 92, 149, 165

FAK (Federasie van Afrikaanse Kultuurvereniginge), 63,
Fakie, Shauket, 171, 173, 174
Fariseërs, 123
Farrakhan, Louis, 201, 202, 205, 206, 207
fauna en flora, 118, 120
federasie, 98, 99,
Fismer, Chris, 62
Fochville (Suid-Afrika), 73
Ford, Gerald, 46
Forsyth, kolonel James W., 203, 205
Frankryk, 32, 195, 236, 239
Franse, 195–197, 200, 233
    taal, 147, 195–197

Gauteng, 125
Geldof, Bob, 236, 243
George, Mluleki, 77
Gezina, 210, 211
Ghaddafi, Moeammar, 190
Ghana, 145, 238
Gibraltar, 239
Gibson, Douglas, 106, 107
Gigaba, Malusi, 77
Ginwala, Frene, 38, 56
Godsell, Bobby, 189, 190
Goodwood, 49
Gorbatsjof, Michael, 48
Gorbatsjof, Reza, 48
Gordhan, Pravin, 63
Gosen, 176
Goutshoff, 73
Graaff-Reinet (Suid-Afrika), 175
Graspan, 225
Grieke, 73
Groenewald, Pieter, 55, 59, 172, 173, 174
groepsregte, 99, 100
grondwet, 61, 93, 97, 98, 100, 101, 113, 118, 127, 149, 153, 175, 195, 197
    artikels, 100, 113, 118, 197
Gumede, William, 160

haatspraak, 138, 166
Hani, Chris, 76, 167
Hansard, 41, 90, 91, 92, 100, 145, 147, 156, 158, 166, 222
Hansard, Thomas, 90
Harrods, 160
Hertzog, JBM, 32, 94, 103,
Hlophe, John, 151
HNP, 208
Hobhouse, Emily, 218–222
Hofmeyr, Steve, 62
Hollanders, 73, 203
Hollandse, 245
    regering 52, 175
Hollywood, 202, 209
Holomisa, generaal Bantu, 81, 101, 105, 189, 190
Hongare, 119
Hopetown, 223
Horowitz, Donald, 99
Houphouët-Boigny, Félix, 42, 147, 163

Huddleston, Trevor, 166
Hutu, 241

Iere, 73, 102, 163, 236
Indië, 152
Indiërs, 86, 93
Inga DRK, Hidro-elektriese projek, 242
Inligtingsdebakel, 96, 97, 179, 180
Inuït, 206,
Israel, 16, 45, 59, 102
Ivoorkus, 42, 147, 245
IVP (Inkatha Vryheidsparty), 35, 38, 84, 86–88, 89, 91–93, 99–101, 189

Jacobsdal, 229, 230
Jansen van Rensburg, Cornelius, 62, 64
Jode, 236
Johannesburg, 68, 69, 70, 71, 72, 73, 96, 176, 189, 217, 223, 227
Johnson, Paul, 41
Jordan, Pallo, 14

Kaapstad, 35, 44, 46–50, 56, 57, 68, 73, 81, 91, 96, 110, 111, 114, 129, 133, 134, 148, 159, 211, 214, 223
Kaïro, 17
Kalifornië, 58
Kameroen, 241, 243
Kanada, 45, 196
kantons, 95
Kataloniërs, 98
Katanga, 236, 237
Kay, Jan Hendrik, 64
Keltiese Kruis, 226
Kemp, generaal J.C.G., 94
Kemptonpark, 61, 97, 99, 101, 175
Kenia, 18, 30, 145, 162, 184, 236, 243, 244
Kennedy, John F., 58, 209
Kennedy, Ted, 209
Kestell, J.D., 221
KGB (Sowjetunie geheime diens), 77, 81
Kibaki, Mwai, 30, 31
Kibera, 236
Kill-the-Boer, 166
Kimberley, 223, 224, 226, 230
Kindu, 237, 239, 241
King, Martin Luther, 201
Kinshasa, 240, 242

Klerksdorp, 172, 194
Kollapen, Jody, 65
kolonialisme, 71, 162, 165, 236
kommando's, 173, 229
kommunisme, 76, 78
Kongorivier, 242
konsentrasiekampe, 51, 218, 219
Konserwatiewe party, Brittanje, 59, 102
korrupsie, 28, 33, 124, 155, 243
Kovsies *sien* Universiteit van die Vrystaat
Kriek, Johan, 125, 126
Kruger, Koos, 95
Kruger, Paul (president ZAR), 70, 71, 94, 233
Krugersdorp, 70, 71, 72
Krygkor, 56
Kuba, 234
Kubane, 76
Kumalo, M.B., 199, 200
KwaZulu-Natal, 87, 88, 95, 123, 183, 217

landbou, 32, 95, 235
Langenhoven, C.J., 54, 135
Lekota, Mosiuoa, 56, 159
Leningrad (Rusland), 79
Leon, Tony, 31, 134, 136, 154, 211, 212, 242
Libië, 190
Lichtenburg, 228, 230, 231
Liebenberg, generaal P.J., 73, 74
Likud-party, Israel, 102
Lincoln, Abraham, 66
lobola, 217
Lombard, Eleanor, 157
Londen, 37, 52, 66, 159, 160
London Times, 72
loopgrawe, 226, 227, 230
Louw, Leon, 157, 192
Lubumbashi, 237
Luyt, Louis, 153

Mabale, Emmah, 22, 142, 144
Maduna, Penuell, 63, 175
Magersfontein, 223, 225–228, 230–232
Magogo, Constance, 39
magsdeling, 97, 98, 99
Maharaj, Mac, 23, 24, 63
Malawi, 235, 243

Malcolm X, 201
Maleisië, 190
Mandela, Nelson, 21–27, 35, 44, 87–90, 92, 127, 128, 131, 145, 162, 164, 166, 167, 176, 177, 234
Mandela, Winnie, 22, 45, 167
Mangena, Mosibudi, 199
Mantewa, Nelly, 142
Maori's, 120, 206
Marais, Jaap, 208
Marais, Peter, 133, 134,
Marksgebou (Parlement), 104–106,
Mazrui, Ali, 162
Mbeki, Thabo, 22, 28, 30, 32, 63, 77–81, 92, 100, 136, 159–167, 169, 170, 173, 175–185, 242,
Mbete, Baleka, 79, 173
media, 20, 25–27, 56, 61, 62, 65–71, 89, 91, 96, 104, 117, 123, 131, 155, 156, 163, 164, 180, 181, 192, 208, 209, 212–214
Media24, 243
Meir, Golda, 45
Menseregtekommissie, Suid–Afrika, 65, 123, 138, 166
Methuen, generaal P.S., 226
Metodiste, 43
Mey, Kritzinger, 208
Meyer, Carene, 95
Meyer, Roelf, 44, 95–103, 105, 106, 175
Middellandse See, 239
minderhede, 98, 99, 101, 118–121, 202, 203, 207, 241
minderheidsregte, 15
Mischke, Anne-Marie, 46
misdaad, 11, 33, 43, 50, 51, 59, 82, 167
Mistral, Frederic, 195
MIV/vigs, 22, 79, 162, 177
MK (Umkhonto weSizwe), 77, 81
Mlambo-Ngcuka, Phumzile, 79
Modderrivier, 225, 226
Modimolle *sien* Nylstroom
Mokaba, Peter, 166, 167
Moneypenny, W.F. (Redakteur *The Star*), 71, 72
Monitor (radiosondergrense), 24, 26, 190
Montreal, 196
Moorcroft, Errol, 153
Moosa, Valli, 63

Morkel, Gerald, 134
Mosambiek, 31, 32, 235, 241, 243
Moslems, 40, 41, 43, 59, 201
Mosselbaai, 133
Mpande (Zoeloe-koning), 39, 180
Mpumalanga, 125
MTN, 241
Mugabe, Robert, 27, 162, 177
Mulder, Catrien, 47
Mulder, Connie, 38, 46, 58, 142, 147, 179
Mulder, Connie (junior), 47
Mulder, Corné, 22, 30, 31, 36, 44, 142, 155, 191, 210
Mulder, Gerdi, 47, 48
Mulder, Heleen, 47
Mulder, Jaco, 64
Mulder, Suzanne (junior), 47
Mulder, Suzanne (senior), 44, 46
Mulder, Triena, 36, 45, 46
Muller, Piet, 145
MultiChoice, 243
Museveni, Yoweri, 30

naamsveranderinge, 164, 167
Nahindavya-Ndanga, Alphonse, 241
Nairobi, 18, 236
Namibië, 76, 182
Namusyule, Stephen, 244
Nando's, 123
Nazisme, 51, 235, 236,
Ncube, Suster Bernard, 215, 216
Ndebele, S'bu, 123,
Neethling, Christiaan, 70
Neethling, Hannie, 70, 75
Nelborski, 73, 80
New York, 15, 52, 57, 58, 162
NG Kerk, 95, 130
NG Kerk in Afrika, 130
Ngugi wa Thiongo, 145, 184
Nieu-Seeland, 120, 206
Nigerië, 186, 187, 235, 241, 243
Nixon, Richard, 209
Nkrumah, Kwama, 145
Nobelprys vir Letterkunde, 29, 195
nommerplate, 125, 126, 198
Noordelike Provinsie, 125, 126
Noord-Kaap, 198, 199
Noordwes-provinsie, 47, 48, 65, 129, 172

NP (Nasionale Party), 61–64, 66–68, 81, 91–94, 96, 97, 99–102, 104–109, 113, 125, 134, 136, 137, 171, 186, 236
NNP (Nuwe Nasionale Party), 31, 108, 109, 133, 137, 189
Nylstroom, 110
Nzo, Alfred, 56

OAE (Organisasie vir Afrika-eenheid), 30, 31
Oilgate, 155
Oksitaans (taal), 195, 196
Olivier, Gerrit, 79
Onafhanklike Verkiesingskommissie, 213
onderhandeling, 9, 27, 37, 61–63, 92, 93, 97, 99–103, 124, 149, 153, 160, 162, 165, 168, 178, 229
onderwys, 45, 98, 146, 147, 149, 194
oorgangsregering, 100, 101
oorloop, 106, 108, 172
Oos-Duitsland, 80
Oos-Kaap, 183
Oosthuizen, Abrie, 87, 174, 198, 200, 213
Openbare Werke, Departement van, 50
opposisiepolitiek, 124, 186, 244
Orania, 223
Ouditeur-generaal, 171, 174
Owen, Ken, 62, 63

Paardeberg (slagveld), 72
PAC (Pan Africanist Congress), 14–16, 124, 143, 147
Pahad, Essop, 67, 77, 146, 159, 175
Palestyne, 102, 234
Pan Suid-Afrikaanse Taalraad, 154, 199, 200
Pandor, Naledi, 146
Parktown, 176
parlement, 9, 11, 13–15, 19, 21, 24, 28–31, 33–37, 39–41, 43, 44, 46–49, 52–57, 61, 63, 64, 66–69, 77, 82, 83, 85, 86, 88–94, 96, 97, 100–117, 119–121, 123, 124, 127–136, 138, 139, 141, 143, 145, 148, 149, 153, 155, 156, 158, 161, 166, 171–173, 177, 186, 191, 194, 214, 216, 234, 237– 241, 244
    ampstaf, 35
    Hansard, 41, 90–92, 100, 145, 147, 156, 158, 166, 222
    klokkies, 87

privilegie, 139
reglement, 53, 111, 112
speaker, 35, 36
swepe, 36
taalbeleid, 146, 147, 153, 154, 156–158, 195, 196, 200
tradisies, 35, 38
verdedigingskomitee, 173
vertaaldiens, 143, 153, 155, 157
vroue, 45, 215, 216, 222
Parys (Frankryk), 32, 239
Pheko, Motsoko, 124
Phosa, Mathews, 63, 175, 179
Pienaar, Cehill, 123
Piëta-beeld, 221
plaasmoorde, 138, 139
plakkate, 53, 80, 97, 188, 189, 192, 193, 208–212
Poetin, Wladimir, 77–80
pokke, 203, 205
politieke skenkings, 165, 187, 190, 191, 193
Potchefstroom, 69, 73, 135, 168, 212, 213
Potchefstroomse Landboukollege, 168
Pous, 59
predikante, 202
Presbiteriaans, 184
Pretoria, 28, 30, 64, 66, 111, 114, 139, 141, 165, 175, 208, 210
Pretorius, Andries (Voortrekkerleier), 180, 181
Prins Philip, Hertog van Edinburg, 169
proporsionele kiesstelsel, 127, 214
protesoptogte, 24, 62, 212,
    marshalls, 191, 192
Protestant, 29
Pukke (Potchefstroomkampus van die Noordwes Universiteit), 223

Quebec, 196, 197, 200
Quelette, Fernand, 196

Rabin, Yitzak, 59
radioadvertensies, 189, 190, 193
Ramaphosa, Cyril, 63, 99–101, 167, 175, 189, 190
Ramgobin, Mewa, 14, 31
Randfontein, 141, 210, 211
Rantho, Daniël, 139, 141, 142

Rapport, 23, 24, 46, 51, 52, 64, 76, 81, 89, 102, 107, 109, 144, 145, 161, 197, 238
Rasool, Ebrahim, 81, 133
rassisme, 75, 146, 163, 171, 174, 175, 177, 206, 239
RAU (Randse Afrikaanse Universiteit), 96, 236
Reagan, Ronald, 57, 58
referendum, 1992, 97
regstellende aksie, 50, 62, 164, 167, 168
Retief, Piet (Voortrekkerleier), 206
Richardsbaai, 87
Robinson, Cobus, 159
Rodin, 19
Roemenië, 120
Rome, 42, 221
Romeinse Ryk, 41
Roodepoort, 72
Rooi Kruis, 80, 229
Rooms-Katoliek, 194, 215
RSG (radiosondergrense), 24, 190
Rupert, Anton, 243
Rusland, 20, 69, 73, 75–81, 160, 229
Rwanda, 241
Rynse Instituut (Stellenbosch), 71

Saam in Afrika (Attie van Niekerk), 29, 32, 91, 130, 148, 151
SABC, 23–25, 128, 243
sakelui, 186
SAKP (Suid–Afrikaanse Kommunistiese Party), 14, 31
Salim Ahmed Salim, 30
Salomo, 16, 18, 123
Samesmelting (1933–34), 103
Sami (Noorweë), 119
Sanlam, 190–193
Saoedi-Arabië, 41
Sasol, 235
Sauer, Paul, 32, 94
Scholtz, Leopold, 75
Schreiner, Olive, 218
Schutte, Danie, 105
Schweizer-Reneke, 194
Seepunt, 49, 53
Selassie, Haile, 16, 17, 18
selfbeskikking, 100, 119, 121, 167, 177
Sharpeville, 172

Shoprite Checkers, 243
Sigwela, Ezra, 52
Skandinawiërs (Anglo-Boereoorlog), 227
Skotland, 195, 226, 227
Slabbert, Frederik van Zyl, 44, 161, 163, 164, 177, 178
Slovo, Joe, 63
Smit, Piet, 212
Smit, Susanna, 218
Smuts, generaal Jan, 24, 94, 135
Solidariteit (vakbond), 60, 63
Soljenko, 73, 80
Somerset, Lord Charles, 78
Sotho, 199
    taal, 9, 23, 200
Soweto, 23, 236
Sowetodag, 172
Sowjetunie, 77
Spanje, 98
speaker, 35–38, 40, 41, 43, 55, 56, 79, 123, 139, 153–155, 173, 215,
Spies, Willie, 64, 124, 155
Springbok (embleem), 177
Springfontein, 219
St. Helena, 181
St. Pieters-basilika (Rome), 42
Standerton, 177
Starrenburg, Johannes, 29
Steenkamp, Johan, 106
Stellaland (Republiek), 176
Stellenbosch, 29, 71
Steyn, Jaap, 195, 196
Steyn, M.T. (President Vrystaat), 94, 221, 226
Stilfontein, 211
Stoffberg-teologiese skool (Turfloop), 130
Strauss, Piet, 95
Strolman, 73, 80
Suid-Afrika, 8, 9, 11, 13, 16, 17, 19, 20, 25, 28, 30, 31, 32, 43, 54, 58, 59, 60, 61, 64, 76, 79, 80, 81, 82, 83, 84, 85, 86, 88, 92, 97, 99, 100, 102, 103, 105, 111, 120, 121, 123, 124, 126, 127, 128, 138, 145, 148, 152, 153, 166, 171, 174, 178, 179, 181, 182, 183, 184, 186, 187, 195, 197, 199, 200, 201, 205, 206, 207, 214, 215, 216, 217, 218, 232, 234, 235, 236, 237, 238, 239, 240, 241, 242, 243, 244, 245

Suid-Afrikaanse
  aandelebeurs, 241
  ambassadeur, 11
  grondwet, 127
  hof, 216
  koerante, 72
  maatskappye, 28, 241, 243,
  ministers, 28, 31, 57, 58, 59, 79
  nuus, 243
  parlement, 36, 55, 56, 128, 131, 216
  parlementslede, 14, 19, 115, 127
  paspoorte, 17
  polisie, 57
  president, 59
  probleme, 152
  rand, 10
  regering, 160
  sakemanne, 28, 30
  samelewing, 21
  televisieprogramme, 243
  veiligheidsmagte, 76
  vlag, 77
  Weermag, 81
  werklikheid, 99
Suid-Afrikaners, 19, 32, 59, 69, 82, 144, 160, 166, 176, 201, 216, 239, 241, 242, 243,
Suid-Afrika eerste-benadering, 103
Sunday Times, 62, 63, 144, 237
Surty, Enver, 159
Sussex Universiteit, 160, 169
Suzman, Helen, 45
SWAPO (South West African People's Organisation), 76
Swart, C.R., 200
swart
  bemagtiging, 31, 63, 155,
  middelklas, 182
  nasionalisme, 162, 170
Swazi, 12
Swaziland, 241
Swede, 52
Swellendam, 175
Switserland, 98
Sydney, 19, 82, 83, 85, 86

taal, 9, 17, 23, 24, 30, 33, 91, 98, 100, 119, 131, 147, 153, 156, 171, 174, 179, 181, 194, 197, 198, 207
  -beleid, 156, 200
  funksies, hoë en lae, 195, 196
  moeder-, 23, 143, 145–147, 157, 158, 177, 194, 196
  -raad 154, 199, 200
Tafelberg, 50
Taiwan, 16
Tambo, Oliver, 163, 164, 177
Tanzanië, 20, 241, 244
Taylor, Elizabeth, 209
terrorisme, 59, 80, 165
Thatcher, Margaret, 45, 59
The Star, 70, 71
Theron Verkennerskorps, 73
Theron, Danie, 69–75, 80
Tiananmen-plein, 12, 14
Tibet, 121, 122
Toronto, 79
toyi-toyi, 24, 25, 191
Transkei, 81
Travelgate, 110, 111, 113
Tshabalala-Msimang, Manto, 79, 80
Tsjetsjnië, 80
Tswana (taal), 145–147, 194, 198
Tukkies *sien* Universiteit van Pretoria
Turke, 73
Tutsi, 241
Tuynhuys, 77, 78, 81, 159
TV-nuus, 66–68
Tweede Wêreldoorlog, 49, 81
Tweeriviere (veldslag), 225, 228
tweetaligheid, 195, 196, 197

UDM (United Democratic Movement), 81, 101, 102, 105, 189, 190
Uganda, 30, 241
Ulundi, 88, 89, 90
Umsobomvu-jeugfonds, 168
Uniegebou, 24, 50, 179
Uniewording (1910), 128, 176
Universiteit van die Noorde, 91, 130
Universiteit van Pretoria (Tukkies), 62, 64, 223
Universiteit van die Vrystaat (Kovsies), 64, 200, 223
Uys, Dirk (Minister van Landbou), 95
Uys, Dirkie (Voortrekker), 95
Uys, Piet (Voortrekkerleier), 95
Uys, Pieter-Dirk, 182

255

Van Blerk, Bok, 69, 75, 223, 224
Van der Merwe, Koos, 35, 38
Van Niekerk, Attie, 29, 32, 91, 92, 129, 130, 132, 148, 151, 152
Van Niekerk, Carol, 151, 152
Van Niekerk, Kraai, 105
Van Riebeeck, Jan, 29, 34, 82
Van Schalkwyk, Marthinus, 31, 105–107, 133, 134, 136, 242
Van Wouw, Anton, 221
Van Zyl, Lizzie, 218
veeltaligheid, 153, 156, 157, 195, 199, 200
Venda, 151, 152
Venter, Amie, 171, 174
Venter, Theo, 212
Verenigde Nasies (VN), 15, 62, 119, 175, 177, 214, 234
    Menseregtekommissaris, 213
    verkiesing
        1977, 137
        1989, 97
        1994, 35, 52, 61, 63, 76, 101, 102, 105, 125, 138, 155, 156, 175, 187, 193, 234
        1999, 63, 101
        2000, 134
        2004, 87, 134, 189, 190
Verwoerd, H.F., 106, 107
VF Plus (Vryheidsfront Plus), 11, 25, 31, 53, 62–64, 66–68, 87, 89, 100, 124, 125, 138, 153–155, 157–159, 166, 172, 174, 175, 189–192, 198–200, 206, 208, 209, 211, 213, 217, 234, 240, 245
Vigs *sien* MIV/vigs
Viljoen, generaal Constand, 22, 35, 76
Vodacom, 240, 241
Volksblad, 99, 108, 199
Vorster, John, 104–107, 135–137
vrouebemagtiging, 217
Vrouemonument (Bloemfontein), 219–221
Vryburgers, 29
Vrystaat (provinsie), 73, 199, 200, 237
Vrystaatse Republiek, 176
Vrystaatse Universiteit *sien* Universiteit van die Vrystaat (Kovsies)
Verenigde State van Amerika (VSA), 28, 32, 46, 55–58, 100, 166, 201, 204–207 *sien ook* Amerika

Wainaina, Binyavanga, 184
Walt, Vivienne, 237
Warner, John, 209
Washington Persklub, 61
Washington DC (VSA), 61, 66, 201, 204
Watergate, 209
Wauchope, generaal Andy, 227
wegblykiesers, 214
Wes-Kaap (provinsie), 81, 133, 134, 191
Westerse
    benadering, 92
    beeld, 170
    denke, 90, 148–150, 152
    geesteswêreld, 184
    kleredrag, 162, 183
    koloniale lande, 32
    kultuur, 29, 149, 150
    leefstyl, 84, 182
    meerderwaardigheid, 163
    opleiding, 184
    voorkeure, 184
    voorkoms, 161, 167
Westminster (parlementêre stelsel), 90
Whitton, Charlotte, 45
Wilde, Oscar, 111
Wildernis, 81
Wiskunde, 45, 149, 194
World Trade Centre, Kemptonpark, 62
Wounded Knee (slagveld, VSA), 203–205

Xhosa, 162, 166, 183
    taal, 53, 143, 144, 198

Yamoussoukro, Ivoorkus, 42

Zambië, 186
ZAR (Transvaalse Republiek), 70, 176
    Volksraad, 229, 230
Zedong, Mao, 12
Zimbabwe, 25, 162, 177, 235
Zoeloe, 35, 38, 39, 95, 144, 180, 181, 183
    taal, 154
Zotwana, Sydney, 153
Zuma, Jacob, 100, 161, 162, 167, 175, 176, 178–185
Zuma, Nkosazana, 79
Zwelithini, Goodwill, 38